21 世纪全国高职高专房地产类规划教材

土地资产管理

主　编　李　凌
副主编　孙广云
参　编　王晓玲　王春艳　孙承运
　　　　唐　欣　程晋南

图书在版编目(CIP)数据

土地资产管理/李凌主编. —北京：北京大学出版社，2011.8
(21世纪全国高职高专房地产类规划教材)
ISBN 978-7-301-19086-9

Ⅰ. ①土… Ⅱ. ①李… Ⅲ. ①土地管理－高等职业教育－教材 Ⅳ. ①F301.2

中国版本图书馆 CIP 数据核字(2011)第 119176 号

书　　　名：	土地资产管理
著作责任者：	李　凌　主编
责 任 编 辑：	成　淼　王泽旗
标 准 书 号：	ISBN 978-7-301-19086-9/F・2804
出 版 发 行：	北京大学出版社
地　　　址：	北京市海淀区成府路 205 号　100871
网　　　址：	http://www.pup.cn
电子信箱：	zyjy@pup.cn
电　　　话：	邮购部 62752015　发行部 62750672　编辑部 62765126　出版部 62754962
印 刷 者：	三河市富华印装厂
经 销 者：	新华书店
	787 毫米×1092 毫米　16 开本　16.25 印张　354 千字
	2011 年 8 月第 1 版　2011 年 8 月第 1 次印刷
定　　　价：	32.00 元

未经许可，不得以任何方式复制或抄袭本书之部分或全部内容。
版权所有，侵权必究
举报电话：(010)62752024　电子信箱：fd@pup.pku.edu.cn

前　言

"劳动是财富之父，土地是财富之母"。显然，在人类活动对土地日益发生重大影响的今天，纯自然的土地已经基本上不存在了。然而，人们对于土地大多是从自然资源的角度对其特性及其开发利用规律进行研究，关于土地调查评价、利用规划、土地资源开发复垦保护等的著述颇多。土地利用活动也是把土地作为一般的自然资源进行开发利用。长期以来，土地的资产特性被忽视。

对于城市国有土地资产，自20世纪80年代中期开始得到重视，土地资产管理问题逐步进入理论研究领域，围绕地租、产权、市场、体制等方面的研究不断展开。尤其是20世纪80年代末深圳特区首开城市国有土地使用权拍卖第一槌，打破了中国经济体制改革的最后一块禁区，拉开了中国土地市场建设的序幕，凸显了城市土地资产的价值。

随着我国社会主义市场经济体制的不断建立和完善，生产要素市场日趋活跃，特别是近年来经营城市理念的诞生，土地资产已成为一笔巨大的社会财富和一项重要的财政收入。在我国土地公有制条件下，政府如何搞好城市土地资产管理，促进土地资产的保值增值和可持续利用，以推进城市化进程乃至整个经济社会的发展，成为重要而迫切的现实课题。实践中，虽然各级政府及其有关部门对土地资产管理进行了大量的探索实践，取得了空前的进展，但是，土地资产管理从总体上缺乏系统的理论支持，管理机制的构建纷杂而欠缺效率，直接影响到土地使用制度改革的深化和土地资产经营的绩效。

本书重点研究土地资产在经济运营过程中，政府对土地资产的管理，通过政府管理，使得土地资产在市场中稳定、规范地经营，达到土地资产保值增值和可持续利用的目的。全书共分九章，各章节编写分工如下：第一、三、四、七章由李凌编写，第二章由孙承运编写，第五章由孙广云编写，第六章由王晓玲编写，第八章由王春艳编写，第九章由唐欣、程晋南编写。全书最后由李凌统稿。

本书土地资产管理的体系完整，内容全面、丰富，并配有内容提要、教学要求、重点难点、复习思考题及强化练习题，涵盖了土地估价师、土地登记代理人、土地招标拍卖挂牌主持人考试大纲的部分内容，不仅可供大专院校土地资源管理专业及相关专业的教师和学生使用，也可作为国土资源管理部门和相关部门工作人员的参考读物，还可以作为全国土地估价师、土地登记代理人、土地招标拍卖挂牌主持人考试的参考资料。

本书在编写过程中，参考和借鉴了大量的有关教材、论著和资料，由于篇幅所限，不能一一列出，在此向有关的编、著者表示衷心的感谢！

由于编者水平有限，书中难免存在错误和疏漏，恳请广大读者批评指正，提出宝贵意见。

编　者
2011年5月

目　　录

第一章　土地资产管理概论 (1)
第一节　土地资产内涵 (2)
第二节　土地资产管理概述 (9)
第三节　土地资产管理制度与体制 (12)

第二章　土地资产管理的目标 (18)
第一节　土地资产管理的目标 (19)
第二节　土地资产保值增值 (20)
第三节　土地资产可持续利用 (22)

第三章　土地市场管理概述 (33)
第一节　土地市场概述 (34)
第二节　我国土地市场的发展过程及现状 (41)
第三节　土地市场管理的手段与内容 (45)
第四节　土地市场运行机制及缺陷 (48)

第四章　土地市场供需调控 (56)
第一节　土地市场供需分析与调控 (58)
第二节　国有建设用地供应计划管理 (63)
第三节　土地收购储备制度 (68)
第四节　国有企业改制中土地资产的处置 (70)
第五节　土地有形市场的建立 (77)
第六节　土地市场动态监测与监管 (79)

第五章　土地市场中的地价管理 (89)
第一节　地价与地价管理 (90)
第二节　我国地价管理的发展历程及取得的成效 (93)
第三节　目前我国主要的地价管理政策与制度 (99)
第四节　城市地价动态监测 (104)

第六章　土地市场中介组织管理 (119)
第一节　土地市场中介管理概述 (120)
第二节　土地估价行业管理 (123)
第三节　土地登记代理行业管理 (130)

第七章　土地资产开发与利用管理 (146)
第一节　土地资产开发与利用概述 (147)
第二节　城市土地资产开发 (150)

第三节	城市土地资产利用	(156)
第四节	土地资产集约利用	(163)
第五节	开发区土地集约利用评价	(168)
第六节	土地开发利用中闲置土地的处置	(183)

第八章 土地资产金融管理 (191)

第一节	土地资产金融概述	(192)
第二节	土地资产金融市场概述	(197)
第三节	土地资产金融市场体系的构建和运行	(200)
第四节	地产证券化	(203)

第九章 土地资产收益分配管理 (210)

第一节	土地资产收益分配制度概述	(211)
第二节	税收制度概述	(219)
第三节	土地税收	(224)
第四节	房产税收	(233)
第五节	土地相关税收	(235)

参考文献 (251)

第一章 土地资产管理概论

 内容提要

土地既具有自然属性,又具有社会经济属性,它既是一种资源,又是一种资产。以前,人们对土地的研究大多把土地作为自然资源,研究其自然特性和变化、利用规律,而忽视了对土地社会经济属性及其运行规律的研究。

土地、土地资源、土地资产是既有区别又有联系的概念。土地是地球陆地表面一定立体空间由地貌、土壤、岩石、水文、气候和植被等要素组成的自然历史综合体,它包括人类过去和现在的种种活动结果。土地资源是指在一定技术条件和一定时间内可为人类利用的土地。一般来说,土地资源是指经过人们投入,从土地上得到收益的土地,即产生了价值的土地。土地资产是土地自然性状及其开发利用程度等因素在经济形态上的综合反映,是投入经济运营,并带来收益的土地财产。土地资产是土地资源利用中土地这种物质的自然、社会和经济特性的集合,它既具有土地资源的自然特性,又具有自身的社会经济特性。

土地资产管理是政府土地行政管理部门对土地使用者和经营者实施政策管理和行业管理,主要是制定土地资产经营、管理实施办法等,属于宏观管理的范畴。土地资产管理的任务是制定和实施用地政策,完善国有土地供应与处置制度,改革集体建设用地使用制度,加强地价管理,营造良好的土地市场环境。

土地资产管理体制是规范土地资产经济实现形式的具体制度,是整个社会主义市场经济体制的一个有机组成部分。完善的土地资产管理体制应是一种行政管理职能、经营管理职能和监督管理职能齐全,行政管理权、经营管理权和监督权三权分立,互相制约的新型管理体制。

 教学要求

了解:土地、土地资源、土地财产的概念、特性及其与土地资产之间的区别与联系,土地资产管理制度沿革。

熟悉:土地资产管理的概念、构成要素,土地资产管理的原则,土地资产管理体制的概念、职能。

掌握:土地资产的概念、社会经济特征,土地资产管理的任务。

重点难点

1. 土地资产的内涵
2. 土地资产的社会经济特性
3. 土地资产管理的任务

 关键术语

土地　土地资源　土地资产　土地资产管理　土地资产管理体制

第一节　土地资产内涵

土地是人类赖以生存、繁衍、发展的前提。它不仅为我们提供食物，提供居住场所，提供休闲空间，而且提供财富。所以，人们在很早就认识了土地的极端重要性。在两千多年前，孟子就说过："诸侯之宝有三：土地、人民、政事。"我国著名宰相管仲在《管子》说："地者，万物之本原（源），诸生之根菀也。"（《管子·水地》）最早从经济学视角考察土地的，是被马克思称为"英国政治经济学之父"的 17 世纪西方资产阶级古典经济学家威廉·配第。300 多年前他就明确提出："土地是财富之母，劳动是财富之父。"在土地、资本、劳动力和科学技术四大生产要素中，土地无疑是最重要的，没有土地，资本、劳动力、科学技术将失去立足之地，创造财富也将无从谈起。

土地对于人类忽而表现为"物"，忽而表现为某种社会经济关系，土地既具有自然属性，又具有社会经济属性，它既是一种资源，又是一种资产。本书所指的土地是指投入经济运营中的土地，即土地资产，简称地产，重点研究土地资产的社会经济属性及其在社会经济运行中的运行规律。

一、土地的概念及特性

1. 土地的概念

土地是地球陆地表面一定立体空间由地貌、土壤、岩石、水文、气候和植被等要素组成的自然历史综合体，它包括人类过去和现在的种种活动结果。这一定义包括以下几层含义。

（1）土地是综合体。组成土地的各要素，在一定的时间和空间内，相互联系、相互作用、相互依存而组成具有一定结构和功能的有机整体。土地的性质和用途取决于全部构成要素的综合作用，而不取决于任何一个单独的要素。

（2）土地是自然的产物。土地是自然的产物，不是人类劳动的产物。但人类活动可以引起土地有关组成要素的性质变化，从而影响土地的性质和用途的变化。

（3）土地是地球表面具有固定位置的空间客体。

第一章 土地资产管理概论

(4) 土地是地球表面的陆地部分。海洋和陆地是地球表面的两大组成部分,陆地是突出于海洋面上的部分,包括内陆水域、海洋滩涂和岛屿。

(5) 土地包括人类过去和现在的活动结果。

2．土地概念的区分

(1) 土地与土壤

土壤是指能够产生植物收获的陆地疏松表层。它是在气候、母质、生物、地形和成土年龄等诸因子综合作用下形成的独立的自然体。土壤与土地的区分,可以从以下几方面加以说明。

从相互关系上看,土壤仅仅是土地的一个组成要素,即土地包含土壤。

从本质特征上看,土壤的本质是肥力,而土地的本质特征是生产力。

从形态结构上看,土壤是处在地球风化壳的疏松表层。而土地是由地上层、地表层和地下层组成的立体垂直剖面。

(2) 土地与国土

国土不单指土地,而是国家管辖的地理空间,包括领土、领空和领海。从内涵上看,国土包括资源与环境两方面的内容。

(3) 土地与景观

土壤、风化壳、大陆沉积物、潜水和地表水、植被、近地表大气及物理化学作用彼此紧密联系的综合体称为景观。大气候和地理地质条件的统一是景观的基本特征。它与土地的最大区别主要在于它只考虑自然地理因素的作用,而极少考虑社会经济因素的"综合体"的影响。

(4) 土地与土地资源

所谓资源,是指在一定时间、地点的条件下,能够产生经济价值,以提高人类当前和将来福利的自然环境因素和条件。土地资源是指在一定技术条件和一定时间内可为人类利用的土地。一般来说,土地资源是指经过人们投入,从土地上得到收益的土地,即产生了价值的土地。土地资源是土地的一部分。

(5) 土地与土地资产

土地资产是指作为财产的土地,其中既包括纯自然土地,也包括经过人类开发、改造过的土地,两者都能够被人们当作财产予以占有。从法律上看,土地资产不仅包括土地自然体,而且包括土地权利。土地资产和土地,既紧密联系又有区别,在商品经济中土地资产是特定的土地。土地不一定完全是土地资产,而土地资产必然属于土地。土地资产最重要的特性是其商品属性,具有使用价值和价值,可以像其他商品一样进行交换。但在我国,这种交换是在土地所有权与使用权相分离的前提下,对使用权的经营,即土地使用权的出让、转让、出租、抵押等。

3．土地的特性

土地的特性,包括自然特性和经济特性。土地的自然特性是指不以人的意志为转移的自然属性;土地的经济特性则指人们在利用土地的过程中,在生产力和生产关系方面表现的特性。

土地的自然特性有：① 土地面积的有限性；② 土地位置的固定性；③ 土地质量的差异性；④ 土地永续利用的相对性。只有在利用过程中维持了土地的功能，才能实现永续利用。

土地的经济特性有：① 土地经济供给的稀缺性；② 土地用途的多样性；③ 土地用途变更的困难性；④ 土地增值性；⑤ 土地报酬递减的可能性。

土地还具有重要的社会属性。人类在利用土地的过程中，总是要反映出一定的社会中人与人之间的某种生产关系，包括占有、使用、支配和收益的关系。土地的占有、使用关系在任何时候都是构成社会土地关系的基础，进而反映社会经济性质。土地的这种社会属性，既反映了进行土地分配和再分配的客观必然性，也是进行土地产权管理、调整土地关系的基本出发点。

二、土地资源的概念及特性

1. 土地资源的概念

资源，《辞海》的解释为："资源就是资产的来源，一般指天然的财源"。联合国环境规划署（UNEP）对资源的解释为："所谓资源，特别是自然资源，是指一定时间、地点的条件下，能够产生经济价值，以提高人类当前和将来福利的自然环境因素和条件"。

土地资源是一种无法替代的重要的自然资源，它既是环境的组成部分，又是其他自然环境资源和社会经济资源的载体。从系统论观点看，土地资源的本质是由土地生态系统和土地经济系统在时空上耦合而成的土地生态经济系统，土地资源作为自然界环境的一个主要构成部分，由于不同的研究目的和方法对土地资源的认识也不尽相同，总的来说，土地资源是指在一定技术条件和一定时间内可为人类利用的土地。一般来说，土地资源是指经过人们投入，从土地上得到收益的土地，即产生了价值的土地。

2. 土地资源的特性

（1）土地资源是自然的产物

土地资源是大自然的产物，是自然恩赐于人类的，早在人类诞生前就已存在，而不像其他生产资料那样是劳动的产物。人类能创造其他财富，却不能创造土地。应当指出的是，人类虽然不能创造土地，但却能改良土地或破坏土地。

（2）土地位置的固定性

土地是不能移动的，具有位置的固定性。尽管从严格意义上讲，地球表层也存在因各种自然原因而产生的移动变化，但对于整个地球和人类大生产活动来说实在是微不足道的，既没有实质意义，也不能从根本上改变土地位置的固定性的特性。

土地位置的固定性，既给人类提供了利用各种土地的可能性和生存发展的基础，也限制了人类利用土地的区域性。

（3）土地区位的差异性

土地存在着区位差异。地球上任意两块不同位置的土地，无论是土壤的自然性质，还是经济性质，都存在着差异。我们无法找到两块自然和经济性质完全相同的土地。

由于土地的这种差异性和土地位置的固定性，导致了土地价值和价格的差异、土地适

第一章 土地资产管理概论

用性和利用成本的差异，并时时警示人类珍惜并科学合理地利用每一块土地。

（4）土地总量的有限性

大自然创造了土地，使人类轻而易举地享用到土地带给我们的一切，也使很多人以为土地无限。事实上，土地总量是有限的，既不能增加也不能用其他物质所代替，人类更不能创造土地。人类所能做到的只是改变地形地貌，无法增加土地的总量。

土地总量的有限性，这一特性要求人类必须科学利用土地，努力提高土地的产出效益，以有限的土地创造更多的物质财富，满足人类日益增长的物质需求。

（5）土地利用的可持续性

土地与其他生产资料存在着一个显著差异，即只要按照自然规律，科学合理地利用土地，不断改良和增加地力，土地就可以持续利用并不断提高产出率，而其他生产资料在使用过程中都会由新变旧，都会受到磨损，直到报废。

当然，土地的持续利用是有一定条件的。如果人类不科学合理地开发利用土地，也会造成土地生态系统的破坏，使土壤肥力和土地生产能力下降，受到大自然的惩罚。

（6）土地经济供给的稀缺性

土地存在着差异性，且位置固定，数量有限，人们利用土地时又都要选择位置较优或土质较好的土地，因而会导致这类位置优或土质好的土地需求大于供给的现象，这种供不应求的现象即是土地经济供给的稀缺性。

土地供给的稀缺，又会造成需求这类土地的各部门、各单位之间的竞争，并在土地所有、占有、使用上进行垄断，客观上又迫使人们节约土地、集约用地。

（7）土地报酬递减的可能性

土地经营中，一般情况下会随投入增加而报酬增大，但是当技术不变，在单位面积土地上投入物化劳动和活劳动达到一定程度时，边际报酬就会下降，平均报酬也会随之下降。这就要求人们在一定的技术、经济条件下，注意投资的适合度。

（8）土地利用方向变更的困难性

任何一块土地都可能有多种用途，可生产多种产品，但改变一块土地的原有用途，在一定条件下，则是相当困难的。不用说建设用地变成农用地的困难，就是农业用地用途变更也是相当困难的。例如，农产品的价格因国内外供求关系等因素而形成明显升降时，农业生产者很难及时调整种植面积和种类。因为，不同的作物有不同的生产季节，要求不同的土质、气候条件，往往很难改变；不同作物需要的资金、技术装备的要求也不同，变更会受到生产单位的经济力量的影响；而不同的生产者的生产技术也会影响生产水平。

这一特性要求人们在规划利用土地时，必须科学慎重地决策，选择最恰当的利用方向去利用土地。

三、土地财产的概念及特性

1. 土地财产的概念

财产是在一定社会保障体系中归谁占有或不归谁占有的财产或财富。一种物质能成为财产必须有三个要素，即客体、主体和社会保障，其中客体必须是可被占用的和有用的，主体必须是能独立承担民事责任的法人或自然人，社会保障必须是行之有效的判定物质财富归谁占有和不归谁占有的准则或尺度，以保证占有的排他性。大体上，财产有三种，即动产、不动产和知识财产（即知识产权）。财产的最大特点是：① 财产所有人依法对自己的财产享有占有、使用、收益和处分的权利；② 任何人不经财产所有人的许可不得使用该财产，否则就是非法侵犯权利；③ 财产所有人可以是自然人，也可以是诸如公司这样的法人。

土地是有用的自然物质，其空间是可以被占有的，占有和使用的主体可以是法人也可以自然人，国家保障主体对客体的各种权利，因此，土地是一种财产，且土地财产是以土地作为物质客体，由于土地本身的位置固定性，所以土地财产属于不动产。

2. 土地财产的特性

土地财产是以土地作为物质客体，属于不动产，其在占有、分配和使用过程中也表现出与一般物质财产的不同特性。

(1) 土地财产权利的国家控制性和占有排他性

由于土地是原始的，是自然界产生的，不像其他财产那样是在人类经济活动过程中产生的，其占有和使用的权利可以由国家直接赋予和分配。原始社会生产力水平低下，人类过着游牧生活，地广人稀，部族共同占有和使用土地，谈不上土地财产权利问题；奴隶社会国家赋予奴隶主土地和农奴独占权；封建社会国家为了调整生产关系，发展农业生产，大多数国家通过没收大地产所有者的土地分赋给自耕农，实行"平均地权"，使"耕者有其田"；及至资本主义阶段，国家又通过一定手段促使土地所有权与使用权分离，促进土地经营的适度集中，从而为资本主义发展创造条件；即使社会主义国家，也通过分权、集权等手段促进社会经济的发展和社会公平的实现。纵观人类社会发展的历史，皆是国家直接通过剥夺与赋予、集权与分权等手段决定着土地财产权利的分配、享有，并进而决定着土地利用方式等。同时土地自然供给的有限性和经济供给的稀缺性使得土地成为稀缺性极强的财产，占有排他性比一般财产更强。

(2) 土地财产的不动性和空间差异性

由于土地物质是相对静止和固定的，其上的永久固着物是运动物体的参照系，故土地财产及其永久性固着物习惯性地被称为不动产，我国则将房产和地产总称为房地产。正是由于土地财产的不动性，才使得土地财产具有空间差异性。

(3) 土地财产权利关系的复杂性

一般的财产主要涉及排他性的占有、使用和处置权利等自物权，而土地权利除涉及所有、占有、使用、收益和处置等自物权外，还涉及用益物权和担保物权，各项权力之间关系相对复杂，其界定和维护皆需要一定的国家强制力，这就决定了土地财产的管理是一项复杂困难的工作。

(4) 土地财产的保值持有性

由于土地的耐用性和人类社会发展的无限性，固定于某一位置的土地财产除非不可抗的或自然灾害面前损毁外，一般其价值不会被贬低，相对人身生命来讲，其具有明显的恒久性，这使得土地财产成了主要的遗赠和继承对象，并且人们的土地财产的主观价值往往也比较高，即拥有土地是富有的象征。

四、土地资产的概念与特性

1. 土地资产的概念

土地资产是土地自然性状及其开发利用程度等因素在经济形态上的综合反映,是投入经济运营,并带来收益的土地财产。

对土地资源、土地财产、土地资产之间的关系可以从以下几个方面进行理解。

（1）某特定主体和范围内的土地财产与土地资产同以某特定位置的土地资源为物质前提。

（2）土地财产仅反映土地占有关系,而土地资产同时还反映土地利用关系。

（3）土地财产着重反映土地上的各项权利,而土地资产同时还反映土地的有关利益。

（4）土地财产反映的各种关系是相对静止的,土地资产反映的各种关系则是恒久运动的。

（5）土地财产偏好于反映土地上的社会关系,土地资产则侧重于反映土地上的经济关系。

（6）土地资产不仅是"权利"这种无形资产,而且还是土地"物"的有形资产,是两者的统一。

2. 土地资产的社会经济特性

土地资产是土地资源利用中土地这种物质的自然、社会和经济特性的集合,它既具有土地资源的自然特性,又具有自身的社会经济特性。其建立在土地自然特性基础上的社会经济特性主要有以下几个方面。

（1）土地经济供给的稀缺性和土地资产的储蓄和增值性

土地经济供给的稀缺性源于土地自然供给有限性。首先,供给人们从事各种活动的土地面积是有限的;其次,特定地区,不同用途的土地面积也是有限的,往往不能完全满足人们对各类用地的需求,从而出现了土地占有的垄断性这一社会问题和地租地价等经济问题。由于土地的稀缺性所引起的土地供不应求现象,造成了地租、地价的昂贵,迫使人们节约、集约地利用土地,努力提高土地的有效利用率和单位面积生产力。

土地资产具有比一般资产更明显的增值性。土地资产之所以能够有较大幅度的增值,除了个别土地投机的因素外,主要是因为:一般商品的使用随着时间的推移总是不断地折旧直至报废,土地资产这个特殊商品则不然,它是一种耐用物品,不存在折旧;土地可以吸纳投入土地的沉积资本,在土地上追加投资的效益具有持续性,使本身的可用性或使用价值提高;随着人口增加和社会经济的发展,对土地的需求越来越大,引起稀缺性增值;随着科学技术水平的不断提高,人们对土地利用强度加大,使得土地利用效率不断提高。正是由于这种增值性,使得投资者认为土地的投资风险最小,因此使得投资者对土地置业投资趋之若鹜,把购置不动产作为保值储蓄的手段。

（2）利用的区位性和用途变更的困难性

由于土地的自然物质基础存在异质性、空间固定性或不动性,再加上人类空间社会经济活动的非均质性,使得土地在利用中具有较强的区位性。在区位条件好的地段,人们经济活动获得的收益比较高,从而该地段便出现较高的经济价值,表现为地价较高。土地利用的区位性要求人们安排土地利用时,要充分考虑各具体区段的区位特点,因地制宜,合理配置,做到优地优用。不同的区位适用于不同的用途,由于自然构成物质的结构性、土地位置的空间固定性,一种土地利用方式一旦确立,便难以变更,尤其是农业用地变为非农业建设用地后,再转变为农业用地非常困难,即使非农业用地不同用途之间的相互变更也十分不容易,这种变更往往会给土地利用者带来较大的经济损失。这一特性要求人们在确定土地用途时一定要科学论证、谨慎而行。

(3) 永续利用性和适度集约性

土地资源是可更新资源或耐用资源,只要人类根据土地的自然特点合理地加以利用,土地的生产能力或使用价值不仅不会损耗,反而会不断改善和提高,为人类提供更多的产品或经济效益,更好地服务于人类。但土地作为一项经济资源、一个生产要素,在生产活动中与其他要素的配比要有一个限度,并不是其他要素投入量越多,土地的产出越多,越能为人类谋求更大的利益,如果超过土地利用的容受力,土地产出能力或效用会随着其他要素的投入数量的增加而降低,最终使土地利用的经济效益下降。因此,土地应适度集约利用。

(4) 整体利用的结构性和社会、经济、生态效益的兼容性

土地利用从一个较大的范围内来看,呈现一种整体结构,它一方面体现该区域各类用地所占的比例,另一方面则反映了各类用地的相对空间位置,这种结构决定了本区域的产业结构,从而决定了该区域社会经济发展的特色。土地利用结构是否合理直接影响土地功能的发挥,优化的土地利用结构有利于土地功能的发挥。土地利用合理与否,要用土地效益来衡量,土地效益不仅包括经济效益,而且还包括社会效益和生态效益。从土地利用的整体上来说,土地利用的三个效益并不相悖,而是相辅相成的,互为前提条件的,即三者是统一的、兼容的。

(5) 土地资产兼具生产资料和消费资料,以及固定资产和流动资产的二重性

土地具有用途的多宜性,从大的方面来说,土地既可以用于生产又可以用于生活,即土地既是生产资料又是消费资料。对于不动产开发商,土地是一项重要的生产资料;对于不动产使用者来说,土地又是消费资料,其中生产性用不动产,土地是生产消费资料,而住宅或娱乐性用不动产则是个人消费资料。正是由于土地资产这种生产资料和消费资料的二重性,才决定了其固定资产和流动资产的统一。对于不动产开发经营者来说,他一次性出售该不动产,实现了其价值,则属于流动资产,而对于置业者而言则属于固定资产。

(6) 土地利用的社会性和产权交易的法律性

土地是自然生态系统的基础因子,土地互相联结在一起,不能移动和分割。因此,每块土地利用的后果,不仅影响本区域内的自然生态环境和经济效益,而且必然影响到邻近地区甚至整个国家和社会的生态环境和经济效益,产生巨大的社会后果。土地利用后果的巨大社会性,要求任何国家都要以社会代表的身份,对全部土地进行宏观的管理、监督和调控。同时,土地利用存在公共偏好性。同一块土地,可能有多个用地意向者,用地意向者应通过合法的方式取得土地使用权。当某土地使用者不能合理利用土地取得最大效益时,应通过土地使用权交易方式转移给最佳的土地利用者。但各种土地权利的设置及交易

是受社会保障体系保护的，产权的交易应遵循法律法规的相关规定。

(7) 土地资产的巨额性和可核算性

土地资产不像其他资产一样，数额可以较小，就微观生产或经营单位而言，多数企业清产核算的结果表明，一般单位的土地资产份额占其全部资产30%~60%。而从国家整体而言，土地资产价值数额之巨大令人惊叹，据国土资源部门测算，2001年全国约有33万亿元的国有资产中，土地资产达25万亿元，而这一巨额的土地资产绝大部分集中在城市。2009年全国收取土地出让金总计15910亿元。因此，如何在维护社会主义土地公有制的前提下，确保这笔巨额土地财富的保值增值，土地资产的合理经营管理是关键。

在传统的计划经济体制下，土地仅被作为资源而没有被作为资产，土地以无偿划拨的形式分配给各土地使用单位，没有土地的计量核算概念，这不仅使国家丧失了土地资产的收益，而且造成了用地单位的不平等竞争，造成了土地资产运营的低效率。同时，用地单位也未能将自己占用的土地资产纳入核算体系，从而使其对自己企业的经营状况难以较好地显示。为了适应社会主义市场经济的发展和土地使用制度改革，用地单位必须将其使用的土地资产的收入和支出纳入核算体系中。

第二节 土地资产管理概述

一、土地资产管理的概念

土地资产管理是政府土地行政管理部门对土地使用者和经营者实施政策管理和行业管理，主要是制定土地资产经营、管理实施办法等，属于宏观管理的范畴。

二、土地资产管理构成要素

1. 土地资产管理的主体

主体是国家，各级人民政府的国土资源管理部门代表国家和政府对土地资产实行统一管理。

2. 土地资产管理的客体

客体是城乡土地资产，以及土地交易过程中产生的人与人、人与地、地与地之间的产权关系和经济关系。

3. 土地资产管理的目标

总目标是通过土地资产管理保证土地资产可持续利用和土地资产的保值增值。

三、土地资产管理的原则

1. 保护国家土地所有权不受侵犯的原则

《中华人民共和国宪法》第十条规定："城市的土地属于国家所有。……任何组织或者个人不得侵占、买卖或者以其他形式非法转让土地。土地的使用权可以依照法律的规定转让。"明确规定了城市土地的所有权归国家所有，不得以买卖或其他任何形式转为单位和个人所有，土地使用者只能在法律许可的情况下取得土地使用权。在土地资产经营管理工作中必须遵循国家土地所有权不受侵犯的原则。

2. 土地所有权与使用权分离的原则

《中华人民共和国城镇国有土地使用权出让和转让暂行条例》第二、三、四条明确规定："国家按照所有权与使用权分离的原则，实行城镇国有土地使用权出让、转让制度，……中华人民共和国境内外的公司、企业、其他组织和个人，除法律另有规定者外，均可依照本条例的规定取得土地使用权，进行土地开发、利用、经营。依照本条例的规定取得土地使用权的土地使用者，其使用权在使用年限内可以转让、出租、抵押或者用于其他经济活动。"在土地资产运营中，投入到经济运营中的应当是土地使用权，土地使用者对土地使用权享有占有、使用、收益的权利。

3. 节约、集约用地，保护耕地的原则

耕地是人类获取食物赖以生存发展的最重要土地资源。耕地是粮食生产的基础，保护耕地与国家粮食安全密切相关，保护耕地为国家粮食安全提供了有力保障。"合理利用每一寸土地，切实保护耕地"是我国的一项基本国策。多年来，我国实行最严格的耕地保护制度，已取得明显成效。

4. 依法管理的原则

土地资产经营管理要坚持有法可依、执法必严、违法必究，确保土地资产经营管理按照法制化、规范化的原则正常进行，促进土地市场的健康有序的发展。

5. 保护合法和公平竞争的原则

要创造公平竞争的土地市场秩序，以保护合法和公平的竞争。一是在国有土地使用权供应上，按照法律的规定需要采用有偿使用方式的要尽可能地采用招标、拍卖、挂牌出让的方式，减少协议方式出让；二是通过土地市场以公平、公正、公开的方式转让土地，减少因炒卖项目、炒卖土地等的暗箱操作带来的转让价，使土地价格更加合理化，要采取多方面措施，为土地资产运营创造良好的市场条件。

四、土地资产管理的任务

1. 制定和实施用地政策

（1）调整城乡建设用地利用结构

采取有效措施，调整城乡用地结构。鼓励农村居民点向中心村镇集中，工业向园区集中。鼓励使用闲置土地、现有建设用地和未利用土地。鼓励开发建设用地，大力开展建设用地整理。

（2）保障经济发展、社会进步和环境保护建设用地需求

按照国家产业政策，积极为国家重点项目提供用地服务，基本满足西部大开发、基础设施、高新技术产业和城市绿化等用地需求。严格执行《禁止供地目录》、《限制供地目录》，重点加强对限制供地项目的用地管理。

2. 完善国有土地供应与处置制度

（1）规范国有土地供应和处置

严格执行《划拨供地目录》，禁止超越范围划拨供地。逐步完善并严格执行建设用地标准，限制超标准供地。细化各类土地权能，明确划拨土地使用权权益。依法处置国有企业土地资产，探索国有土地资产实现的有效形式，支持国有经济布局的战略性调整。

（2）控制供应总量和实现土地集中统一供应

严格控制建设用地供应总量，重点控制房地产用地总量，逐步实现土地供应从增量为主到盘活存量、控制增量的转变。推行土地收购储备制度，增强政府对土地市场的调控能力。加强各类园区的用地管理，切实落实土地集中统一管理制度。

（3）提高土地供应市场化配置程度

大力推行土地使用权招标拍卖挂牌出让，经营性房地产开发用地和其他竞争性用地，一律以招标拍卖挂牌出让方式提供。规范协议供地行为，建立和完善协议供地的价格评估、集体决策和结果公开制度。

3. 规范集体建设用地管理

（1）落实小城镇建设用地政策，搞好小城镇用地管理，妥善解决城镇发展用地。

（2）推行集体建设用地有偿使用制度。

（3）控制村镇建设占用耕地和林地。

（4）盘活农村闲置和低效利用的现有建设用地，促进集体建设用地优化配置，规范集体建设用地使用权流转。

（5）明确农村集体土地所有权主体和相应的权益，切实保护农民财产权。明确集体建设用地所有者、使用者合法权益，健全集体建设用地流转程序。

（6）整顿城乡结合部土地交易混乱现象。实行国有和集体建设用地统一管理政策。

4. 加强地价管理

（1）强化地价管理手段。

统一地价概念，理顺地价、出让金、租金的关系。定期更新、公布基准地价，建立地价指数，健全反映市场价格水平的地价体系。开展农用地分等定级和估价工作，建立土地等、级、价体系。

（2）协调区域间地价水平，建立地价动态监测系统。

（3）完善地价管理制度。

建立、完善土地价格评估制度，土地价格评估人员资格认证制度，土地交易价格申报制度，制定协议出让国有土地使用权最低限价，土地使用权转让价格明显低于市场价格的，市、县人民政府有优先购买权。

5. 营造良好的土地市场环境

（1）加强法制建设

重点制定土地使用权公开交易（招标、拍卖、转让等）、集体建设用地流转、土地收购储备、闲置土地处置、国有土地使用权租赁、划拨土地使用权管理、国有土地收回、土地价格管理等相关法规、政策。

(2) 规范政府行为

建立出让土地价格确定、土地资产处置、建设用地供应等重大事项的集体决策制度，制衡行政权力。严格依法行政，减少政府对市场的干预。改革审批制度，减少审批事项，规范审批行为，简化审批程序，提高办事效率。

(3) 规范土地使用权交易行为

严格土地使用权出让、转让、出租、抵押管理，出让土地使用权首次入市交易必须符合法律法规规定和出让合同约定的条件。加强划拨土地使用权入市管理，未经有批准权的人民政府依法批准和收购的，不得进入土地市场。打击和防范土地违法交易。建立土地交易价格申报制度，充分运用政府优先购买权。

(4) 提供市场服务

根据市场发育程度，积极建立土地有形市场，完善服务功能，引导土地使用权进入土地有形市场公开交易。推行建设用地信息发布制度、基准地价公布制度、地价可查询制度。

(5) 规范中介服务行为

发展地价评估、招标拍卖代理、土地交易代理、咨询等中介服务机构。实现行业自律，推进产业化发展。加强对违规行为的处罚力度，促进中介机构独立、客观、公正从业。

第三节 土地资产管理制度与体制

一、土地资产管理制度沿革

1. 土地资产属性弱化的阶段（1949—1954年）

新中国成立以后到1954年以前，国家对国有土地实行有偿使用，向国家交纳租金和有关税费。

2. 国有土地行政划拨阶段（1955—1987年）

(1) 制度的调整

1954年以后，我国建立了高度集中统一的计划经济体制。使用国有土地一律由政府无偿拨给使用，均不再缴纳租金。自此，确立了行政划拨土地制度。

(2) 行政划拨制度的特征

国有土地的行政划拨制度具有划拨手段的行政性、使用期限的无限制性、土地获取和使用的无偿性、土地物权的无流动性四个特征。

(3) 土地有偿使用的实践探索

1987年9月，深圳市规划国土局以协议方式第一次向企业出让了国有土地使用权，11月25日，深圳市规划国土局以公开招标形式出让了一宗国有土地使用权，12月1日深圳市规划国土局又以拍卖方式出让了一宗国有土地50年使用权。

3. 国有土地有偿使用制度确定和发展阶段（1988—2000年）

《宪法》修正案及相关法律法规的出台，确立了国有土地有偿使用制度。

第一章 土地资产管理概论

(1) 1988年，我国《宪法》和《土地管理法》先后修改，将原来的"任何组织或个人不得侵占、买卖、出租或者以其他形式转让土地"，修改为"任何组织或个人不得侵占、买卖或者以其他形式转让土地，土地使用权可以依照法律的规定转让"。1990年5月国务院发布了《城镇国有土地使用权出让和转让暂行条例》，以行政法规的形式，确立了国家实行城镇国有土地使用权出让、转让制度。

(2) 1994年颁布的《城市房地产管理法》，首次从法律层面明确了划拨和出让供地的范围，除国家机关和军事用地、城市基础设施用地和公益事业用地、国家重点扶持的能源、交通、水利等项目用地可以采用划拨方式供应外，其他国有土地必须以出让等有偿方式供应，并具体明确了国有土地使用权出让，地价评估、公布和土地市场交易制度。

(3) 1998年12月27日颁布了《土地管理法实施条例》，从法规上明确了出让、租赁、作价出资等土地有偿使用方式。

4. 土地市场配置制度建立和完善阶段（2001年至今）

(1) 国务院15号文件成为市场配置土地资源的纲领性文件

2001年4月，国务院下发《关于加强土地资产管理的通知》（国发〔2001〕15号）规定：各地要大力推行土地使用权招标、拍卖。国有建设用地供应，除涉及国家安全和保密要求外，都必须向社会公开。商业性房地产开发用地和其他土地供应计划公布后同一地块有两个以上意向用地者的，都必须由市、县人民政府土地行政主管部门依法以招标、拍卖方式提供，国有土地使用权招标、拍卖必须公开进行。

国务院15号文件第一次明确具体地提出了国有土地使用权招标、拍卖的范围和界限，第一次为经营性用地协议出让亮起了"红灯"，是国有土地实行市场配置的第一个国家政策，成为经营性土地由非市场配置到市场配置的分水岭，对土地资源市场配置制度的确立具有重要历史意义。

(2) 建立健全土地市场规范运行的六项基本制度

国土资源部2001年6月下发了《关于整顿和规范土地市场秩序的通知》，强调建立健全六项土地市场规范运行基本制度：建设用地供应总量控制制度；城市建设用地集中供应制度；土地使用权公开交易制度；基准地价定期更新和公布制度；土地登记查询制度；集体决策制度。

(3) 规范了国有土地招标拍卖挂牌和协议出让的操作程序

2002年5月，国土资源部颁布了《招标拍卖挂牌出让国有土地使用权规定》（国土资源部令11号），11号令明确了商业、旅游、娱乐、商品住宅等四类经营性用地和同一土地有两个或两个以上意向用地者的，应当招标拍卖挂牌出让。同时，11号令明确规定了招标、拍卖、挂牌出让的具体操作程序。2006年5月31日国土资源部颁布《招标拍卖挂牌出让国有土地使用权规范（试行）》进一步明确规定了招标、拍卖、挂牌出让的范围、具体操作程序和出让活动中所需文本示范格式。

2003年6月，国土资源部颁布了《协议出让国有土地使用权规定》（国土资源部令第21号），明确了协议出让的范围和操作程序，要求协议出让也必须公开和引入市场竞争机制。2006年5月31日国土资源部颁布了《协议出让国有土地使用权规范（试行）》，进一步统一了协议出让的范围、操作程序、标准和协议出让所需文本示范格式。

(4) 经营性基础设施用地、工业用地、原划拨土地使用权改变用途等具体政策措施进一步明确。

2004年10月，国务院发布了《关于深化改革严格土地管理的决定》（国发〔2004〕28号），明确提出："经营性基础设施用地要逐步实行有偿使用。……工业用地也要创造条件逐步实行招标、拍卖、挂牌出让。"

2006年8月，国务院发布了《关于加强土地调控有关问题的通知》（国发〔2006〕31号），明确规定"工业用地必须采用招标拍卖挂牌方式出让，其出让底价和成交价格均不得低于所在地土地等别相对应的最低价标准"。2006年12月，国土资源部发布实施了《全国工业用地出让最低价标准》。

(5)《物权法》确立了土地物权制度

2007年3月，《中华人民共和国物权法》（以下简称《物权法》）发布，并于10月1日实施。《物权法》明确了建设用地使用权作为物权，具有财产和资产的基本属性。全面肯定了经营性土地使用权的招标拍卖挂牌出让制度，明确规定："工业、商业、旅游、娱乐和商品住宅等经营性用地以及同一土地有两个以上意向用地者的，应当采取招标、拍卖等公开竞价的方式出让"；"建设用地使用权可以在土地的地表、地上或者地下分别设立"。

依据《物权法》，2007年9月，国土资源部修订发布了《招标拍卖挂牌出让国有建设用地使用权规定》（国土资源部令第39号）。39号令第四条明确规定：工业、商业、旅游、娱乐和商品住宅等经营性用地以及同一宗地有两个以上意向用地者的，应当以招标、拍卖或者挂牌方式出让。同时考虑到采矿用地的取得和使用要以取得探矿权或采矿权为前提条件，因此明确规定了工业用地包括仓储用地，但不包括采矿用地。

二、土地资产管理体制

（一）土地资产管理体制的内涵

土地资产管理体制是规范土地资产经济实现形式的具体制度，是整个社会主义市场经济体制的一个有机组成部分。从20世纪80年代中期我国开展土地使用制度改革以来的实践证明，土地资产能否保值增值，能否合理流转，能否促进国有企业转换机制，关键的一点就在于能否建立一种适应社会主义市场经济体制的新型土地资产管理体制。

国有土地资产管理体制，必须从增进社会福利出发，按照土地资产的特性和经济规律，以有利于巩固社会主义土地公有制，保障国家土地资产收益，有利于有效地合理利用城市土地资产，提高配置效率和经济效益为目标，不断地进行调整并逐步加以完善。

（二）土地资产管理体制建立的原则

土地资产管理体制的建立必须坚持以下四个原则：

(1) 有利于可持续发展的战略原则；
(2) 有利于创造公平竞争机制的原则；
(3) 有利于加强土地资产宏观调控的原则；
(4) 有利于现代企业制度建立的原则。

（三）土地资产管理体制的职能

完善的土地资产管理体制应是一种行政管理职能、经营管理职能和监督管理职能齐

第一章 土地资产管理概论

全,行政管理权、经营管理权和监督权三权分立,互相制约的新型管理体制。

1. 统一的行政管理职能

在新型的土地资产管理体制中,要明确土地管理部门作为国有土地资产所有权代表的地位,进一步强化各级土地管理部门的管理职能,以确保国有土地资产的保值增值,最大限度地实现土地供求平衡,不断提高土地资产的整体利用效率、保证国民经济的有序运行。

2. 中介性的经营管理职能

需要按照政企分开的基本原则,委托或授权具有经营能力和管理职责的国有土地资产经营机构来专门进行企业土地资产的经营管理。作为国有土地资产的中介性经营机构,它既不具有行政管理职能,也不兼有行业管理职能,主要职责是通过对企业土地资产的合理配置和市场运营,来提高企业土地资产的运营效益,促进国有土地的保值增值,保证国家土地资产的收益的充分实现。

3. 综合性的协调监督职能

形成一个以国有资产管理机构为主体的综合协调性监督管理体制,来加强国有土地资产管理体制中的监督职能,以维护国有土地资产的收益,保证其保值增值目标的实现。

复习思考题

1. 简述土地的概念和特征。
2. 简述土地资源的概念和特性。
3. 简述土地资产的概念和特性。
4. 简述土地资产管理的概念和目标。
5. 简述土地资产管理的任务。
6. 简述土地资产管理制度的发展。
7. 土地市场规范运行的六项基本制度是什么?
8. 土地资产管理体制建立应遵循什么原则?
9. 土地资产管理体制应具有哪些职能?

强化练习题

一、填空题

1. 土地资源是指在一定_____和_____内可为人类利用的土地。
2. 土地是地球陆地表面一定立体空间由_____、_____、_____、_____、_____和_____等要素组成的自然历史综合体。
3. 土地资产是土地自然性状及其开发利用程度等因素在_____上的综合反映,是投入_____,并带来_____的土地财产。
4. 土地资产管理的主体是_____,土地资产管理的总目标是通过土地资产管理保证土地资产_____和土地资产的_____。
5. 完善的土地资产管理体制应是一种_____职能、_____职能和_____职能齐全,_____、_____和_____三权分立,互相制约的新型管理体制。

二、判断题

1. 土地是自然的产物,不是人类劳动的产物。（　　）
2. 土地是地球表面具有固定位置的空间客体。（　　）
3. 从内涵上看,国土包括资源与环境两方面的内容。（　　）
4. 土地资源是指在一定技术条件和一定时间内可以为人类利用的土地,因此一定区域内的土地资源就是该区域的全部土地。（　　）
5. 土地不一定完全是土地资产,而土地资产必然属于土地。（　　）
6. 土地报酬递减规律是指随着土地利用面积不断扩大,投入不断增加时,土地产出不断减少的规律。（　　）
7. 土地位置的固定性决定了土地市场不是实物交易意义上的市场。（　　）
8. 土地资产的利用集约度越高,给人类带来的经济效益越高。（　　）
9. 土地利用合理与否,要用土地利用经济效益来衡量,土地利用经济效益越高,说明土地利用越合理。（　　）
10. 土地资产是一种财产,是以土地作为物质客体,具有与一般物质财产不同的特性。（　　）

三、单选题

1. 土地经济供给的稀缺性源于（　　）。
   A. 土地位置的固定性　　　　B. 土地自然供给有限性
   C. 土地质量的差异性　　　　D. 土地永续利用的相对性
2. 投资者往往认为土地的投资风险最小,对土地置业投资趋之若鹜,这主要体现了土地的（　　）。
   A. 报酬递减的可能性　　　　B. 永续利用的相对性
   C. 增值性　　　　　　　　　D. 经济供给的稀缺性
3. 土地资产管理的主体是（　　）。
   A. 国土资源管理部门　　　　B. 市县人民政府
   C. 国家　　　　　　　　　　D. 土地资产开发经营者
4. 在土地资产运营中,投入到经济运营中的应当是（　　）。
   A. 国有土地所有权　　　　　B. 集体土地所有权
   C. 土地使用权　　　　　　　D. 土地他项权利
5. 土地（　　）决定了土地市场是一种不完全的市场,即不是实物交易意义上的市场。
   A. 面积的有限性　　　　　　B. 位置的固定性
   C. 质量的差异性　　　　　　D. 永续利用的相对性

四、多选题

1. 土地的自然属性有（　　）。
   A. 土地质量的差异性　　　　B. 土地位置的固定性

第一章 土地资产管理概论

C. 土地用途变更的困难性　　　D. 土地面积的有限性

E. 土地永续利用的相对性

2. 土地的经济属性有（　　）。

A. 土地报酬递减的可能性　　　B. 土地质量的差异性

C. 土地经济供给的稀缺性　　　D. 土地增值性

E. 土地用途的多样性

3. 土地资产利用的区位性是由于土地的自然物质基础存在（　　），再加上人类空间社会经济活动的非均质性造成的。

A. 面积的有限性　　　　　　　B. 位置的固定性

C. 质量的差异性　　　　　　　D. 永续利用的相对性

E. 报酬递减的可能性

4. 土地资产的社会经济特性有（　　）。

A. 土地利用的社会性　　　　　B. 整体利用的结构性

C. 面积的有限性　　　　　　　D. 永续利用性和适度集约性

E. 巨额性和可核算性

5. 土地资产管理体制的职能有（　　）。

A. 地产开发经营职能　　　　　B. 行政管理职能

C. 监督管理职能　　　　　　　D. 经营管理职能

6. 土地市场规范运行的基本制度有（　　）。

A. 建设用地供应总量控制制度　B. 土地使用权公开交易制度

C. 集体决策制度　　　　　　　D. 基准地价定期更新和公布制度

E. 土地登记查询制度　　　　　F. 城市建设用地集中供应制度

第二章 土地资产管理的目标

 内容提要

土地资产管理的总目标是通过土地资产管理保证土地资产可持续利用和土地资产的保值增值。土地资产管理的具体目标是合理利用建设用地，提高建设用地集约利用水平，增加有效供给能力；全面深化土地使用制度改革，建立统一公平、规范有序的土地市场；全面开展基础业务建设，提高建设用地和市场管理的科技含量；全面转变政府管理土地资产的职能，提高依法行政水平。

土地保值增值从字面意义上理解是指土地价值的保持不变甚至价值提高（或增加），但表现形式则是考虑通货膨胀因素在内的土地价格不变甚至上升。土地增值主要是因投资性、稀缺性和直接效用提高引起的增值。投资性增值包括直接性投资增值和间接性投资增值。稀缺性增值可以区分为发展型和投机型稀缺性增值。直接效益或效用提高性增值指改变用途和提高利用集约度而使地产潜在价值得以显化或显化程度提高所表现的结果。

土地作为资产，人们在利用时总是以追求经济效益并保持最大限度的保值增值为目的，但土地资产收益的实现不是孤立的，而是以土地可持续利用为前提的。土地持续利用是我国可持续发展战略的一个重要组成部分。土地可持续利用实质上是为满足当代和未来社会经济发展对土地不断增长的需要而保证土地生产力持续性的土地利用。

正确判断土地利用方式是否具有持续性，对及时修正当代人土地利用的行为，保证土地持续利用是十分重要的。FAO颁布了《可持续土地利用评价纲要》确定了土地可持续利用的基本原则、程序和5项评价标准，即：土地生产性、土地的安全性或稳定性、水土资源保护性、经济可行性和社会接受性。由于各国、各地区的自然条件和经济社会条件不同，所面临的问题不一样，土地可持续利用的具体评价指标会有差异，因此要针对一个国家、一个地区的实际情况，提出切实可行、便于操作、容易定量的区域性的不同尺度的评价指标体系。

城市土地可持续利用是指通过各种途径和措施，实现城市土地合理利用和优化配置，使有限的城市土地持续地满足城市可持续发展和人们日益增长的需求。通过制定科学的土地利用规划和城市规划；维护好城市土地系统的生态平衡；调整城市用地结构和布局；建立规范和统一的土地市场，采用价格杠杆实现政府对城市土地利用的调控；保护耕地，实现耕地总量动态平衡；进一步完善政策法规，严格城市土地管理等措施可以实现城市土地的可持续利用。

第二章 土地资产管理的目标

教学要求

了解：可持续发展战略的含义、提出、特性、原则。

熟悉：土地资产管理的具体目标，土地可持续利用的原则、制约因素，实现城市土地可持续利用的对策。

掌握：土地资产管理的总目标，土地资产增值的原因与机制，土地可持续利用的概念、判别指标。

重点难点

1. 土地资产增值的原因与机制
2. 土地可持续利用的判别指标体系建立

关键术语

土地资产保值增值　可持续发展　土地可持续利用　城市土地可持续利用

第一节 土地资产管理的目标

一、土地资产管理的总目标

土地资产管理的总目标是通过土地资产管理保证土地资产可持续利用和土地资产的保值增值。

二、土地资产管理的具体目标

土地资产管理的具体目标是合理利用建设用地，提高建设用地集约利用水平，增加有效供给能力；全面深化土地使用制度改革，建立统一公平、规范有序的土地市场；全面开展基础业务建设，提高建设用地和市场管理的科技含量；全面转变政府管理土地资产的职能，提高依法行政水平。

1. 合理利用建设用地的主要目标

（1）适应国家经济结构调整要求，优化城乡建设用地结构；

（2）适应耕地保护要求，促进现有建设用地得到充分、集约化利用，有效控制建设用地外延扩张；

（3）适应经济增长要求，制定、实行有利于国家重点项目、西部大开发、城镇化进程和城市绿化等用地的政策。

2. 土地市场建设的主要目标

（1）落实建设用地总量控制和土地集中统一管理制度，建设用地供应和使用必须符合土地利用总体规划和年度计划；

（2）严格实施土地有偿使用制度，规范政府供地行为，增加政府供地行为的透明度，经营性房地产用地供应一律实行招标拍卖挂牌出让，规范协议出让行为，推行土地租赁制，建立土地价格的市场形成机制；

（3）增强政府调控土地市场能力，建立土地收购储备制度；

（4）完善土地使用权交易规则，加大市场监管力度，规范土地市场秩序；

（5）完善政府社会化服务功能，建立土地有形市场，全面推行建设用地信息发布制度。

3．基础业务建设的主要目标

（1）完善地价管理政策，健全地价管理制度，按时完成基准地价更新与平衡，建立科学、完整、实用的地价体系；

（2）健全建设用地技术标准体系，完成行业用地标准和土地集约利用评价指标制定与实施工作；

（3）构筑信息传输平台，建立建设用地信息管理系统。

4．转变政府管理土地资产职能的主要目标

（1）减少政府对市场的行政干预，完善政府对市场的服务功能，加强和完善宏观调控，积极推进法制建设；

（2）建立和实行集体决策和行政行为公开制度，保障依法行政，健全反腐倡廉机制。

第二节 土地资产保值增值

一、土地资产保值增值的概念

土地的耐用性或利用的永续性是土地资产保值的客观物质基础，而人口增长、经济发展是土地资产增值的社会经济基础，即作为耐用性商品的土地随着人口和经济增长而相对稀缺度提高，至少应随着一般商品物价的上升而上升。

农用地和城市土地同样都具有保值增值的特性，但城市土地因其供给的有限性和空间利用性可能诱致的高度集约性，以及政府限制而可能导致的相对较高的稀缺性，从而使得城市土地保值增值的现象比农用地更为明显，因此对城市土地保值增值研究更具典型意义。这里仅对城市土地保值增值问题进行探讨。

土地保值增值从字面意义上理解是指土地价值的保持不变甚至价值提高（或增加），但表现形式则是考虑通货膨胀因素在内的土地价格不变甚至上升。

国内对土地增值定义多种多样，既有从价值角度来考虑的，也有从价格角度来考虑的。孙陶生（1997）认为，土地增值是指土地资产在开发利用过程中，由于土地价格上涨而引起土地效益的提高，其实质是土地所有者和土地使用者可以从土地价格变化中得到一笔不断增加的土地收益。陈顺清（1999）认为，土地增值就是土地价值的增长，增值有正有负，在经济运行中，土地增值的一般表现形式是社会经济发展的作用和土地改良而形成的地价的增涨。张小华（1997）认为，土地增值是为土地增加的价值，实际指价格的增长。

土地增值的不同定义，源于土地是一种特殊的商品，其只具有"准商品"的内涵，其价值由价格来决定。因此，从货币角度来探讨土地增值，实际上以"价值"定义还是以"价格"定义增值并无本质区别。更进一步的探讨，还源于土地交易本身的特殊性，这是因为，土地交易本身并非真正的商品交换，而是在买卖双方建立了一种契约关系。土地价格是一种契约价格，实质只是一种对将来利益分配的一种超前约定，并不反映以价值为基础的价格关系，只是对将来生产要素用以生产过程的作用评价。或者说，土地价格也只是借用了价格这一形式，不是一般意义的价格与价值问题探讨。

在这一点上，马克思的土地价值理论给予了比较合理的阐述。马克思认为，土地的价格分为两部分，一部分为"土地资源价格"，即地租，一部分为"土地资本"价格。因此，我们界定土地增值的本质为：地租增值与土地资本的增加。

一般意义上的土地增值是指正向增值，但也包含负向意义上和零意义上的增值，它们可以分别称为减值和保值。用公式表达为：土地增值率＝（土地现值－土地原值）/（土地原值－通货膨胀率）。当土地增值率大于零时，则表现为正向增值；土地增值率小于零时，说明减值；土地增值率等于零时，表示恰能保值。

二、城市土地资产增值的原因及机制

按照现代城市土地效用理论，城市土地增值的内在依据是投入增加→效用（或收益）增加→价值（价格）提高的一个良性循环；而城市土地增值的外在条件则表现为供求矛盾的尖锐化和稀缺度的增加。实质上，城市土地增值是一个在市场经济条件下地产可收益性或效用性日趋增长的价值显化过程，其中投入增加导致的收益性或效用的提高进而价值或价格的上升，可称为投资性增值，它是城市土地增值的物质基础；市场环境是价值显化进而增值实现的条件；价值显化及其程度的高低是城市土地增值的结果表现。

1. 投资性增值

投资性增值是指对土地进行直接或间接投资所形成的价值量的增加而增值。投资性增值包括直接性投资增值和间接性投资增值。

直接性投资增值是指土地使用者或经营者在长期的土地使用和经营过程中，对土地的不断投资、改造而引起土地增值，如"五通一平"、"七通一平"等开发。

间接性投资增值主要包括外部投资辐射性增值和软环境改善投资增值。外部投资辐射性增值一般是指非以本宗地功能提高为主要目的的投资，如政府对城市公共设施的不断投入，国家建设项目投资，或因土地开发经营以及使用者对其他宗地的投资或投入而产生的土地收益的溢出效应而引起的土地价值（价格）增加。软环境改善投资性增值主要是指国家优惠政策、政府计划及管制等引导的投资以及区域人口素质的提高等，导致的某特定地区或区域内土地价值（价格）的增加。如国家税收优惠政策实质上是国家的一种投资；又如财政金融等优惠政策是国家的一种支持；再如国家设定新直辖市、计划单列市，或将县市变为市；最后，人口素质的提高，使人们利用土地及消费土地上提供的服务和产品的水平均提高，而使土地收益或效用增加，使得土地增值。

2. 稀缺性增值

随着社会经济的发展，城市化和工业化进程的不断加快，城市人口的不断增加，而形成了相对无限的城市土地需求与相对有限的城市土地供给的矛盾尖锐化，致使城市土地稀缺度不断提高，在市场机制作用下，表现为土地价值（价格）的不断升高。这部分增值可以区分为发展型稀缺性增值和投机型稀缺性增值。

发展型稀缺性增值是因为社会经济发展、城镇人口逐渐增多以及房地产业的发展，造成城镇建设用地供需之间的尖锐矛盾，使城市地产价格上升，表现为城市土地资产价格在较高水平上的均衡。

投机型稀缺性增值则是由于市场机制的缺陷，进行非生产性囤积居奇、哄抬地价造成的土地投机引起的增值。土地投机反映的是一种虚假的土地需求和价格信息，并没有真正进行投资，但它也起到了吸引资金投入土地的作用，对土地的保值增值也有一定的积极影响，但其终究不利于长期稳定的土地资产保值增值目标的实现。

3. 直接效益或效用提高性增值

直接效益或效用提高性增值指改变用途和提高利用集约度而使地产潜在价值得以显化或显化程度提高所表现的结果。因为土地具有多宜性，从一种用途变为另外一种用途可能使其收益性或效用得以提高，如由工业用地转变为商业、金融用地，由住宅用地转变为商业用地等，从而产生土地增值；也可能由于地块的利用集约度提高引起收益性增加（如地块上的低、多层建筑用地转变成高层建筑用地，增加容积率）。

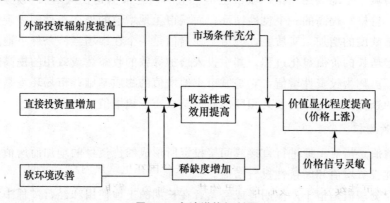

图 2-1　市地增值机制图

由图 2-1 可以看出城市土地增值是各有关诱因和条件共同作用的结果。

通过对城市土地增值原因和机制的探讨，使我们在确立城市土地资产保值增值的管理目标的同时，选择保证城市土地保值增值机制运行的微观政策和措施体系，保障城市土地始终处于良性运营和循环之中，最终实现保值增值目标。

第三节　土地资产可持续利用

土地作为资产，人们在利用时总是以追求经济效益并保持最大限度的保值增值为目的，但土地作为受人类活动影响的自然资源的综合体，是一个自然社会经济综合的生态经

第二章 土地资产管理的目标

济系统,利用土地资产产生的结果无论在时间上还是空间上都是相互联系的,土地资产收益的实现不是孤立的,而是以土地可持续利用为前提的。因此,要求人们在利用土地时避免造成生态环境的恶化,保证土地可持续利用。同时,作为社会经济运行的载体,土地持续利用也是我国可持续发展战略的一个重要组成部分。

一、可持续发展战略

可持续发展战略是世界近几十年新提出的一种全新的现代发展战略。土地是人类生态系统中的一个重要组成部分,要保证人类可持续发展,首先是要求人们在利用土地避免造成生态环境的恶化,保证土地的可持续利用。

(一)可持续发展战略的含义

可持续发展是指既满足当代人的需求,又不对后代人满足需求的能力构成危害的发展。可持续发展是以控制人口、节约资源、保护环境为重要条件的,其目的是使经济发展同人口增长、资源利用和环境保护相适应,实现资源、环境的承载能力与经济社会发展相协调,从人口、资源、环境、经济、社会相互协调中推动经济建设发展,并在发展的进程中带动人口、资源、问题的解决。把经济社会发展与人口、资源、环境结合起来,统筹安排,综合协调,便成为实施可持续发展战略的主要内容。

(二)可持续发展战略的提出

1. 全球可持续发展战略的提出

"可持续发展(Sustainable Development)"的概念最先是在 1972 年在斯德哥尔摩举行的联合国人类环境研讨会上正式讨论。1980 年国际自然资源保护同盟的《世界自然资源保护大纲》:"必须研究自然的、社会的、生态的、经济的以及利用自然资源过程中的基本关系,以确保全球的可持续发展。"1981 年,美国布朗(Lester R. Brown)出版《建设一个可持续发展的社会》,提出以控制人口增长、保护资源基础和开发再生能源来实现可持续发展。1987 年,世界环境与发展委员会出版《我们共同的未来》报告,将可持续发展定义为:"既能满足当代人的需要,又不对后代人满足其需要的能力构成危害的发展。"它系统阐述了可持续发展的思想。1992 年 6 月,联合国在里约热内卢召开的"环境与发展大会",通过了以可持续发展为核心的《里约热内卢环境与发展宣言》、《全球 21 世纪议程》等文件,为世界各国政府将可持续发展由理论推向实践的标志。

2. 中国可持续发展战略的提出

1993 年在我国召开"中国 21 世纪国际研讨会"。在此会上国务院有关领导宣布了中国实行可持续发展战略的宏伟构想,发表了中国 21 世纪人口、环境与发展的白皮书,内容涵盖了中国的人口、经济、社会资源、环境保护等相结合的可持续发展战略,以及有关政策和行动框架。1994 年 3 月 25 日国务院 16 次常务会讨论通过了《中国 21 世纪议程》确立了我国可持续发展的战略选择,也区别了我国可持续发展与发达国家持续发展的不同内涵。1996 年全国人大通过的《国民经济和社会发展"九五"计划和 2010 年远景目标纲要》明确规定我国实施可持续发展战略,正式将可持续发展作为社会主义建设发展战略的重要内容。在进行经济、政治、文化建设的同时,要控制人口增长,提高人口素质;加强环境、生态保护；合理开发和利用资源。

（三）可持续发展观的特性

可持续发展观是一种系统的、综合的、整体的发展观，具有与传统发展观完全不同的特征。

1. 发展的持续性

可持续发展观主张在保护地球自然生态系统的基础上的持续经济增长，它不仅要求从当代人和当代社会的角度看待发展问题，着重强调人不应为了自己的发展而无限制地侵夺后代的权益，应照顾当前和未来发展需要。

2. 发展的整体性

可持续发展观认为，发展不仅仅是单纯的 GNP 或人均国民收入的提高，而应该被理解为经济、社会、人类以及自然之间的全面、协调发展。衡量一个国家或地区是否发展，不能仅仅依据单一的经济指标，而应依据经济的、社会的、人类的以及环境的一系列指标。现代发展观强调追求系统的、整体的、全面的、长远的利益，发展的最终目的是实现人类的全面发展和社会的全面进步。

3. 发展的协调性

传统发展观认为人类是自然界的主人，自然界只是被看作改造和征服的对象，为了满足人类物质生活享受的需要，可以向大自然无节制地索取和掠夺。可持续发展观则认为人只是自然界中的一个成员，必须与大自然和谐共处，真正的发展应该是经济、社会、人类以及自然之间的全面和协调发展。

4. 发展的平等性

可持续发展观要求尊重自然规律，以宽阔的胸襟关怀自然，担负起爱护自然的道德责任，树立人类与自然共生共荣的平等观。它同时要求建立全球共同利益和各地区、种族、民族、个人之间的与代内平等发展与合作关系以及代际平等关系。

二、土地可持续利用

（一）土地可持续利用的含义

土地可持续利用的思想，是 1990 年在新德里由印度农业研究会、美国农业部和美国 Rodale 研究所共同组织的首次国际土地持续利用系统研讨会上正式提出的。由于不同学者对其认识角度的差异及其功能的侧重点不一样，土地可持续利用的概念也不相同，迄今为止没有一个统一的定义。

由于不同发展水平的国家面临的土地问题不同，发达国家侧重生活质量的提高，因此强调资源利用的环保效益；而发展中国家则在提高经济效益的前提下，保证生态平衡，这也符合可持续土地发展的公平性准则。不同学者不同国家的观点涉及生态、经济、技术、社会、空间、人与自然相协调、世代伦理等诸多方面。然而从土地科学的范畴出发，建立一个具有可操作性的框架，来统一各种背景知识和观点学者对土地可持续性的认识，还是可能的，也十分必要。从总体来看，"土地可持续利用"应该涵盖下述几个方面的重要内容。

第二章 土地资产管理的目标

（1）从生态学的观点看，土地可持续利用不仅表现在土地利用过程中要有较高的经济效益，而且不致造成土地质量下降，使土地生态系统永远保持较高的产出率。

（2）从经济学的观点看，经济学把可持续发展定义为在环境得以持续的制约条件下，使环境资源利用效益达到最大化。土地是一种稀缺资源，土地可持续利用从经济学角度来看就是土地不断被高效利用。土地持续高效利用具体地包括两个方面：一是从总量一定的土地上获得尽可能多的收益；而是尽量延长土地持续利用周期，延长土地利用寿命。

（3）从社会学的观点看，可持续发展主张人类在利用自然资源时要求将求权利平等、代内平等、代际平等。

（4）从时间上看，土地可持续利用不仅着眼于眼前，更着眼于永久的未来；从空间上看，不是着眼于一部分人，而是着眼于全体人类。

（5）从系统论看，土地可持续利用是在人口、资源、环境和经济协调发展战略下进行的，这就意味着土地可持续利用是在保护生态环境的同时，要促进经济增长和社会繁荣。

（6）从与传统土地利用方式的比较看，土地可持续利用更加强调土地利用的可持续性、土地利用的协调性和土地利用的公平性。

土地可持续利用实质上是为满足当代和未来社会经济发展对土地不断增长的需要而保证土地生产力持续性的土地利用。

（二）土地可持续利用的判别指标

正确地判断现在的土地利用方式是否具有持续性，对及时修正当代人土地利用的行为，保证土地持续利用是十分重要的。

1993年FAO颁布了《可持续土地利用评价纲要》（《FESLM》）等土地可持续利用评价的指导性文件，《FESLM》确定了土地可持续利用的基本原则、程序和5项评价标准，即：土地生产性、土地的安全性或稳定性、水土资源保护性、经济可行性和社会接受性，并初步建立了土地可持续利用评价在自然、经济和社会等方面的评价指标。《FESLM》提出的土地可持续利用评价的基本思想和原则，成为指导各国土地可持续利用管理的纲领。但是《FESLM》只是一个高度概括的框架，在具体的评价指标体系和评价方法上还有待深入研究。而且即使可持续土地利用的基本思想原则一致，由于各国、各地区的自然条件和社会经济条件不同，所面临的问题也不一样，在具体的评价指标（特别是阈值）上肯定不同。为此，不同国家和地区的研究都以此为指导，探讨适宜本国的土地可持续利用评价的指标体系和方法。

1. 建立土地可持续利用评价指标体系的基本原则

构建指标体系应当从土地可持续利用的指导思想出发，结合各地土地利用的实际，尽量做到科学全面，简便易行。具体地，应当遵循以下基本原则。

（1）系统性原则。土地可持续利用指标体系应该能够全面反映社会、经济发展、土地资源保护和利用水平、生态环境质量的各个方面，使评价目标和评价指标联成一个有机的整体。

（2）科学性原则。指标的选择、计算与合成，必须以公认的理论为依据，要概念明确，内涵科学。

(3) 可操作性原则。指标体系的建立要充分考虑到数据及其指标量化的难易程度。

(4) 定性与定量相结合的原则。

(5) 动态性与稳定性相结合的原则。土地可持续利用既是目标也是一个过程，因此，指标体系既要充分考虑到系统的动态性；又要在一定时期内保持指标体系的相对稳定性，不宜变动过多。

2. 土地可持续利用评价指标体系框架

(1) 社会指标。该类指标体系主要用来反映土地利用方式对人们生活质量和生活公平性等的影响以及人们对它认可、参与程度。

(2) 经济指标。该类指标主要用来反映某种土地利用方式下土地的生产力和生产效益，分城镇用地和农村用地经济指标两方面。

(3) 农用土地资源指标。该类指标主要用来反映土地农业生产的稳定性、公平性。

(4) 生态环境指标。该类指标主要用来反映土地利用方式的适宜性，即分析和确认其对土地资源基本属性的影响和结果。

(三) 土地可持续利用的原则

1. 优先性原则

土地必须优先满足农业和生物多样性繁衍、生态系统功能保护的需要，只有上述价值极低的土地才可作城市和工商业利用。如果人类的食物出现短缺，不仅会引起严重的社会问题，使发展受挫，而且由于人类是一个最强势物种，生存的巨大压力会驱使人类不顾一切地去大规模冲击野生生物栖息地，加剧物种的大灭绝，从而会严重损害生物圈协同进化的机制，反过来又会对人类的生存构成难以逆转的威胁。把农业生产力最高的土地用于农业，可以使养活同样多的人口所需的土地降至最小；把农业生产力和生物多样性最低的土地用于非农开发，可以使同样面积的土地占用对自然生态系统和农业的冲击最低。

另外，人类的非生存需要轻于非人类的生存需要，当人类的非生存需要与非人类的生存需要发生矛盾时，前者必须让位于后者。人类仅仅是因贪图衣饰的华丽、排场的虚荣而滥伐滥猎野生生物，贪图风景秀丽、感官刺激而侵占野生生物栖息地，从而导致野生生物灭绝的事例难以胜数。有限人口的生存需要是有限的，但非生存需要的贪欲是无限的，只有实施这一原则，才能对拥有珍稀、濒危、土著物种的生态系统，物种多样性丰富的生态系统，有重要生态服务功能和环境稳定价值的生态系统实行最严格的保护，同时，也才能在生态脆弱地区退出争地争水导致自然生态系统衰竭甚至崩溃的活动。实施这一原则对人类的根本利益没有损害，但对野生生物的生存和生物多样性的安全从而生物圈的稳定却至关重要。而且这正是人类社会可持续发展不可替代的自然基础。

2. 融合性原则

人类利用的土地必须通过生态化途径融入自然生态系统，与生物圈的整体性相协同，而不是相抵触。在人类的采集渔猎时代，自然生态系统基本上是完整的，农业文明特别是工业文明以来，人类走上了一条人工系统排斥自然生态系统，导致自然生态系统大规模退缩的不可持续的道路。今后必须通过人工系统生态化以融入自然生态系统的途径来逆转这一过程,其中最重要的是农田和城市的生态化。现今农田单一化种植已使生物多样性低于荒漠,从而使病虫害成灾,水土流失加剧。农田生态化是重建生物多样性的森林网,为病虫害的天敌提供栖息地,并保护水土、调节温湿;同时发展多样化种植实现农田生态系统的自平衡,使农田系统转换成低投入、高产出、自平衡的准自然生态系统。城市走紧凑化、集约用地和生态化的路子,严禁向周边侵蚀农田和自然生态系统,并在城市内外重建本地物种的森林网,为野生生物恢复栖息地,实现人与自然的和谐共处。

3. 调节性原则

人类的生存需要只能在保护生物多样性安全、实现生物圈稳定的限度内实现,如超出这种限度,就必须对人口数量或人均资源消耗量间作出降低性调节。生物圈究竟能承载多少人口,各种见解分歧很大,能够在生态学上站得住的是:在不损害生物多样性安全和生物圈稳定的前提下,有机食物所能养活的人口就是生物圈可持续承载的人口。虽然目前还难以确认这一人口数的上限,但可以肯定的是,人口不断增长和人均资源消耗不断升高是无法持续的。

(四)土地可持续利用的制约因素

限制土地可持续利用的制约因素有自然因素、经济因素、技术因素、人口因素和制度因素。

1. 自然因素

土地首先是一种自然物质,利用土地,必须首先考虑和适应自然条件与自然生态规律。主要包括气候条件、地形、地貌、地质和土壤条件等。

2. 经济因素

社会经济的迅速发展,土地资源的供求矛盾将日益加剧。土地利用的经济目的,决定了土地的用途和利用结构。土地利用的规模和集约度受到经济发展水平的限制。

3. 技术因素

落后的科学技术往往威胁到土地资源的可持续利用。首先,落后的科技水平导致落后的生产方式和经济增长方式,使土地资源过度消耗,生态环境遭受破坏。其次,落后的科学技术是土地污染的重要原因。

4. 人口因素

人口对土地可持续利用既可以发挥积极的作用,也可能产生限制性的作用,特别是当人口数量过多、人口素质偏低和人口分布不均匀时,人口往往成为土地可持续利用的限制因素。

5. 制度因素

合理的土地利用制度可以激励土地可持续利用,不合理的土地利用制度制约土地可持续利用。

目前,我国土地制度中存在的主要问题是土地产权关系不明晰和不安全,导致土地利用中的短期行为和不同权属主体之间的相互侵权。

土地资产管理

三、城市土地可持续利用

（一）城市土地可持续利用的内涵

城市土地可持续利用是指通过各种途径和措施，实现城市土地合理利用和优化配置，使有限的城市土地持续地满足城市可持续发展和人们日益增长的需求，也就是在不断提高城市居民生活质量和城市环境承载力的前提下，达到城市土地的供需的持续平衡，这一供需平衡不仅指数量上的增减平衡，还包括质量上的供需平衡，从某种角度上说，质量上的供需平衡比数量上的供需平衡更为重要。

（二）实现城市土地可持续利用的对策

1. 制定科学的土地利用规划和城市规划，确保规划的权威性

规划的科学性体现为规划体系的完整性、规划合法性、手段的科学性、规划内容的合理性以及规划与市场的协调性。规划的权威性体现在规划的地位上。科学和完善的具有法律地位的城市规划体系是控制城市用地规模，合理利用城市土地，实现城市土地可持续发展的重要保证。

城市的土地利用总体规划既要与城市经济发展相融洽，又要与城市的特点和文化相结合。要制定科学的土地利用规划和城市规划，确保规划的权威性。第一，要科学地制定城市土地利用总体规划，强化土地利用总体规划的龙头作用。根据城市土地的特点和利用现状，按照城市经济发展的战略要求，制定科学的城市土地利用总体规划，总体规划一旦制定出来，就应具有控制各类用地的法律地位。第二，合理编制城市规划。新制度经济学的观点是制度变迁具有惯性，我们要及时调整计划经济体制下的规划，采用适合市场经济制度下的规划方法，不仅注重对城市土地利用的空间规划，更要注重对时间的规划，使城市规划能符合经济规律、社会发展以及生态环境的要求，并对城市发展的趋势和速度有足够的预见性。城市规划应以实现土地的经济、生态、社会效益最大化为目标，即实现土地的最大机会成本。注重空间布局，更要注重土地供给与经济增长相配套。第三，制定切实可行的各项具体规划。使城市的各项建设用地更为合理，克服土地的隐形浪费。依据城市建成区土地的使用性质，城市土地可分为十个大类，《城市用地分类和建设用地标准》对各类用地做出具体规定，并具有一定的标准，可作为城市土地利用的参照标准，实行定量、定位、定等、定标，大小协调，整体配套，不断提高城市的文化地位、建筑品位、经济品位。第四，强化规划的合法工作，保证规划的权威性，使规划落到实处，不致成为纸上画画、墙上挂挂的形式。

2. 维护好城市土地系统的生态平衡，营造良好的人居环境

城市是人口密度最大的区域，清新的空气和舒适的生活空间是人们的共同向往。城市土地的可持续利用重在建立一个良性循环的、优质高效的、自然经济—社会复合型的生态系统。由于历史的原因，在过去重生产轻生活政策的影响下，形成了很多"水泥森林"式城市，忽视了自然生态环境的保护，使具有美化和调节生态平衡的绿地、植被、水面以及生物多样性大量丧失，城市生态环境恶化。要实现城市土地生态系统的平衡，绿化是核心，通过立体绿化、房顶绿化、拆墙造绿、拆旧房造绿等形式达到处处是绿，四季是绿，

第二章 土地资产管理的目标

实现"城在林中、林在城中、城在绿中、人在树中"的生态城市目标。另外,由于土地利用不合理,工业污染也是城市生态环境恶化的重要因素之一,对于城市土地的污染防治应贯彻以防为主,防治结合的原则,合理调整工业用地布局,加大对工业污染的治理和处罚力度,防治工业三废对环境的污染,使污染物的排放数量小于污染物的净化量。

3. 调整城市用地结构和布局,发挥土地的最大效益

根据城市规划,采用市场调节机制,通过土地置换、土地储备等措施,实现城市用地结构和布局的调整,达到优地优用,地尽其力,发挥土地的最大效益。应借企业关、停、并、转和旧城改造和机会,利用土地置换、土地收购储备、价格等机制,使位居中心区的企业、居住与政府机关等非经营性或经营收益低的单位迁出,使具有支付地租能力的商业、金融、信息、管理等高附加值的第三产业逐渐向城市中心集中。缩减城市工业用地比例,并使其向城市边缘的工业园区集中;适当扩大城市居住、商业与服务业用地比例;城市要在降低建筑密度的同时适当提高建筑容积率,适当扩大城市道路、绿化等城市基础设施利用地比例,不断提高城市居民的居住水平,并使住宅相对集中,以实现城市可持续生态环境下的土地最大利用率。

4. 建立规范和统一的土地市场,采用价格杠杆实现政府对城市土地利用的调控

土地市场是市场体系的重要组成部分,要实行社会主义市场经济就必须完善和规范土地市场。我国的城市土地市场体系由一级、二级二个层次组成,其中,一级土地市场是指国家作为土地所有权主体与土地使用权主体之间所发生的土地产权交换关系,这种关系一般体现在国家土地有偿、有限期出让、出租土地使用权给土地使用权主体过程中。二级土地市场是土地使用权主体把从一级土地市场上所取得的一定期限的土地使用权或以其他形式取得的土地使用权转让或转租给经土地所有权主体许可的其他土地使用权主体,以及再转让、转租活动中所发生的经济关系。各级市场的土地使用要严格遵守城市规划部门制定的控制性详细规划要求的土地用途。

从主流经济学的角度看,市场是有缺陷的,如市场的外溢性、不能提供社会需要的公共产品、市场竞争不完全等。规范和完善土地市场,必须以完善的宏观调控和管理机制为基础。第一,健全土地储备、出让机制。土地储备、出让机制是以城市总体规划为依据,围绕城市社会经济发展目标,分期分批地统一储备一定数量及用途的城市建设用地,开发整理后适时适量地投放到土地市场,以充分发挥政府宏观调控房地产业和经济发展的职能,增加财政收入,并实现土地的优化配置。实行土地储备、出让机制可以充分发挥政府在土地市场中资源配置的宏观调控作用,改善土地的供应方式和手段,优化房地产投资环境,有利于土地的集约利用和经济的可持续发展,有利于从长远利益着眼,实现城市总体规划。第二,政府要垄断城市土地的一级市场,完善二、三级市场,处理好政府宏观调控与市场调节的关系,合理运用政府的宏观调控职能,完善规划报批、审批与实施的监督机制。第三,健全交易许可机制,土地二级市场推行公开交易,完善中介服务措施。第四,国家通过价格杠杆对土地市场干预,提高或降低某类用地的价格或租金,既可调整产业结构提供保障,也可促进城市房地产业的健康发展,同时,有利于健全社会主义市场经济体系和发展社会主义市场经济。

土地资产管理

5. 保护耕地，实现耕地总量动态平衡

城市周围一定数量的耕地是城市社会经济可持续发展的基础。新的《中华人民共和国土地管理法》第一条强调"合理利用，保护耕地，促进社会经济的可持续发展"。由于历史或地理的原因，一般来说，质量较好、利用集约度较高的耕地大多集中在城市周围，而城市的发展，必然会占用一定数量的城郊耕地。在我国人地矛盾十分突出前提下，要实现城市土地的可持续利用，必须考虑城市周围的耕地面积和土地承载力，也即要实现与城市人口规模相协调的耕地总量动态平衡。

耕地总量的动态平衡是指在一定的区域和时间内耕地总量不断变化，最终又达到一定数量的平衡。为此，一是要严格执行基本农田保护制度。这是因为基本农田是指根据一定时期人口和国民经济对农产品的需求以及对建设用地预测，根据土地利用的总体规划而确定的长期不得占用的耕地，即满足一定时期人口和社会经济发展对农产品的需要而必须确保的耕地最低数量。它是耕地中的精华，保护耕地，首先要保护基本农田。二是要实行占用耕地与开发、复垦挂钩的政策，建立占用耕地补偿制度；依据土地利用规划和计划，严格审核各类建设用地；与各级市政府签订《耕地保护责任书》，明确各级耕地保护的各项指标，将实现"耕地总量动态平衡"纳入各级政府领导任期目标责任制；完善耕地保护的各级监督保障体系。三是城市政府在土地出让金纯收益中要设置专项资金，用于鼓励、扶持实施土地开发整理，以补助方式拨付给实施土地开发整理的单位，建立起土地开发整理资金保障机制。四是实行耕地储备制度，确保建立耕地储备库，即根据法律法规的规定，通过土地开发整理，与耕地占补挂平衡后，将开发整理出来的新扩耕地，在一定范围内采用相应的机制储存起来，以备建设项目占用耕地时予以弥补，确保一定范围内的耕地总量动态平衡。五是要依据《土地管理法》实行土地利用用途管制，加强农地，特别是耕地的保护，也是实现耕地总量动态平衡的主要途径之一。

6. 进一步完善土地政策法规，严格城市土地管理

完善土地政策法规、严格城市土地管理是实现城市土地可持续利用关键措施之一。其一，要依法管地、依法用地，加大土地部门的监察执法力度及其对违法用地的执法力度。其二，用动态的眼光管理城市土地，在规划限制下严格土地用途管制，严格执行农用地转为非农用地的审批制度，严格执行建设用地的一书两证制度。其三，理顺土地管理体制，建立和完善土地收购储备制度。其四，完善城镇土地有偿出让、转让的有关政策法规。在出让、转让过程中坚持公平、公正、公开的原则，对土地的出让、转让采用以拍卖招标为主，协议为辅，以获得城市土地的最大效益。

复习思考题

1. 土地资产管理的总目标和具体目标是什么？
2. 土地资产增值的原因有哪些？
3. 简述可持续发展观的特性与原则。
4. 简述建立土地可持续利用的评价指标体系的原则
5. 土地可持续利用的原则有哪些？

第二章 土地资产管理的目标

6. 简述实现城市土地可持续利用的对策。

强化练习题

一、填空题

1. 土地资产管理的总目标是通过土地资产管理保证土地资产_____和土地资产的_____。

2. 土地资产投资性增值包括_____投资增值和_____投资增值。稀缺性增值可以区分为_____和_____稀缺性增值。

3. 可持续发展是以_____、_____、_____为重要条件的，其目的是实现资源、环境的承载能力与经济社会发展相协调。

4. 可持续发展观的特性是_____、_____、_____、_____。

5. FAO颁布了《可持续土地利用评价纲要》提出的土地可持续利用5项评价标准是_____、_____、_____、_____和_____。

6. 土地可持续利用的原则是_____、_____、_____。

7. 土地可持续利用的制约因素有_____、_____、_____、_____和_____。

二、判断题

1. 土地的耐用性或利用的永续性及人口增长、经济发展使得土地资产具有保值增值的特性。（　　）

2. 土地投机引起了土地资产的增值，有利于长期稳定的土地资产保值增值目标的实现。（　　）

3. 改变土地用途和提高土地利用集约度可以使地产潜在价值得以显化或显化程度提高，从而产生土地增值。（　　）

4. 土地可持续利用指标体系建立必须遵循动态性和稳定性、定性和定量相结合的原则。（　　）

5. 城市土地因其供给的有限性和空间利用性可能诱致的高度集约性，以及政府限制而可能导致的相对较高的稀缺性，从而使得城市土地保值增值的现象比农用地更为明显。（　　）

三、单选题

1. （　　）是土地保值的客观物质基础。
   A. 经济发展　　　　　　　　　B. 土地的耐用性
   C. 人口增长　　　　　　　　　D. 稀缺性加大

2. （　　）是城市土地增值的物质基础。
   A. 投资型增值　　　　　　　　B. 市场环境
   C. 价值显化　　　　　　　　　D. 稀缺性增值

3. 政府对城市公共设施的不断投入，国家建设项目投资，或因土地开发经营以及使用者对其他宗地的投资或投入而产生的土地收益的溢出效应而引起的土地价值（价格）增加，称为（   ）。

  A．直接效用提高性增值   B．发展型稀缺性增值

  C．外部投资辐射性增值   D．软环境改善投资增值

  E．直接性投资增值

  4．因社会经济发展、城镇人口逐渐增多以及房地产业的发展，造成城镇建设用地供需之间的尖锐矛盾，使城市地产价格上升，这种增值为（   ）。

  A．投资型增值   B．投机型稀缺性增值

  C．直接效用提高增值   D．发展型稀缺性增值

四、多选题

  1．土地资产管理的具体目标有（   ）。

  A．合理利用建设用地，提高建设用地集约利用水平

  B．转变政府管理土地资产职能

  C．建立统一公平、规范有序的土地市场

  D．全面开展基础业务建设

  2．间接性投资增值主要包括（   ）。

  A．发展型稀缺性增值   B．土地利用集约度提高增值

  C．软环境改善投资增值   D．外部投资辐射性增值

  3．下列哪些属于直接效益或效用提高性增值（   ）。

  A．土地用途改变   B．区域人口素质的提高

  C．提高容积率   D．在地块上投资开发成"七通一平"

  4．可持续发展是以（   ）为重要条件的，其目的是使经济发展同人口增长、资源利用和环境保护相适应，实现资源、环境的承载能力与经济社会发展相协调。

  A．控制人口   B．发展经济

  C．保护环境   D．节约资源

  5．可持续发展观的特性发展的特性有（   ）。

  A．整体性   B．持续性

  C．协调性   D．结构性

  E．平等性

  6．FAO颁布了《可持续土地利用评价纲要》规定的土地可持续利用评价标准有（   ）。

  A．土地的安全性或稳定性   B．水土资源保护性

  C．经济可行性   D．社会接受性

  E．土地生产性   F．技术可行性

第三章　土地市场管理概述

内容提要

随着社会主义市场经济体制的建立和完善，通过市场机制配置土地资产成为提高土地资产运营效率的必要途径。土地市场是指因土地交易所引起的一切商品交换关系的总和。

土地市场有着与一般商品市场不同的特点，即：交易实体的非移动性，土地市场的地域性、垄断性，流通方式的多样性，交易的公示性，土地供给弹性小。土地市场具有信息传递功能；优化配置土地资产的功能；调整产业结构，优化生产力布局的功能；健全市场体系，实现生产要素的最佳组合的功能；价值显化功能；收益分配功能。

按照现行的法律规定，我国现阶段的土地市场主要指城镇土地市场。按照市场交易主体和市场运行过程，可将城镇土地市场分为三级市场结构，分别为土地一级市场、土地二级市场、土地三级市场。按土地交易方式，可以将土地市场分为五类市场，分别为土地使用权的出让市场、租赁市场、转让市场、出租市场、抵押市场。

土地市场管理是指基于国家授权而拥有土地市场管理职能的国家机关，依照国家的法律、法规、政策，对进入土地市场从事土地交易活动的单位和个人以及对土地交易活动、交易价格、交易合同、交易程序、应纳税费等进行的组织、指导、监督、调控等活动的总称。土地市场管理的手段包括土地利用规划与计划手段、地籍管理手段、土地价格调控手段、土地税收与金融手段、土地立法与执法手段等。土地市场管理的内容包括土地市场的宏观管理和土地市场的微观管理。土地市场宏观管理包括土地市场供需管理和土地市场价格管理两个方面；土地市场微观管理包括对土地市场客体的管理、对土地市场主体的资质审查、土地市场交易程序的规范、土地市场中介管理等。

地产市场规则是指国家凭借政权的力量，按照地产市场运行机制的客观要求所制定的市场活动各主体都必须遵守的制度和章程。地产市场规则包括市场出入规则、市场竞争规则、市场交易规则。

由于地产市场机制本身的缺陷，不仅导致了地产市场失灵，同时也不可避免地产生了土地投机。土地市场失灵是指在现实的土地市场条件下，市场机制经常表现出许多自身不能克服的缺陷，其作用受到阻碍，无法使土地资产达到最有效配置的状况。造成土地市场失灵的原因有土地市场不完全性，存在垄断；地产市场信息不完全；地产市场交易成本高；地产市场中外部性问题的存在；公共性物品的存在。土地投机是指以土地为买卖对象，在短期内通过地价的涨跌差额而获取高额利润或暴利的行为。土地投机虽然有一定的积极作用，但其不良后果更为明显。首先，土地投机由于没有真正对土地投入，因而也没有产出，土地资本的运作无效率，影响了资源配置效率；其次，土地投机的对象是获利较高的高土地，而对于普通住宅和城市公用设施、基础设施用地往往无人问津，既破坏了公平又使土地利用结构不合理而影响了效率；最后，土地投机创造的虚假的需求，扭曲了价格信号，使价格不能真正起到反映市场供求状况的作用，因而市场也无法优化土地资产配置。

教学要求

了解：我国土地市场发展过程及现状，我国土地市场的特点，土地市场建设存在的问题及完善土地市场的建议。

熟悉：土地市场的构成要素，土地市场管理的概念，土地市场管理的内容，土地市场运行机制，土地投机的原因及利弊。

掌握：土地市场的概念、特点、功能、分类，土地市场管理的手段，土地市场规则，土地市场失灵的原因。

重点难点

1. 土地市场分类
2. 土地市场管理手段
3. 土地市场规则
4. 土地市场失灵的原因
5. 土地投机的原因及利弊

关键术语

土地市场　土地市场管理　土地市场规则　土地市场失灵　土地投机

第一节　土地市场概述

土地是生产要素之一，调控土地供求，可以有效地促进经济建设合理布局，落实国家产业政策，引导投资方向，保证国民经济持续、快速、健康的发展。土地市场作为社会主义市场经济体系中的重要组成部分，其发育程度、交易活动和宏观调控状况等，对整个市场经济运行将产生很大的影响。随着社会主义市场经济体制的建立和完善，通过市场机制配置土地资产成为提高土地资产运营效率的必要途径。因此，通过土地使用制度改革，建立一个高效灵活、发育完善的土地市场，是国土资源管理工作的一项中心任务。我国的土地使用制度改革是适应经济体制改革的需求而提上日程的，其特点是变土地的无偿、无限期、无流动使用为有偿、有限期、有流动的使用。

第三章 土地市场管理概述

一、土地市场的概念

土地市场是指土地及其地上建筑物和其他附着物作为商品进行交换的总和。土地市场也称地产市场。土地市场中交易的是国有土地使用权而非土地所有权。土地市场中交易的土地使用权具有期限性。

1. 狭义的土地市场

土地市场的概念，有狭义和广义之分。狭义的市场是指进行土地交易的专门场所，如土地交易所，不动产交易所等。我国现阶段的土地市场主要指城镇土地市场。

2. 广义的土地市场

广义的土地市场则是指因土地交易所引起的一切商品交换关系的总和，土地市场由于其经营的产品具有价值大，位置固定等特点，产品难以集中到固定的场所去交换，其交换活动尤其需要凭借金融、信息等部门的作用才能完成。因此，土地市场的内涵一般难以用狭义的市场定义来概括，而应包括中间商、代理商、金融信用、广告信息等一切构成土地产权交换关系的经营性活动。土地市场是有形的土地和无形的权益、信息、咨询服务等的统一体。

二、土地市场体系的构成要素

由于土地市场交易的形式多种多样，从而形成多种交换形式、多级或多层次的土地市场体系，土地市场体系应当由六大要素组成。

1. 土地市场的主体要素

土地市场主体即土地市场的参与者（法人和自然人），包括供给者、需求者、中介者和管理者。

（1）供给者。供给者是向土地市场提供交易对象的经济行为主体，主要是土地所有者和开发者、使用者（含经营者）。

（2）需求者。需求者是通过土地交易取得土地所有权、使用权、租赁权、抵押权等土地权利的单位和个人。

（3）中介者。由于土地市场信息缺乏，交易过程需大量的专业知识，而普通买者并非经常参与土地交易。因此在土地市场上，通过土地供求双方直接面议成交的仅为少数。对于大量的土地交易，土地供求双方往往通过土地交易中介机构（如经纪人等）来完成。可见，土地交易中介者是土地市场中的一个重要主体。

（4）管理者。市场的管理者的基本任务在于维持交易秩序，提供交易质量和效率，协调土地交易关系。管理者包括国家的有关部门，如土地、房地产、物价、工商行政、税务等管理部门。除必要的行政手段外，主要通过价格、税收、信贷、利率等经济杠杆进行管理。

2. 土地市场的客体要素

市场客体是市场交易的对象。土地市场运行中的客体，就是土地本身及其产权关系。土地最基本的特点是土地在流通过程中，流通或转移的不仅是土地物质体，更重要的是土地产权关系。因此，土地产权关系及其在市场运行中的交换，构成土地市场客体的主要内容。

3. 土地市场的载体要素

土地市场的载体是土地市场多元化的市场体系。土地市场主体和客体的有机结合，形成不同的专业性子市场，众多的专业性子市场的联系形成土地市场体系。

4. 土地市场的硬件要素

主要指土地市场交易的场所及设施状况。由于土地位置的固定性以及土地交易金额特别巨大，交易方式相对复杂，所以土地交易不可能与其他商品一样摆上商店货架任人选购，而必须设置一个固定的场所，将主要的交易活动引入场内，并为交易双方提供交易信息和交易服务，或接受委托代理业务，促进土地资产优化配置。

5. 土地市场的机制要素

主要是市场中的价格机制、竞争机制、供求机制、动力机制等，要真正使地产在土地市场中得到有效配置，上述机制的正常发挥是十分重要的。

6. 土地市场的监控要素

土地市场中的监控要素是指土地市场体系内的规范、调整和引导市场活动的法律体系及实施法律、法规的组织机构。土地市场的运行一定要有具体明确的市场规则。

三、土地市场的特点

土地市场作为市场体系的组成部分，具有市场的一般规定性。但是，土地市场中交易的是土地及其各项权利，土地是一种特殊形态的商品，与一般商品相比，它具有位置固定性、非同质性及经济上的稀缺性等特点，所以土地市场具有区别于一般商品市场的明显特点。

1. 交易实体的非移动性

一般市场交换表现为商品实体的运动，即都可以以货币和实物的双向流动为特征的，卖方以货币换取商品，而买方以商品换取货币。在土地交易过程中，交易对象不移动，只发生货币运动和使用者的移动，其实质是土地产权契约的交易。因此，土地交易往往以一定的契据等法律文件为依据，权利的取得必须以法律为依据方为有效，并按权属管理和市场管理的需要进行变更登记，使其权属的变更得到法律确认。

2. 土地市场的地域性

由于位置固定的特性，使得土地市场基本上是一个地方市场，土地必须原地出售。因此，不同地区由于经济发展水平不同，土地市场产生和发展的动力也不完全相同，因而也就引起不同地区土地市场状况的不均衡。如我国目前土地市场明显地存在着沿海开放城市与内地一般城市、东部地区与中西部地区的差异。

3. 土地市场的垄断性

土地资源的稀缺性和位置固定性，以及土地市场的地域性分割，导致地方性市场的不完全竞争和土地价格不完全由供求关系来决定，加之土地交易数额较大，所以土地市场容易形成垄断。在实行土地公有制的国家和地区，所谓的土地买卖只是一定年限土地使用权的买卖，而不是所有权的买卖。土地的最终产权始终掌握在国家手中，用途由土地利用规划和城市建设规划限定，不能任意改变。所以，土地市场实际上是由政府控制的市场，因而价格机制、竞争机制等对土地供求关系的调节作用就不如一般商品那样明显。

4. 流通方式的多样性

土地作为耐用、高值商品，由使用期限长短、利用方式、开发程度、收益高低的不同组合，创造出多种不同形式的土地权属、利益关系，以打破市场流通的局限，满足不同层次的需要。如除买卖外，租赁、分割转让、分期付款、产权交换、拍卖、招标、协议成交、抵押等交易方式在土地市场中相当普通。这种流通方式的多样化是土地市场特有的。

5. 交易的公示性

土地市场的交易对象不能移动，在交易过程中与一般商品不同，一般商品可以一手交钱一手交货，而且买方可以把商品带走，所以一般不用签订交易合同，钱货两讫就标志着交易的成立。而在土地市场上土地本身不能流动，如果不借助法律手段，不签订交易合同，就很难证明这宗土地的产权或某种权能已归属买方，因而每一次交易都需要运用法律手段，通过各种规定的法律程序，并进行登记公示，才算真正完成产权的转移。

6. 土地供给弹性小

土地是一种稀缺的资源，土地的自然供给完全无弹性，土地的经济供给弹性也很小。因此，在一定地域性市场内，土地价格主要由需求来决定。对土地的需求增加，地租上升，地价就随之上涨；反之，对土地的需求减少，地租则下降，地价也下跌。

四、土地市场的功能

土地市场的功能是通过土地市场的供求、竞争、价格等对土地开发和流转的自发调节表现出来的，它主要包括以下几个方面。

1. 信息传递功能

土地市场的价格、供求状况等信息是在频繁的地产交易活动中形成的，并通过土地市场来传递的，土地市场越完善，产生的信息就越多，信息传递的速度也就越快。

2. 优化配置土地资产的功能

土地资产的配置方式分为行政划拨方式和市场方式。单一的行政划拨方式效率低下，极易造成土地资产的巨大浪费。土地只有通过以市场为主的方式来进行配置，才能满足人类生产生活的需要，才能使土地资产配置优化。通过市场机制的作用，实现地产在不同使用者之间的合理流转、地产空间布局的优化，它们是价格机制和竞争机制作用的结果。在我国随着城镇国有土地有偿使用制度的推行，按照不同的区位条件评定不同的地产价格，在市中心区位条件好的黄金地段、金融业和商业等效益好的第三产业才能支付昂贵的地租（地价），而传统的工业部门由于承受不了高昂的地租（地价），不得不趋向城市的边缘地段，从而改变了城市地产的不合理利用方式，使用地结构趋于合理。但是土地市场的优化配置功能不同于一般的商品市场。一般商品市场优化资源配置的功能表现为使各种有限的生产要素直接流向最需要的部门和企业，已达到资源优化配置的目的，而土地市场则不同，土地市场发挥配置功能，不能通过移动地产位置来达到目的，而只能通过改变原有地

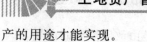

产的用途才能实现。

3. 调整产业结构，优化生产力布局的功能

经济的健康发展，需要有合理的产业结构和生产力布局。以价格机制为核心的市场机制就像一只"无形的手"，时刻对一个国家或地区的产业结构和生产力布局依市场原则进行调整，以实现最大的经济效益。地租、地价是土地市场中最重要的经济杠杆，是引导土地资源在不同产业中合理配置的重要信号。

4. 健全市场体系，实现生产要素的最佳组合的功能

市场机制只有在一个完整的市场体系中才能充分发挥作用。土地是人类的基本生产要素，只有实现以市场配置为主，才能健全全社会的市场体系，最大限度发挥市场机制的作用，实现全部生产要素的最佳组合。

5. 价值显化功能

我国传统的土地无偿使用制度，排斥土地市场，优地劣地没有什么区别，即便是市中心的黄金地段，也会被用作效益低下的工业用途或居住用途，致使其价值无法显现。随着土地使用制度改革的不断深入，土地市场不断完善，地产价值也通过土地市场的价格机制和竞争机制显化出来。

6. 收益分配功能

地产运营显然会带来收益，而土地收益则是通过土地市场的运作实现的。首先，在产权明确界定的情况下，市场运作实现了权与利的统一，交易双方各的其利，以土地使用权出让的一级市场为例，作为土地所有者的国家获得了土地出让金，而土地受让者则获得了一定年限的土地使用权。其次，通过市场上的各种权利的交易，使地产各项权能在经济上得以实现，而拥有政治权利的国家则获得了相应的税收，作为社会管理者的政府则获得各种费用。最后，可以调节和再分配国民收入，价格是实现国民收入再分配的手段之一，地产价格的上涨会是购买者支出增加、收入减少，流向开发商和其他地产投资者的利润增多，而地产价格的下跌，则会使流向地产购买者的收益增多，从而使地产市场起到调节和再分配国民收入的作用。

五、我国土地市场体系分类与特点

（一）土地市场体系分类

按照现行的法律规定，我国现阶段的土地市场主要指城镇土地市场。按照市场交易主体和市场运行过程，可将城镇土地市场分为三级市场结构。分别为土地一级市场、土地二级市场、土地三级市场。

（1）土地一级市场

土地一级市场是土地使用权出让、租赁市场，即国家通过其指定的政府部门将城镇国有土地或将农村集体土地征收为国有土地后出让、租赁给土地使用者的市场。目前，土地一级市场主要为国有土地使用权出让市场。土地一级市场反映的是土地所有者和土地使用者之间的经济关系，是由国家垄断的市场。

第三章 土地市场管理概述

(2) 土地二级市场

土地二级市场是土地使用者根据政府的有关规定或出让合同的要求，对土地进行开发建设，将经过开发建设的土地使用权连同地上定着物转让、出租、抵押的市场。即一般指商品房首次进入流通领域进行交易而形成的市场。土地二级市场反映的是土地使用者与土地使用者之间的经济关系，土地使用权的首次转让、出租、抵押要达到一定条件后方可进行，所以土地二级市场是国家调控下的以市场调节为主的市场。

(3) 土地三级市场

土地三级市场是购买房地产的单位和个人，再次将房地产转让、出租、抵押的市场。也就是房地产再次进入流通领域进行交易而形成的市场。土地三级市场是市场调节的开放市场。

按土地交易方式，可以将土地市场分为五类市场。

(1) 土地使用权的出让市场

土地使用权出让市场是指土地所有者将一定期限内的土地使用权让与土地使用者而形成的市场，反映的是土地所有者和土地使用者之间的经济关系。土地使用权的出让市场是土地一级市场，其主要市场活动是国家以土地所有者的身份，将土地使用权按规划要求和投资计划及使用年限，出让给土地使用者或开发商。由土地所有制所决定，土地一级市场是国家垄断的市场。政府通过土地供应计划和规划，对出让土地的建设规模、土地开发计划、土地的位置及面积、土地的使用要求做出规定，并根据这些规定和需要，对土地出让活动实行直接调控。

(2) 土地使用权租赁市场

土地使用权租赁市场是指国家作为土地的所有者将一定期限内的国有土地使用权让与土地使用者使用，由土地使用者按年度或定期向国家缴纳租金而形成的土地市场。采用国有土地使用权租赁方式，出租的年限一般较短，每年缴纳的租金较少，满足了中小投资者的需要，具有较强的灵活性。同时对现有划拨土地使用权逐步纳入有偿使用轨道也是一种很好的办法。但新增建设用的供应一般采用国有土地使用权出让的方式供地。

(3) 土地使用权转让市场

土地使用权转让市场是指土地使用权人将剩余年限的土地使用权让与其他土地使用者而形成的市场。反映的是土地使用者与土地使用者之间的经济关系。土地使用权首次转让市场为土地二级市场，其主要市场活动是开发商根据政府的有关规定和出让合同要求，对土地进行开发和建设，并将经过开发的土地使用权连同地上定着物进行转让。其受让方可以是二手的开发经营者，也可能是直接的土地使用者。二级市场是国家调控下的以市场调节为主的市场。土地使用权再次转让市场为土地三级市场，其主要活动是土地使用者或经营者从土地使用者手中以转让形式取得的土地使用权发生的再次转让。

(4) 土地使用权出租市场

土地使用权出租是指土地使用者作为出租人将土地使用权出租给承租人使用，由承租人向出租人支付租金的行为。土地使用权出租市场属于土地二、三级市场。

(5) 土地使用权抵押市场

土地使用权抵押是土地抵押人以其合法的土地使用权以不转移占有的方式向抵押权人提供债务履行担保的行为。土地使用权抵押市场属于土地二、三级市场。

三级市场结构是我国目前土地市场的基本构成，明确区分三级市场，既有利于政府管理和调控土地市场，也有利于分析土地市场的交易状况，掌握真实的市场供求关系。尽管二、三级市场之间较难区分，有时出现交叉，但是严格区分三级市场结构对土地市场管理者来说是非常有价值的。

（二）中国土地市场体系的特点

相对于西方发达国家的土地市场，中国土地市场体系有其自身的特点，主要表现如下。

（1）中国土地市场是政府驱动型市场

西方发达国家的土地市场，是随着资本主义经济的萌芽和发展自发地形成和发展起来的。中国在社会主义改造完成后进入计划经济时代，土地以行政划拨方式配置，没有土地市场。随着中国经济由计划经济体制向社会主义市场经济体制转轨，土地流转已成为经济发展的必然要求。中国政府顺应经济发展的客观规律，适时地建立起符合中国经济体制改革要求的土地市场。1987年，中国政府决定在保持城市土地国有制的前提下，允许国有土地使用权通过协议、招标、拍卖等方式进行出让和转让。政府对进入土地市场的主体、客体都有严格的规定。同时，在土地市场建立初期，市场机制并不是自发地发挥作用，价格还不能完全通过市场的供给与需求自发地确定，这时的土地出让价格绝大多数是由政府来确定的。以后，随着土地市场的发展与完善，政府逐步放开了对土地价格的干预，提高了市场化的程度。

（2）目前中国城市土地市场在土地市场体系中占据主导地位

在中国土地市场体系中，目前城市土地市场占据主导地位，已经逐步走上比较规范的发展道路；而农村土地市场仍很不发达。近些年来，中国政府重点加强了城市土地市场的培育与管理，而农村土地市场仍处于探索和试验阶段。理论研究相对滞后，政策法规尚不规范统一，土地产权关系还不十分清晰等。所有这些问题，严重阻碍着农村土地市场的发育与完善。因此，目前农村土地市场的开放还是局部性的，各地的发展很不平衡。

（3）中国城市土地市场是垄断竞争型市场

根据《宪法》、《土地管理法》和《城镇国有土地使用权出让和转让暂行条例》的规定，城市土地属于国家所有，土地所有权不进入市场。国家只对国有土地使用权实行有期限的出让、转让和出租等。在土地出让市场，也就是土地一级市场，土地的供给者只有国家，即国家对土地一级市场的供给进行垄断。每个城市每年要进入出让市场的土地数量、位置和用途等，都由各级政府根据市场需求和土地利用计划、规划等来确定。土地使用权的转让市场即土地二级市场则完全放开，土地供求双方可根据市场行情自由转让、出租和抵押土地使用权。

（4）在企业改制中实行土地政策性入市

中国改革开放前国有企业所使用的土地全部为行政划拨土地；为建立社会主义市场经济体制，自20世纪90年代初开始对国有企业进行改革，实行公司制改造、组建企业集团、股份合作制改组、租赁经营、企业并购、破产等不同形式的改革，对企业改革涉及的土地使用权，根据企业类型和性质实行土地出让、租赁、授权经营、作价出资（入股）以及保留行政划拨等处置方式。除保留行政划拨等处置方式外，改制企业的土地使用权随企业改革而依国家政策进入市场。这种土地的供给、需求及土地资产价格受政策影响较大。

第三章　土地市场管理概述

第二节　我国土地市场的发展过程及现状

一、中国土地市场的发展过程

我国土地市场的形成与发展，是经济体制改革和对外开放的结果。

1. 土地市场的萌芽阶段

1978年农村实行家庭联产承包责任制，土地所有权与使用权开始分离。与此同时，城市土地使用制度开始改革，1980年，我国开始向中外合资企业收取场地使用费。1982年，深圳开征城市土地使用费。1987年国务院决定借鉴香港、新加坡经验开展国有土地有偿使用试点，批准在深圳、上海、天津、广州、厦门、福州等城市进行土地使用制度改革试点。同年底深圳拍卖了第一幅国有土地使用权。

1988年修订后的《土地管理法》正式宣布土地有偿使用制度的确立。我国开始了通过市场机制配置土地资源的尝试。

1988年4月人民代表大会修改《宪法》和1990年5月国务院颁布《中华人民共和国国有土地使用权出让和转让暂行条例》，确立了国有土地所有权和使用权两权分离的法律原则，形成了除划拨之外，以协议、招标、拍卖出让土地使用权的土地供应"双轨制"。

2. 土地市场的形成阶段

1990年，《城镇国有土地使用权出让和转让暂行条例》颁布实施，中国土地市场建立和发展有了法律依据。土地资源的市场配置在全国展开。1992年，邓小平同志南方谈话和十四大以后，全国土地市场的培育、发展进程大大加快。到1992年底，全国除西藏外的29个省（市、区）都已经开展土地出让工作。这一时期，全国各地大搞开发区建设，土地投机盛行，炒卖土地现象非常严重。为此，1993年，国务院开始整顿土地市场。1992年发布的《划拨土地使用权管理暂行办法》规定划拨土地使用权转让、出租、抵押的条件和相关规定。

3. 土地市场的发展与完善阶段

1995年《城市房地产管理法》颁布之后，城市土地市场发展进入一个新的阶段。1998年国土资源部成立以来，土地市场逐步发展和完善。1999年，国土资源部下发了《关于进一步推行招标拍卖出让国有土地使用权的通知》，严格限定行政划拨供地和协议出让土地的范围，并限定了协议出让土地使用权的最低价格。2000年国土资源部下发了《关于建立土地有形市场促进土地使用权规范交易的通知》，2001年，国务院下发了《国务院关于加强国有土地资产管理的通知》，从严格控制建设用地供应总量，严格实行国有土地有偿使用制度、大力推行土地使用权招标、拍卖，加强土地使用权转让管理，加强地价管理和规范土地审批的行政行为等六个方面，提出了具体要求。2001年6月，国土资源部下发了《关于整顿和规范土地市场秩序的通知》，强调建立健全建设用地供应总量控制制度、城市建设用地集中供应制度、土地使用权公开交易制度、基准地价定期更新和公布制度、土地登记可查询制度和集体决策制度。

为了规范协议出让土地行为，限制划拨土地使用范围，建立完善的招标、拍卖、挂牌制度，2001年，国土资源部发布了《划拨用地目录》，细化了划拨与有偿的范围，对不符合划拨目录的建设用地，必须有偿使用。2002年5月国土资源部发布了《招标拍卖挂牌出让国有土地使用权规定》，明确规定各类经营性用地必须以招标、拍卖或挂牌方式出让。2003年6月国土资源部颁布了《协议出让国有土地使用权规定》，规定不符合招标拍卖挂牌出让条件的国有土地，方可协议出让。2004年10月，国务院发布《关于深化改革严格土地管理的决定》指出各地必须禁止非法压低、地价招商，除按照现行规定必须实行招标、拍卖、挂牌出让的用地外，工业用地也要创造条件逐步实行招标、拍卖、挂牌出让，推行土地资源的市场化配置。2006年5月31日，国土资源部发布了《招标拍卖挂牌出让国有土地使用权规范》（试行）和《协议出让国有土地使用权规范》（试行），进一步完善了国有土地使用权制度。这一阶段，国企改制中划拨土地使用权改革也逐步推行。1998年颁布的《国有企业改革中划拨土地使用权管理暂行规定》对国有企业实行公司制改造、组建企业集团、股份合作制改组、租赁经营和出售、兼并、合并、破产等改革中涉及的划拨土地使用权管理做出了较详细的规定。1999年，国土资源部发布了《关于加强土地资产管理促进国有企业改革和发展的若干意见》。

二、中国土地市场的现状

近年来，土地市场建设取得很大成效主要体现在以下四个方面。

1. 国有土地使用配制范围和市场配制范围不断扩大，在全国全面实行了国有土地有偿使用制度。

第一，我国城市国有建设用地大约315万公顷，十年以来已经实现有偿使用的面积大约76万公顷，其中采取出让方式的国有土地面积是56万公顷，采取租赁、折价出租或者入股方式使用的土地面积大约20万公顷，有偿使用和市场配制的国有土地面积占城市国有建设用地总面积的比例由1992年的不足2%上升到2002年的24%。第二，国有土地使用权价格的市场机制初步形成，经营性国有土地使用权（商业、旅游、娱乐和商品住宅）要求实行招标、拍卖、挂牌出让，现在这种制度已经普遍建立，到2002年全国招标、拍卖、挂牌出让达到1.8万公顷，由1992年的占当年出让总面积比例不足1%，上升到2002年的15%。第三，市场交易日益活跃，2002年出让金额达到2380亿元，出租的19.1万公顷，租金额达到28亿元，抵押金额7846亿元，市场形成的情况目前基本如此，且在逐年提高。

2. 土地用途管制制度基本确立，政府对土地市场宏观调控得到了加强和完善。

（1）实施土地用途管制制度。总结了20世纪90年代初房地产过热的教训，修订了土地管理法，确立了新的土地用途管制制度。

（2）实行新的土地收益分配办法。

（3）建立了土地收购储备制度。按照建设用地集中统一供应的要求实行土地收购储备制度，根据市场的供求情况调控土地供应量，增强政府调控土地市场的能力，目前全国大概有1200多个市县建立了储备制度。

（4）土地调查登记制度进一步完善，强化了土地利用状况和土地价格的监测。

第三章 土地市场管理概述

3. 土地市场运行制度和组织建设取得了明显进展，市场服务体系逐步形成。

（1）土地公开交易，基准地价定期确定公布，土地市场交易信息发布和土地登记资料公开查询制度基本建立，保障了土地市场的规范运行。

（2）转变政府职能，减少和规范行政审批，严格实行政企分开，培育和发展中介服务组织，从总体形势上看是这样，但是具体操作过程中一些不规范行为是有的。

4. 土地产权进一步细化和明确，土地权利体系开始出现。

（1）土地所有权与土地使用权分离。

根据土地市场建设需要，在坚持土地公有制前提下，实行土地使用权与所有权分离，土地使用权成了商品。

（2）细化和完善土地有偿使用方式。

在出让基础上，增加了国有土地租赁和国有土地使用权作价出资或入股两种新的土地有偿使用方式。

（3）适应国有企业改革的需要，明确划拨土地使用权的权能和相应的权益价格。

（4）适应乡镇企业融资、兼并的需要，明确依法取得符合规划的集体建设用地使用权，在企业破产、兼并时可以依法流转。

三、土地市场建设存在的主要问题

土地市场建设正处于发育起步阶段，经过多年的培育和规范，虽然取得了一定的进展，但也存在一些问题。

（1）市场机制配置土地资产的基础性作用还未得到充分发挥

出让供地、招标拍卖挂牌出让供地的比例还有待提高。由于行政行为和部门利益驱动，在发展经济、企业改制和招商引资等方面供地操作不够规范，低价出让、甚至减免出让金的现象依然存在，影响了市场机制配置土地资产作用的充分发挥。

（2）土地市场管理的法律法规和各项制度有待进一步落实，政府对土地市场的宏观调控还有待加强

土地市场发展的前提是政府控制土地供应总量，但社会上部分人员国土资源政策、法律意识淡薄，违法占地、随意占用耕地的现象屡禁不止，少数开发商与乡（镇）、村违法私自签订用地协议圈占土地搞建设，多头分散供地久治不绝，影响了政府对土地供应宏观调控的实施和耕地保护。

（3）土地私下交易行为比较突出

少数单位和个人为逃避税费，不依法申报办理变更手续，部分企业、行政事业单位利用原划拨土地直接非法入市或用于经营性房地产开发，造成土地交易市场混乱。

四、完善土地市场的建议

土地市场建设作为我国土地使用制度改革的重要组成部分，需要充分考虑我国的现实国情和经济发展阶段，需要建立健全与之相协调的配套制度。国务院28号文及国土部的一系列文件，针对当前我国土地市场建设中存在的突出问题，提出了今后深化土地市场改革的一系列措施。为进一步完善土地市场，建议从以下方面着手。

土地资产管理

1. 进一步完善市场土地配置机制，限定政府在土地市场中的权利、责任范围，建立透明公开的土地市场

土地公有制从各方面来分析都是符合中国的基本国情的，应坚持土地公有的地位毫不动摇。在此框架下要进行的制度安排就是修正土地市场的利益主体的权利范围，建立透明公开的土地市场，有效地制约部分地方政府的行为，减少违法违规行为的发生。土地问题涉及的利益主体主要包括既是经济社会管理者又是土地管理者的政府、土地的实际占有者及土地需求者，其中最主要的问题在于前两者。因此在加强政府作为土地管理者地位的同时，要进一步发挥市场配置资源的基础作用，改革和完善土地税费改革，合理分配土地收益，强化土地实际占有者尤其是农民的权益。

(1) 以完善土地税费改革为途径，降低地方政府"经营土地"的冲动，将政府配置公有土地的权利限制在合理的范围内。要界定国家征地的"公共利益"的范围，国土资源管理部门对此要进行明确规划，必须对政府强制性征地进行严格限制，对征地的目的和范围要有严格的界定，国家不能滥用征地权。国家征收、征用农民的承包地时，应当考虑土地由于城镇化和工业化产生的巨额级差收益分配方向，应当按照土地的公平价格对失地农民进行补偿，不能牺牲农民利益来降低城市建设成本。这就需要对现行的土地税费进行改革，合理分配土地收益，一是对地方政府进行城市建设获得的稳定的收入来源进行制度安排，统一土地税费，统一征收土地财产税；二是统筹安排土地收益，协调各方面的利益，将更大比例的土地收益用于新农村建设；三是在完善规章制度的基础上，可考虑将农村集体土地直接进入市场。

(2) 进一步发育土地市场。要充分发挥市场配置资源的基础作用。城市各种建设用地更大范围地通过市场公开出让，完善推行土地"招拍挂"制度。严格划分土地利用的性质，对于经营性土地使用权必须实行"招拍挂"出让，防止国有土地资产的流失，加强对经营性土地使用权出让的管理。将采取协议出让的工业用地也开始采用"招拍挂"制度，允许和规范集体建设用地入市流转，农民集体所有土地转化用途时应该同城市土地"同地、同价、同权"。

(3) 限定政府在土地市场上双重角色的功能，界定政府在涉及土地市场方面的行政空间和职能范围。在向市场经济体制转轨过程中，政府要推动甚至主导土地市场化发育和发展的进程，必须代表市场经济发展方向，政府参与土地市场的建设应从创造和经营市场向培育和服务市场转变。通过培育市场主体、加强市场监管等，推动土地市场发育。第一，明确划分各级政府、土地管理部门及职能部门的职责范围，明确权力分工，既不能越位，也不能缺位。第二，健全法律制度，实现政府经济职能的法制化。以法律的形式明确规定政府的行政行为，切实保护市场中各方的利益。第三，遵循市场经济规律，合理确定供应土地的数量、时机、出让方式、年限、价格等，实现土地的集约利用和节约利用。

要提高行政行为的透明度，公开办事程序，严格界定并向社会公开有关出让方式的适用范围，从而防止土地市场中的"寻租活动"、"隐形市场"。完善政府及各职能部门（土地行政管理部门、银行、财政、工商、税务等）的内部工作制度和程序，让所有土地使用者明确办理的条件和要求。更有效地监督各部门的行政行为，加快土地督察员制度建设，加强社会有效监督，防止个别执法机关和管理部门的非理性行为等。

2. 改革深层次的体制缺陷以完善土地市场建设

根据公共选择理论，政府也是有自己目标偏好的"经纪人"。当前土地市场、土地制度存在诸多问题，重要的原因在于存在体制缺陷，政府官员有追求政绩、扩大自己权利的冲动，可通过膨胀自身的土地配置权利获得相关利益，这些偏好导致市场发育不充分甚至扭曲。因此改革体制缺陷也是土地市场发展的重要因素。一是改革现有的不合理的政绩考核体系和不完善的行政干部选拔任用制度。目前考核政绩的重要指标就是经济发展，有些地方简单地把经济发展等同于 GDP 增长，加剧了地方政府推动固定资产投资和城市建设的冲动。单纯追求 GDP 的增长速度同任用干部挂钩，导致地方政府一味追求政绩工程、形象工程。由于政府拥有最大的国有资源——土地，利用配置土地资源实现 GDP 增长就是实现其目的的重要手段，这必然促使地方政府过多地参与市场、经营土地获利以进行其他方面的建设或投资；二是改革现有事权、财权不匹配的财政体制，从制度上逐步消除地方政府对"土地财政"的过分依赖。我国的改革正处于转轨时期，当前政府的"全能政府"的性质没有很大改变，尤其是基础设施的公共物品需要政府的投入，土地的粗放性、扩张性利用成为重要的财政资源。因此要界定各级政府的事权，加大一般性转移支付的规模及对城市基础设施给予专项补贴；加强对地方政府土地融资的管理，改革现有的集体土地补偿制度，完善市场配置土地资源的方式，进一步推进地方政府融资行为合理化；将土地资产与收益管理纳入到公共财政的规范管理，逐步调整国有土地出让金管理政策，逐步调整国有土地出让金收入分配政策，界定各级政府的土地资本预算权限划分与预算责任，建立预算约束和预算激励相对等的土地资本预算管理体系。

3. 进一步加强土地的法律框架建设，完善土地法规，对土地的开发利用建立在科学合理健全的法律制度基础之上

科学合理健全的法律制度是保障市场良好运行的基础。要抓紧建立健全一批规范土地资源配置权益和具体操作方式的法律法规。物权法要整合迄今已经取得的法律进展，并且要将内涵扩展，对重要的经济活动领域提供明确、适当的规则和程序，改变物权法草案照搬现有的土地管理法规和中央文件的做法。为了解决土地法律框架与现实的差距，具体可从以下方面入手：一是对土地征用法做出相应的改进，特别是对"公共利益"做出明确的法律界定，同时修改对农村集体土地的补偿标准；二是修改《农村土地承包法》过于宽泛的表述，完善实施条例，完善土地抵押法律，制定规制集体建设用地的法律框架；三是加强法治建设，推动对农民的法律教育活动，推动农村地区的法律援助活动；四是制定规制土地储备制度的法律框架，使得土地储备制度真正发挥调控土地供给、平衡市场的功能，免于其沦为地方政府炒作土地的工具。

第三节 土地市场管理的手段与内容

一、土地市场管理的概念

土地市场管理是指基于国家授权而拥有土地市场管理职能的国家机关，依照国家的法律、法规、政策，对进入土地市场从事土地交易活动的单位和个人以及对土地交易活动、

交易价格、交易合同、交易程序、应纳税费等进行的组织、指导、监督、调控等活动的总称。

二、土地市场管理的手段

（一）土地利用规划与计划手段

1. 土地利用规划

土地利用规划是政府控制土地供给量，协调供求关系，调节和稳定土地价格的重要手段；也是确定合理用地结构，优化土地配置的基础性工作，土地利用规划对土地市场具有宏观调控作用。

2. 土地利用计划

年度计划（包括国有土地使用权出让计划和房地产开发用地计划）的实施是把握土地入市环节，调控土地市场的有效手段。

土地使用权出让的计划，按现行土地利用计划编制程序进行。

3. 土地用途管制

土地用途管制是市场经济国家广泛采用的土地利用管理制度。土地用途管制主要是严格控制农用地转为建设用地，进入市场。

（二）地籍管理手段

地籍管理是土地市场调控的一项重要措施。其主要任务是对土地权属的变更加以管理，监控土地数量、质量和产权的更动趋势。土地权属登记是地籍管理的核心内容。

（三）土地价格调控手段

土地价格作为土地市场运作过程中最重要的经济杠杆手段，在土地市场管理中占据极其重要的地位，因此，土地市场价格的宏观调控是土地市场管理的核心内容。对土地市场价格进行调控的主要目的是，保证土地市场价格的基本稳定和市场交易平稳发展，防止地价极高极低或忽高忽低，避免土地资产流失和土地利用的不合理。根据我国目前已有的法律和政策规定，土地价格宏观调控的措施主要有以下几方面：一是建立基准地价、标定地价定期公布制度。基准地价、标定地价是国家建立地价体系的重要内容。按照《中华人民共和国城市房地产管理法》建立我国的基准地价、标定地价定期公布制度，是规范土地交易行为，加强国家对地价进行管理的重要措施。二是国家对协议出让国有土地使用权采取最低限价。三是政府对地价上涨采取必要的行政手段进行干预。土地使用权转让的市场价格不合理上涨时，市、县人民政府可以采取必要的措施。当出现土地价格暴涨时，政府应采取适当的行政手段进行干预，如限制地价水平、调整土地供应计划、调整土地税收等。四是建立土地交易价格申报制度。五是政府对土地使用权的转移有优先购买权。《中华人民共和国城镇国有土地使用权出让和转让暂行条例》第二十六条规定，土地使用权转让价格明显低于市场价格的，市、县人民政府有优先购买权。实施优先购买权，首先，可以限制低价买卖土地、扰乱土地市场的行为；其次，可以防止交易双方虚报、瞒报地价，逃避国家税费；最后，国家因特殊建设需要，如公共福利设施建设需要或实施土地利用规划时，也可采用优先购买，以保证国家建设的需要。

（四）土地税收和金融手段

土地税收是国家凭借行政权力，以土地为征税对象，强制、无偿地向土地所有者和使用者收取部分收益的一种特定分配关系。正确运用税收杠杆不但可以理顺分配关系、保证政府土地收益，还可以通过税赋差别体现政府的税收政策和产业政策，进而对抑制市场投机、控制地产价格、规范地产市场交易行为等方面起到明显的作用。

地产金融是以土地作为信用保证而获得资金融通。发展地产金融，通过信贷规模、利率水平、贷款方式等金融措施调节地产市场，实际上是政府调控地产市场的重要手段。土地金融的意义在于启动、活跃土地市场，促进土地市场的建立和发展，促进国家土地政策的贯彻和实施；还可以为土地开发、改良等筹措资金，促进国民经济的发展。国家的金融政策可实现扩大住宅建设投资、带动国民经济增长、抑制地产市场不合理扩张的目的。

（五）土地立法和执法手段

法律是公共行政的重要依据，国土资源的法律制度是国家经济法律制度体系中的重要组成部分。我国已经建立起社会主义市场经济的基本经济制度，而市场经济的本质又是法制经济，因此法律制度建设对于行政执法的国土资源管理来说是至关重要的。土地市场管理必须通过立法，制定一系列保障土地市场运行的，规范、调整和引导土地市场活动的法律、法规。

执法是国土资源行政管理的主要行为方式，土地市场管理必须依据现有的法律、法规从严执法并持之以恒，才能规范土地市场的运行。

三、土地市场管理的内容

1. 土地市场的宏观管理

土地市场宏观调控是指国家从社会经济发展的总体和长远目标出发，通过经济手段（主要包括产业政策、财政信贷政策和税收政策）和行政手段（主要包括规划和计划），对城市土地市场进行干预，以达到抑制土地投机、维护土地市场稳定、优化土地资源配置、合理分配土地收益的目的。

土地市场宏观管理包括土地市场供需管理、土地市场价格管理两个方面。

（1）土地市场供需管理

对土地市场的供需管理主要通过土地规划、计划手段、财政金融手段、税收手段、收购储备手段对土地市场中的供需进行宏观的调控。

（2）土地市场价格管理

对土地市场的价格管理是通过土地价格体系来实现的。我国土地价格体系主要包括：基准地价、标定地价、出让底价、交易地价和协议最低价等几个价格。按照《城市房地产管理法》的规定，协议出让土地使用权，出让价格不得低于协议最低价。

2. 土地市场的微观管理

土地市场微观管理是指国家通过法律、行政等手段对土地市场运行进行统一的规范与管理，保证市场主体公平交易、平等竞争，以发挥土地市场机制的正常调节功能。

（1）对土地市场客体的管理

土地市场的客体主要是指土地及土地产权，对土地市场客体的管理主要是限制允许进入市场的土地产权的范围。

（2）对土地市场主体的资质审查

① 土地使用权出让人和转让人的资格。土地使用权出让人只能是国家，其代表是经国家授权的各级政府。凡因土地使用权的出让、转让而享有土地使用权的境内外的公司、企业、其他组织和个人，均可成为城镇国有土地使用权的转让人。

② 土地使用权受让人的资格。作为土地使用权受让人的企业、其他组织或个人，不仅要有正当的用地理由，还要有支付土地出让、转让费用的能力或筹资能力，以及相应的经营管理能力。

（3）土地市场交易程序的规范

主要是土地使用权出让、转让、出租、抵押程序的规范。

（4）土地市场中介管理

① 土地中介服务机构与从业人员资质审查。所谓资质审查，是政府有关机构（房地产行政管理部门、国土资源管理部门、工商行政管理部门等）对土地中介服务机构或从业人员进行资格审定和确认。

② 土地中介服务机构与从业人员从事中介业务的审查和监督。政府除了对土地中介服务机构与从业人员进行严格的资质审查外，还必须对其业务进行经常性的审查和监督。

第四节 土地市场运行机制及缺陷

一、土地市场的运行机制

土地市场运行机制包括市场机制和宏观调控机制。

1. 市场机制

所谓市场机制，是对市场经济体制中基于经济活动主体的自身经济利益，在竞争性市场中供给、需求与价格之间相互依存和作用，连锁互动所形成的自组织、自耦合机能的理论概括。土地市场机制主要包括动力机制、供需机制、价格机制和竞争机制，其核心是竞争机制。市场秩序的形成过程中，市场机制是最重要的、最基本的调节力量。市场秩序能否形成，主要取决于市场机制能否发挥作用及其作用程度。本节重点介绍土地市场的市场运行机制。

2. 宏观调控机制

由于市场存在缺陷，市场机制存在失灵的一面，单纯依靠市场机制的调节作用不能使土地市场的运行到达有序状态。为了维护城市土地市场秩序，政府必须对城市土地市场进行宏观调控，以弥补市场机制的不足。政府宏观调控意图要通过市场机制来贯彻，调控目标要在市场运行中实现。宏观调控通过市场机制间接作用于企业活动。

二、土地市场的市场运行机制

地产市场是地产交易关系的总和。在地产的投资、开发、交易等经济活动过程中，地产市场的主体、客体等构成要素相互作用、相互联系，形成地产市场的运行机制。

（一）动力机制

地产市场中土地资产权利的供需双方是地产市场的主体，市场经济条件下市场主体的经营目标是追求经济效益的最大化，即对地产投资的目的是为了获得最大的回报，由此形成一种动力机制。动力机制形成的前提条件是：市场主体有明确的财产边界和独立的财产支配权，权、责、利明确；市场客体有明确的界线和具体的内容，权利分明。

由于地产市场的特殊性，地产市场的动力机制也与一般市场的动力机制不同。特别在我国地产一级市场卖方由国家垄断的情况下，一级市场的动力机制主要是土地使用权的受让方追求经济效益的最大化的目标驱使（当然国家作为"经济人"的角色也有使自己的土地所有权得到最大限度体现的愿望）。在地产二、三级市场，进入市场的主体成多元化之势，他们追求最大经济效益的目标使地产市场配置土地资产的功能得以发挥。即地产的价值得到最大限度的显化。例如，对于土地使用者来说，能产生较好的经济效益的地段是城市中心区的黄金地段，因而用地者都向城市中心聚集。如许多地产发展商被商场、写字楼、高档住宅的高额利润所吸引，纷纷投资开发，而普通住宅却因相对低得多的利润而少有人问津。这种盲目追求高回报的结果导致了开发结构的严重不合理，形成了"房地产虚热"。

（二）供求机制和价格机制

地产市场供求关系的变化会引起地产价格变化，反过来地产市场价格的变化又会引起供求关系变化，从而形成一种供求机制和价格机制。供求机制是供求关系与价格高低之间相互制约和相互协调的内在联系。地产市场价格机制和供求机制的形成，即要以地产价格能在市场上通过竞争自发形成为前提，又要以地产交易主体有充分的自主权为条件。这是因为：只有价格是通过竞争形成的，市场才能交易主体提供准确的市场信息；只有交易主体享有充分的自主权，交易主体才能对市场提供的信息采取必要的措施，对市场做出正确反映。

但由于地产市场本身的特殊性，使得地产市场的供求机制和价格机制还表现出与一般市场不同之处。一则由于地产自然供给的确定不变性，使得地产经济供给从总量上说也呈刚性；二则随着社会经济发展和人口不断增长对地产需求越来越大，从总趋势来看，地产市场总是供不应求的。也就是说，地产市场供给相对于需求来说，是呈刚性的，即地产市场价格主要由需求价格决定，这与一般商品价格决定不同。

（三）竞争机制

由于动力机制的作用，市场主体之间势必产生激烈竞争，因而对地产市场主体产生巨大的外在压力。市场竞争的结果，使得经济效益好、获利高的行业如商业、服务业等能够挤身于市中心区位好的黄金地段；而对于经济效益相对较差，支付不起市中心高额地租或地价的用地者来说，只能退到城市边缘地价低得多的地方。由此，在动力机制、价格机制、供求机制和竞争机制的作用下地产市场能够较好地配置土地资产。

但由于地产本身位置固定，对于占据某一位置的用地者来说，肯定存在对这一位置的垄断，这使地产市场的竞争受到限制。地产市场是由于动力机制、供求机制、价格机制和竞争机制相互影响、相互制约，共同形成地产市场的运行机制，发挥市场有效配置资源的效力。

二、土地市场规则

市场机制的运行不是杂乱无章的，因为地产市场关系一经形成，必须以一定的形式稳定下来。在地产市场中，使地产市场主体的经济行为及其相互之间的关系合理化、规范化、有序化，必须借助于一定的市场规则。

（一）土地市场规则的含义

土地市场规则是指国家凭借政权的力量，按照地产市场运行机制的客观要求所制定的市场活动各主体都必须遵守的制度和章程。它不仅是市场机制运行和市场功能发挥的基本准则，也是市场制度建设的重要内容。市场规则最基本的要求是实现等价交换和平等竞争。因为在开放的市场中，市场行为主体的交易目的是实现自己的地产权利的收益最大化，这种动机客观上要求一个统一和规范的准则，否则，交易一方用不正当的手段取得利益只能以侵害他人的利益为前提，既损坏公平又破坏效率。

（二）地产市场规则的内容

统一的市场规则不仅应当充分保护交易者合法权益，而且是国家用作有效调控地产市场的基本手段。地产市场规则主要包括以下内容。

1. 市场出入规则

对出入市场的主体和客体进行资格限制或规范。对地产市场主体来说，在土地一级市场其出让主体是唯一的，即是国家，其他任何组织、个人没有出让的权利；《中华人民共和国城市房地产管理法》对从事房地产开发与经营的企业从组织机构、经营场所、注册资本、专业技术人员等方面作了规定，市场主体进入市场后，其经营范围、经营项目、经营渠道等也进行了一定的规范。就市场客体的资格来说，《宪法》、《土地管理法》、《城市房地产管理法》和《城镇国有土地使用权出让和转让暂行条例》等明确规定进入市场交易的是国有土地使用权，并且可转让的土地使用权是以出让方式取得，划拨取得的国有土地使用权不允许转让。

2. 市场竞争规则

市场竞争应公开、公平，这一方面要求信息透明、传播面要广泛；另一方面要求不同使用者之间地位平等。在土地一级市场中，出让计划、信息要公开化，受让方之间的竞争应公平。例如，出让采用招标、拍卖、挂牌出让的方式，增强公开、公平性。在土地二、三级市场中（即土地使用权转让、再转让市场中），转让者和受让者之间、转让者与转让者、受让者之间的各种竞争应当是公平的。

3. 市场交易规则

地产买卖、租赁、抵押、互换、典当等交易活动必须遵守一定的规范和准则。第一，规范交易方式，即要求交易时公开和公平竞争或非垄断条件下进行的交易，我国土地使用权出让中采取的协议、招标、拍卖、挂牌出让方式中，招标、拍卖、挂牌方式最符合公开、公平的交易方式的规范要求。根据2007年9月21日国土资源部第3次部务会议审议通过的《招标拍卖挂牌出让国有建设用地使用权规定》（中华人民共和国国土资源部第39号令）中的规定工业（包括仓储用地，不包括采矿用地）、商业、旅游、娱乐和商品住宅等经营性用地以及同一宗地有两个以上意向用地者的，应当以招标、拍卖或者挂牌方式出让。第二，规范交易行为，我国《城市房地产管理法》规定："以出让方式取得土地使用权的，转让房地产时，应当符合下列条件：按照出让合同约定已经支付全部土地使用权出让金，并取得土地使用权证书；按照出让合同约定进行投资开发，属于房屋建设工程的，完成开发投资总额的25％以上，属于成片开发工地的，形成工业用地或者其他建设用地条件。"第三，规范交易价格，我国《城市房地产管理法》规定，"采取双方协议方式出让土地使用权的出让金不得低于按国家规定所确定的最低价。""基准地价、标定地价和各类房屋的重置价格应当定期确定并公布。""国家实行房地产成交价格申报制度。房地产权利人转让房地产，应当向县级以上地方人民政府规定的部门如实申报成交价，不得瞒报或者作不实的申报。"《城镇国有土地使用权出让和转让暂行条例》第二十六条规定："土地使用权转让价格明显低于市场价格的，市、县人民政府有优先购买权。土地使用权转让的市场价格不合理上涨时，市、县人民政府可以采取必要的措施。"2006年12月23日国土资源部发布的《关于发布实施〈全国工业用地出让最低价标准〉的通知》（国土资发〔2006〕307号）中规定："工业用地必须采用招标拍卖挂牌方式出让，其出让底价和成交价格均不得低于所在地土地等别相对应的最低价标准。"

三、土地市场的缺陷

（一）土地市场失灵

在以单个经济行为者为主体的完全竞争市场上，资源通过市场机制自发实现最有效配置。然而，完全竞争的假设前提很难与现实完全相符，市场机制本身也存在缺陷，从而无法使资源达到最有效配置，即市场失灵。土地市场与其他生产要素市场一样也不是万能的，也会出现市场失灵的情况。这除了市场机制本身的缺陷外，由于地产的特殊性，使得土地市场比一般商品市场的不完全性更强，更加容易市场失灵。土地市场失灵是指在现实的土地市场条件下，市场机制经常表现出许多自身不能克服的缺陷，其作用受到阻碍，无法使土地资产达到最有效配置的状况。土地市场失灵主要有以下几方面的原因。

1. 土地市场中存在不完全竞争，容易形成垄断

形成完全竞争市场必须具备四个条件，即信息充分、商品同质、厂商买者自由出入、交易双方人数众多。但实际上地产市场与其他要素市场一样存在着市场垄断，并且比其他市场更容易形成垄断。首先，地产位置固定，地产的同质性差，因此对任何一块土地都存在着垄断问题。其次，由于地产的区域性和非同质性，使投资者不容易掌握地产市场信息。最后，由于地产投资巨大，回收期长，再加上地产的稀缺性和一级市场的国家垄断，使购地者进入市场的只是少数投资者。

2. 地产市场信息不完全

在完全竞争条件下，生产者和消费者都拥有充分的信息，所有与产品相关信息的获取成本都等于零，生产者和消费者可以据此做出正确的决策。现实中，完全竞争模型的前提

无法满足,市场交易者之间存在信息不对称现象,即交易的一方比另一方占有较多的相关信息,处于信息优势地位,而另一方处于劣势地位。信息不对称势必会导致信息的优势方为牟取自身的更大利益而做出损害信息劣势方利益的行为,造成资源配置偏离帕累托最优状态。在地产市场上,由于地产的区域性和非同质性,不同区域、不同质量的土地,其价格不同,因而对地产市场主体来说完全掌握地产市场的价格等信息是非常困难的。

3. 地产市场交易成本高

交易成本又称交易费用,包括事前发生的为达到一项合同而发生的成本和事后发生的监督贯彻该项合同而发生的成本。具体包括:① 进行市场调查,获取质量和价格信息,以及寻找潜在的交易者及其有关信息所支付的成本;② 讨价还价过程支付的成本;③ 起草、讨论、确定交易合同过程支付的成本;④ 贯彻、监督合同双方行为,保护双方权益的成本支出;⑤ 土地产权界定有关的成本支出等。

地产交易金融额巨大,技术性较强,往往还涉及许多法律问题和专业知识。买卖双方都要聘请有关专家进行咨询和服务,还要进行土地权利转移的法定公示即交易登记等。这些都造成了地产市场交易成本高。

4. 地产市场中外部性问题的存在

外部效应又称外部性,是指一个经济主体的行为直接对其他经济主体产生了影响,但这种影响并未通过市场交易或市场价格机制反映出来。外部性有正负之分,正外部性是指某种经济行为给外部造成积极影响,使他人减少成本,增加收益,负外部性的作用正好相反。土地利用中的外部性十分明显,即使是一块未利用空地,对其周边的土地利用也有正面或负面影响。由于农用地保护产生的良好社会效益、生态效益大部分体现不到农用地保护和利用者身上,从而使市场调节下对农用地的保护量小于社会最优量。而增加城市土地或其他非农建设用地造成农用地数量锐减,会对农业乃至整个国民经济可持续发展造成不利的影响,在完全的市场经济条件下,也未有责任者来负担,这又使得理性的人对农用地的占用大于社会最优量。这样,城市土地市场均衡量就必然大于社会最优量,结果造成城市土地资源配置效率的损失。

5. 公共产品的存在

公共产品即这样一种产品:"每个人对该产品的消费不会造成消费减少,但是无法将任何一个享受者排除出去,或者该排除的成本太高了,以至于无法支付"。竞争性的市场不可能使公共产品达到帕累托最优。一方面,由于公共产品具有非排他性,每个人都相信他付费与否都可以享受公共产品的好处,那么,他就不会有自愿付费的动机,而倾向于成为"免费搭车者",从而造成公共物品的投资无法收回,私人企业自然不会提供这类产品。另一方面,公共产品的边际成本为零,按照帕累托最优所要求的边际成本定价原则,这些产品必须免费提供,这也是企业不能接受的。总之,需求水平的变化产生的非竞争性、非排他性或拥挤性将引起市场失灵,从而无法达到帕累托效率。城市土地资源具有典型的准公共物品属性,既是一种宝贵的生产要素,也是城市居民赖以生存和发展的环境空间,人类必须根据自身需求对城市土地按照不同用途配置。城市土地既包括用于城市经济发展的生产经营性用地,也包括服务于居民的生活服务性用地,还包括为生产和生活提供基本条件的基础设施和公共设施用地，但由于市场机制不能提供具有公共产品性质的公共设施用地，造成城市发展中城市用地不合理，绿地、公益事业用地等较少，而住宅、工业用地较多。

（二）土地投机的存在

由于地产市场机制本身的缺陷，不仅导致了地产市场失灵，同时也不可避免地产生了土地投机。土地投机是指以土地为买卖对象，在短期内通过地价的涨跌差额而获取高额利润或暴利的行为。

1. 土地投机产生的原因

土地投机的产生主要源于以下几个方面。一是土地的增值行为土地投机创造了前提条件；二是地产市场信息不完全、中介组织缺乏，地产市场本身的结构性和功能性缺陷，以及政府宏观调控机制失灵等为土地投机培植了温床；三是投机者自身获取经济利益最大化的机会主义倾向则是土地投机产生的真正动因。

2. 土地投机的后果

土地投机的后果从正面意义上来说，一是对于正处于逐步发展阶段的地产市场，起到了强化竞争的作用，使土地使用权价格充分显化；二是有利于资金流向地产业；三是有利于促进用地者节约用地。但这些积极作用毕竟是相对的和次要的。从负面影响来看，土地投机的不良后果更为明显。首先，土地投机由于没有真正对土地投入，因而也没有产出，这样土地资本的运作无效率，即它的使用或运营不仅没有带来社会意义上的增值，反而浪费了资源，影响了资源配置效率；其次，土地投机的对象是获利较高的高档住宅用地、商服业用地、办公旅游用地等，而对于一般居民急需的普通住宅和城市公用设施、基础设施用地往往无人问津，这显然既破坏了公平又使土地利用结构不合理而影响了效率；最后，土地投机创造的虚假的需求，扭曲了价格信号，使价格不能真正起到反映市场供求状况的作用，因而市场也无法优化土地资产配置。

复习思考题

1. 简述土地市场的特点与功能。
2. 我国土地市场是如何分类的？
3. 土地市场管理的手段有哪些？
4. 土地市场管理的内容有哪些？
5. 简述土地市场的市场运行机制。
6. 土地市场规则的内容有哪些？
7. 简述土地市场失灵的原因。
8. 简述土地投机形成的原因及利弊。

强化练习题

一、填空题

1. 按照市场交易主体和市场运行过程，城镇土地市场分为三级市场结构。分别为_____、_____、_____。

2. 土地一级市场反映的是土地所有者和土地使用者之间的经济关系，是_____的市场，土地二级市场是_____的市场，土地三级市场是_____市场。

3. 土地市场主体即土地市场的参与者，包括_____、_____、_____和_____。

4. 土地市场宏观管理包括_____、_____两个方面。

5. 土地市场的市场运行机制有_____、_____、_____。

6. 土地市场规则包括_____、_____和_____。

7. 地产市场交易规则重要从规范_____、规范_____、规范_____三个方面进行规范。

8. 土地市场的客体是_____及_____。

9. 在一定地域性市场内，土地价格主要由_____来决定。

10. 土地使用权转让价格明显低于市场价格的，市、县人民政府有_____。土地使用权转让的市场价格不合理上涨时，市、县人民政府可以采取必要的措施。

11. 国家实行_____制度。房地产权利人转让房地产，应当向县级以上地方人民政府规定的部门如实申报成交价，不得瞒报或者作不实的申报。

二、判断题

1. 土地市场是有形的土地和无形的权益、信息、咨询服务等的统一体。（ ）
2. 土地市场中的供给者只有国家，由政府代表国家行使权力。（ ）
3. 土地市场的客体要素是指土地。（ ）
4. 我国工业用地（包括仓储用地，不包括采矿用地）、商业、旅游、娱乐和商品住宅等经营性用地以及同一宗地有两个以上意向用地者的，应当以招标、拍卖或者挂牌方式出让。（ ）
5. 土地产权关系及其在市场运行中的交换，构成土地市场客体的主要内容。（ ）
6. 竞争机制是土地市场机制的核心。（ ）
7. 国家对协议出让国有土地使用权采取最低限价。（ ）

三、单选题

1. 土地市场中交易的是（ ）。
   A. 国有土地使用权 B. 国有土地所有权
   C. 集体土地所有权 D. 集体土地使用权

2. 关于土地市场的说法，下列不正确的是（ ）。
   A. 土地市场是指因土地交易所引起的一切商品交换关系的总和。
   B. 土地市场的主体只是政府土地行政管理部门
   C. 土地市场的客体是土地及其产权关系
   D. 土地市场是有形的土地和无形的权益、信息、咨询服务等的统一体。

3. 国家垄断的土地市场是（ ）。
   A. 土地一级市场 B. 土地二级市场
   C. 土地三级市场 D. 土地使用权转让市场

4. 在土地使用权出让、转让中，在（　　）后土地使用者才能取得土地使用权。
   A. 签订出让、转让合同　　　　　　B. 支付全部地价款
   C. 办理土地登记手续　　　　　　　D. 实际交付土地

5. 国家调控下的以市场调节为主的土地市场是指（　　）。
   A. 土地使用权出让市场　　　　　　B. 土地使用权首次转让市场
   C. 土地使用权租赁市场　　　　　　D. 二手房买卖市场

6. 目前，我国土地市场的基本构成是（　　）
   A. 三级市场结构　　　　　　　　　B. 划拨、出让、转让市场结构
   C. 四级市场结构　　　　　　　　　D. 国有土地和集体土地市场结构

7. 对地产市场主体来说，在土地一级市场其出让主体是（　　）。
   A. 集体　　　　B. 国家　　　　C. 房地产开发商　　　D. 土地使用者

8. 以出让方式取得土地使用权的，转让房地产时，应当符合下列条件：按照出让合同约定已经支付全部土地使用权出让金，并取得土地使用权证书；按照出让合同约定进行投资开发，属于房屋建设工程的，完成开发投资总额的（　　）以上。
   A. 20%　　　　B. 25%　　　　C. 30%　　　　D. 35%

四、多选题

1. 土地市场区别于一般商品市场的明显特征有（　　）。
   A. 交易实体的非移动性　　　　　　B. 土地市场的地域性
   C. 土地市场的垄断性　　　　　　　D. 流通方式的多样性
   E. 土地供给弹性小

2. 土地市场的主体包括（　　）。
   A. 供给者　　　　B. 需求者　　　　C. 中介者
   D. 监督者　　　　E. 管理者

3. 城市土地市场机制主要包括（　　）。
   A. 供需机制与价格机制　　　　　　B. 动力机制
   C. 平稳机制　　　　　　　　　　　D. 宏观调控机制
   E. 竞争机制

4. 土地市场管理的手段有（　　）。
   A. 土地规划和计划手段　　　　　　B. 土地储备手段
   C. 税收手段　　　　　　　　　　　D. 地籍管理手段
   E. 土地价格调控手段

5. 下列属于土地市场微观管理的有（　　）。
   A. 对土地市场主体资质审查　　　　B. 对土地市场价格的管理
   C. 对土地市场客体的管理　　　　　D. 对土地市场中介的管理
   E. 对土地市场交易程序的规范　　　F. 土地供需调控

6. 我国实行地价定期公布制度的主要内容是公布（　　）。
   A. 标定地价　　　B. 交易价格　　　C. 成本价格
   D. 基准地价　　　E. 房屋重置价格

第四章 土地市场供需调控

 内容提要

进行土地市场供需调控,首先应进行土地市场调查,对土地市场中供需关系进行分析和预测,在充分掌握土地市场供需关系的基础上,才能明确土地市场供需调控的方向,及时采取合理的调控措施进行土地市场的供需调控,促进土地市场健康、平稳地发展。土地市场调查是指以土地为特定的商品对象,对相关的市场信息进行系统的收集、整理、记录和分析,进而对地产市场进行研究与预测。土地市场调查的内容包括土地市场环境调查、需求调查、供给调查、土地价格调查、地产营销渠道调查、地产市场竞争情况调查。在土地市场调查的基础上,通过分析土地市场的供求关系,揭示土地市场的供求规律,探求土地供求不平衡的原因并研究对策,可以指导地产的开发,满足经济、建设以及人民生活对地产的需要。进行土地市场调查分析后,确定土地市场调控的方向、调控的时间、调控的内容、调控的力度,采用计划和规划、财政政策、金融政策、实施土地储备制度等手段进行土地市场调控,促进土地市场健康、平稳地发展。

做好建设用地供应管理工作,对合理利用土地资源,加快城市建设起着积极促进作用。为有效实施土地利用总体规划和土地利用年度计划,科学安排国有建设用地供应,必须编制科学合理的国有建设用地供应计划。国有建设用地供应计划是指市、县人民政府在计划期内对国有建设用地供应的总量、结构、布局、时序和方式做出的科学安排。市、县国有建设用地供应计划由市、县国土资源行政主管部门组织编制。国有建设用地供应计划编制的程序为:发布编制国有建设用地供应计划通知、调查分析国有建设用地供应能力、预测国有建设用地需求量、拟定计划草案、计划征求意见和报批、计划公布和实施、计划调整。

土地收购储备制度是政府对土地供应实行总量调控的重要手段。土地收购储备是指市、县人民政府国土资源管理部门为实现调控土地市场、促进土地资源合理利用目标,依法取得土地,进行前期开发、储存以备供应土地的行为。土地收购储备主要包括土地收购、土地储备及土地供应。土地收购常见的几种方式是:货币补偿直接收购、土地置换收购、土地收益分成收购。对纳入储备体系的土地,经市、县人民政府国土资源管理部门批准,土地储备机构有权对储备土地进行前期开发、保护、管理、临时利用及为储备土地、实施前期开发进行融资等活动。储备土地完成前期开发整理后,纳入当地市、县土地供应计划,由市、县人民政府国土资源管理部门统一组织供地。

国有企业改革中,通过盘活企业存量土地资产,优化了土地资产配置,显化了土地资产价值,促进了企业改革。根据国家的有关政策和国有企业改革的不同形式以及具体情况，土地资产处置可分别采取国有土地使用权出让、国有土地租赁、土地使用权作价出资（入股）、授权经营方式、保留划拨土地使用权。

土地有形市场是指土地交易的场所。土地有形市场具备提供交易场所、办理交易事务、提供交易信息、代理土地交易等基本功能。

实施土地市场动态监测制度，可以准确把握土地市场运行走势，及时发布土地供应情况、地价走势等市场信息，为政府适时调整制定有关政策提供依据，有利于建立公开、公平、公正的土地市场环境，发挥市场配置土地资源的基础作用。土地市场动态监测与监管系统由录入系统、数据库系统和显示系统三个部分组成，具有数据采集、数据统计和市场分析、信息发布、宗地查询、监测分析、监管土地开发利用情况、土地政策执行情况监测及各类预警等功能。

教学要求

了解：土地市场调查的内容、方法，土地市场供需分析，国有企业改制的形式，土地资产处置的程序。企业改制中土地估价报告备案的程序，土地有形市场建立的必要性及运作规范，建立土地市场动态监测的意义，土地市场动态监测与监管系统的特点、目标、数据采集、发布、分析与保密。

熟悉：土地市场供需调控的意义、原则，国有建设用地供应计划的内容、编制依据与原则，土地收购储备体系及职能，土地收购储备运作模式和程序，企业改制中土地估价报告备案的要求、条件，土地市场动态监测的主要内容。

掌握：土地市场供需调控的主要内容、手段与措施，国有建设用地供应计划的含义、计划编制的范围、期限、组织实施及编制程序，土地收购储备的概念，土地收购的方式，土地收购储备的资金来源与利用，国有企业改制中土地资产处置方式及范围、处置的审批权限，企业改制中土地估价报告备案的范围，土地有形市场的功能和主要交易活动，土地市场动态监测与监管系统的结构和功能。

重点难点

1. 土地市场供需调控的内容、手段与措施
2. 国有建设用地供应计划编制
3. 土地收购储备的程序、收购的方式
4. 国有企业改制中土地资产处置方式及范围、处置的审批权限
5. 土地市场动态监测与监管系统的结构与功能

关键术语

土地市场调查　国有建设用地供应计划　土地收购储备　土地有形市场
土地市场动态监测与监管

土地资产管理

第一节 土地市场供需分析与调控

进行土地市场供需调控，首先应进行土地市场调查，对土地市场中供需关系进行分析和预测，在充分掌握土地市场供需关系的基础上，才能明确土地市场供需调控的方向，及时采取合理的调控措施进行土地市场的供需调控，促进土地市场健康、平稳地发展。

一、土地市场调查

土地市场调查是指以土地为特定的商品对象，对相关的市场信息进行系统的收集、整理、记录和分析，进而对地产市场进行研究与预测。

进行土地市场分析所需要的信息包括土地的地区市场、专业市场和项目市场的供需双方在过去、现在及未来预测的基本情况，这些情况包括土地市场的经济、人口、区位、投资、价格、面积、心理等一系列宏观和微观方面的信息，这些信息要通过土地市场调查来获取，是进行土地市场预测的基础。在获取这些信息资料的过程中，要注意两点：一是收集的信息要为下一步供需分析和市场预测服务，要具有较强的相关性；二是要通过对土地市场的长期跟踪使相关信息保持较好的连贯性，这样有助于更准确地了解土地市场发展的规律和趋势。

1. 土地市场调查的内容

（1）土地市场环境调查

土地市场环境调查主要包括经济环境、制度环境、人口状况、社会文化环境、国际环境等。具体的调查内容可以是国民收入、储蓄和投资状况、财政收支与金融状况、居民收入和消费水平、物价与利率水平等影响土地市场的因素。

（2）土地市场需求调查

土地市场需求调查主要包括土地需求总量调查、消费者收入调查、土地需求结构调查、地产市场需求影响因素调查、需求动机调查、消费者行为调查等。

（3）土地市场供给调查

土地市场供给调查主要包括地产市场中土地供给总量调查、土地供应结构调查、土地供应方式调查、年度土地供应计划调查、房地产市场土地供应调查等。

（4）土地价格调查

土地供应价格调查主要包括影响土地价格变化的因素调查、城市土地价格水平调查、地价变动后消费者和开发商的反应情况调查、开发商各种不同的价格策略和定价方法调查等。

（5）地产营销渠道调查

地产营销渠道调查主要包括地产营销渠道的选择、控制与调整情况调查；地产市场营销方式的采用情况、发展趋势及原因调查；地产中介的数量、资质、代理业务情况调查。

（6）地产市场竞争情况调查

地产市场竞争情况调查主要包括对竞争性地产开发企业实力、产品、价格、竞争手段和策略的调查和分析。

2. 土地市场调查的方法

按调查对象不同，可分为全面普查、典型调查、重点调查、抽样调查、个案调查等方法。

（1）全面普查

全面普查是指对调查对象总体所包含的全部个体都进行调查，通常可以获得非常全面的数据，能正确反映客观实际，效果明显，但耗时费力，一般只小范围采用，或借用国家权威机关的普查结果。

（2）典型调查

典型调查是指从调查对象的总体中选取一个或几个具有代表性的单位，进行全面、深入的调查。其目的是通过直接地、深入地调查研究个别典型，来认识同类事物的一般属性和规律。

（3）重点调查

重点调查是通过对重点样本的调查来大致地掌握总体的基本数量情况的调查方式。

（4）抽样调查

抽样调查是指从调查对象的总体中抽取一些个人或单位作为样本，通过对样本的调查研究来推论总体的状况。

（5）个案调查

个案调查有两种情形，一是专项调查，即调查的对象只有一个个体，调查的目的只是为了解这一个体的状况。二是从某一社会领域中选择一二个调查对象进行深入细致的研究，这种研究的主要目的就是认识所选调查对象的现状和历史，而不要求借此推论同类事物的有关属性。因此，个案调查如需选择具体的调查对象，则并不要求其代表性或典型性，但要求个案本身具有独特性。

按调查方式不同，可分为观察法、实验法、访问法和问卷法。

（1）观察法

观察法是社会调查和市场调查研究的最基本的方法。它是由调查人员根据调查研究的对象，利用眼睛、耳朵等感官以直接观察的方式对其进行考察并搜集资料。

（2）实验法

由调查人员根据调查的要求，用实验的方式，对调查的对象控制在特定的环境条件下，对其进行观察以获得相应的信息。

（3）访问法

可以分为结构式访问、无结构式访问和集体访问。

结构式访问是事先设计好的、有一定结构的访问问卷的访问。调查人员要按照事先设计好的调查表或访问提纲进行访问，要以相同的提问方式和记录方式进行访问。提问的语气和态度也要尽可能地保持一致。

无结构式访问是没有统一问卷，由调查人员与被访问者自由交谈的访问。它可以根据调查的内容，进行广泛地交流。如：对商品的价格进行交谈，了解被调查者对价格的看法。

集体访问是通过集体座谈的方式听取被访问者的想法，收集信息资料。可以分为专家集体访问和消费者集体访问。

(4) 问卷法

是通过设计调查问卷，让被调查者填写调查表的方式获得所调查对象的信息。在调查中将调查的资料设计成问卷后，让调查对象将自己的意见或答案，填入问卷中。在一般进行的实地调查中，以问答卷采用最为广泛。

二、土地市场的供需分析

任何商品的供给和需求关系都影响该商品价格的变化。地产作为一种商品，也要遵循供求规律。分析土地市场的供求关系，揭示土地市场的供求规律，探求土地供求不平衡的原因并研究对策，从而指导地产的开发，满足经济、建设以及人民生活对地产的需要。

1. 土地市场的供求关系

土地供给是指土地市场上提供的土地商品的数量。土地的供给按其性质可分为自然供给和经济供给两个方面。土地的自然供给，即土地自然固有的可供人类利用的部分，自然供给无弹性。其经济供给，即在土地的自然供给的基础上，投入劳动进行开发后，成为人类可直接用于生产、生活的土地的供给。土地的经济供给是有弹性的，但因受到开发成本和价格因素的影响以及自然供给的限制，也不能无限扩大，因此经济供给的弹性也较小。

土地需求是指土地市场上人们根据其所拥有的资金或获得资金的能力，需要并可落实的购买土地商品的数量。

土地供求关系是指土地经济供给与人们对某些土地用途需求之间的关系。人们可以通过改变土地用途来增加某种用途的土地供给。

土地的供求关系与一般商品的供求关系一样，在自由竞争情况下，供求关系决定土地的价格，土地价格影响土地的供求关系。土地市场的供求机制是决定地价的主要因素之一，供不应求，地价上涨，供过于求，地价下跌。

在地产市场上，供给与需求的数量和质量存在一系列的对比关系。例如，整个社会的供需总量的对比关系；不同性质、类型、用途的土地供求量的对比关系；某一地区土地供求量的对比关系等。因此，在进行土地市场供求分析时，要首先进行土地市场细分，并对影响供求的因素分别进行研究。

2. 土地市场细分

进行土地市场供求分析时，首先要进行土地市场细分，这样才能做到有的放矢，使分析更为精准。土地市场也属于消费品市场，但又不同于一般日常的消费品，它具有投资额大、使用期长的特点，因此作土地市场细分要有其独特性。所谓土地市场细分，是指根据消费者需要和欲望、购买行为和购买习惯的不同，把整个地产市场划分成若干个具有相似需求和欲望的地产消费者群的过程。其客观基础是消费者需求的异质性。进行市场细分的主要依据是异质市场中需求一致的顾客群，实质就是在异质市场中求同质。市场细分的目标是为了聚合，即在需求不同的市场中把需求相同的消费者聚合到一起。

常见的地产市场分类如下。

（1）按开发经营类型分：土地一级市场、土地二级市场、土地三级市场。

（2）按用途划分，地产市场可分为以下几种。

第四章 土地市场供需调控

① 居住类地产市场：包括普通住宅、中档住宅、高档住宅、别墅等。
② 商业类地产市场：包括各种商店、超级市场、购物中心、商业店铺、写字楼等。
③ 旅游类地产市场：包括各类公园、风景名胜、历史古迹、宾馆、饭店、酒店餐厅、招待所等。
④ 休闲类地产市场：包括体育、娱乐休闲等。
⑤ 金融类地产市场：包括银行、证券公司、保险公司等。
⑥ 工业用地地产市场：包括工厂、仓库等。
⑦ 公共事业类地产市场：包括医院、学校、公园、政府办公楼等。
⑧ 其他特殊用地地产市场：包括墓地、教堂等。

3. 土地市场供求的影响因素分析

（1）土地供给的影响因素

影响土地经济供给的基本因素有自然供给量、人类利用土地的方式和技能、交通条件、土地利用的集约度、社会经济发展需求变化、土地制度、工业与科学技术的发展等。

（2）土地需求的影响因素

影响土地需求的主要因素有城镇发展、经济发展、人口数量和密度、人口年龄结构和家庭结构、就业机会和收入水平、经济政策和其他因素等。

4. 土地市场供求数量分析

在进行土地市场细分和分析影响土地供求的因素后，应进行土地市场供求数量的分析。首先要分析土地供给量，包括潜在供给量和现实供给量两部分。土地需求量的分析也分为潜在需求和有效需求两部分。不同类型的土地供求数量的分析方法不尽相同，要根据市场的特性来研究适合的分析方法。

三、土地市场的供需调控

（一）土地市场供需调控的意义

进行土地市场供需调控具有下列意义。

（1）有利于土地利用结构的调整和优化，有利于加强国家对土地市场的控制，维护土地市场的稳定。

（2）防止国有土地资产的流失，充分发挥土地的资产价值。

（3）防止土地投机，打击违法行为。

（4）有利于稳定土地市场价格和房价。

（5）有利于土地资源优化配置，合理分配土地收益，控制投资过热，重复建设，促进经济平稳发展。

（二）土地市场供需调控的原则

土地市场供需调控应遵循下列原则。

（1）综合效益和整合性利益原则。

（2）平等对待，兼顾各方利益原则。

（3）控制与弹性管理原则。

(4) 依法管理、调控的原则。

(5) 一级市场管住，二、三级市场搞活，促进经济发展原则。

(6) 有利于促进土地内涵挖潜、集约利用原则。

（三）土地市场供需调控的主要内容

1. 土地市场供需调控的方向

供需调控的方向包括两方面的内容：一是选择调控目标；二是确定调控措施的作用方向。选择调控目标的确定依据是一定时期内土地市场发展目标。确定调控措施的作用方向则需要在明确调控目标的基础上，对当前土地市场的运行状态和变化趋势进行分析。作用方向大致可分为两类：一类是刺激土地市场发展的措施，其作用方向是向上，如减免税收、降低贷款利率等；另一类是抑制土地市场发展的措施，其作用方向是向下，控制贷款规模、限制土地供给量等。一般来说，在土地市场景气循环的萧条阶段和复苏阶段，应采用作用方向向上的调控措施；在土地市场出现"过热"预兆时，应采用作用方向向下的调控措施。

2. 土地市场供需调控的时间

确定供需调控时间，也就是要确定何时开始调控，调控时间应持续多长。在确定土地市场供需调控的时间问题上，必须考虑以下三个方面：一要考虑供需调控措施的决策时间；二要考虑供需调控效应的滞后时间；三要考虑调控效应的惯性。城市土地市场的供需调控必须与完善的土地市场监测预警系统相结合。

3. 土地市场供需调控的力度

供需调控力度大小与作为调控手段的变量的变化大小相关。在决定土地市场供需调控的力度时，要考虑如下因素：土地经济波动的幅度；调控手段从使用到产生效应的滞后时间；调控效应惯性大小；调控环境。

（四）土地市场供需调控的手段和措施

1. 土地市场供需调控的手段

（1）计划和规划手段

土地利用计划，特别是年度计划、国有建设用地供应计划是把握土地入市环节，调控土地市场的有效手段。土地利用规划是政府控制土地供给量，协调供求关系，调节和稳定土地价格的重要手段，对土地市场具有宏观调控作用。

（2）财政政策手段

财政政策在调节土地市场发展速度和供求关系上发挥着重要的作用。主要有：地租政策、税收政策和财政投资政策。税收政策作为财政收入政策对土地市场的供需调控作用体现在两个方面：通过对土地市场运行过程中不同环节进行征税实现对土地市场的调控；通过减免税实现对土地市场的调控。财政投资政策对土地市场的调控作用主要体现在财政投资的导向作用上，利用财政投资引导社会投资，以调整产业结构和调节地区差异。

（3）金融政策手段

国家金融政策是政府对土地市场供需进行调控的重要手段。金融政策对土地市场的调控可分为直接调控和间接调控。直接调控是指政府通过制定土地金融政策依靠中央银行直

第四章 土地市场供需调控

接干预土地信用业务的质和量。间接调控是指国家通过利率和贷款成数等金融杠杆来调节货币供应量和需求量,进而调控土地市场供需。

(4) 实行土地储备制度

《土地储备管理办法》(国土资发〔2007〕277号)指出,土地储备是指市、县人民政府国土资源管理部门为实现调控土地市场、促进土地资源合理利用目标,依法取得土地,进行前期开发、储存以备供应土地的行为。土地储备工作的具体实施,由土地储备机构承担。土地储备机构应为市、县人民政府批准成立、具有独立的法人资格、隶属于国土资源管理部门、统一承担本行政辖区内土地储备工作的事业单位。

通过建立土地储备制度,政府掌握了城市土地的"统一收购权"和"垄断供应权",土地储备机构成了代表政府在土地一级市场上供应土地的唯一渠道和机构,实现了政府在土地一级市场上垄断土地供应的目标。

2. 土地市场供需调控的具体措施

(1) 根据经济发展要求,科学编制规划和计划,合理确定土地供应总量及结构。
(2) 依据土地利用总体规划和城市规划,合理确定土地供应空间布局。
(3) 根据土地区位、质量和经济发展水平,合理确定土地价格水平。
(4) 加强土地收益管理,运用财政、金融手段,合理确定土地税费标准,完善土地税费体制。
(5) 规范土地出让市场行为,提高竞争性土地出让的比例,采用招标、拍卖、挂牌出让方式。
(6) 加强土地市场中介服务体系管理,规范土地市场秩序。
(7) 加强土地收购储备管理,为土地市场调控提供基础。
(8) 加强土地市场信息收集、采集、分析和发布管理,为土地市场供需调控提供及时准确的信息。
(9) 加强土地产权产籍管理,强化土地登记制度。
(10) 强化执法,实现对土地市场运行的有效指导、规范、监督和控制。

第二节 国有建设用地供应计划管理

城市建设离不开土地,加强国土资源管理工作,特别是做好建设用地供应管理工作,对合理利用土地资源,加快城市建设起着积极促进作用。国有建设用地供应计划管理是土地市场供需调控的宏观管理的重要内容。为了有效实施土地利用总体规划和土地利用年度计划,科学安排国有建设用地供应,必须编制科学合理的国有建设用地供应计划。

一、国有建设用地供应计划的含义

国有建设用地供应计划是指市、县人民政府在计划期内对国有建设用地供应的总量、结构、布局、时序和方式做出的科学安排。

国有建设用地供应总量是指计划期内各类国有建设用地供应的总规模。

国有建设用地供应结构是指计划期内商服用地、工矿仓储用地、住宅用地、公共管理与公共服务用地、特殊用地、水域及水利设施用地、交通运输用地等各类国有建设用地的供应规模和比例关系。

国有建设用地供应布局是指计划期内国有建设用地供应在空间上的分布。

国有建设用地供应时序是指计划期内国有建设用地供应在不同时段的安排。

国有建设用地供应方式包括划拨、出让、租赁、作价出资或入股等方式。

二、国有建设用地供应计划的内容

国有建设用地供应计划的编制内容主要包括以下几点：
(1) 明确国有建设用地供应指导思想和原则；
(2) 提出国有建设用地供应政策导向；
(3) 确定国有建设用地供应总量、结构、布局、时序和方式；
(4) 落实计划供应的宗地；
(5) 实施计划的保障措施。

三、编制依据与原则

（一）编制依据

国有建设用地供应计划的编制依据主要包括以下几点：
(1) 国民经济与社会发展规划；
(2) 土地利用总体规划；
(3) 土地利用年度计划；
(4) 住房建设规划与计划；
(5) 年度土地储备计划；
(6) 军用空余土地转让计划；
(7) 建设用地使用标准。

（二）编制原则

国有建设用地供应计划的编制遵循以下原则：
(1) 城乡统筹原则；
(2) 节约集约用地原则；
(3) 供需平衡原则；
(4) 有保有压原则。

四、计划编制范围、期限、组织实施

（一）计划范围

市、县行政辖区内计划期供应的全部国有建设用地纳入计划。

（二）计划期限

国有建设用地供应计划的计划期为一年。计划年度为每年1月1日至12月31日。

有条件的市、县，可增加编制一年内分季度的阶段性计划。

第四章 土地市场供需调控

有条件的市、县，可在编制年度供应计划及年度内阶段性计划的同时，增加编制三年左右的滚动计划。

（三）计划编制的组织实施

1. 编制主体

市、县国有建设用地供应计划由市、县国土资源行政主管部门组织编制。

2. 组织方式

市、县国土资源行政主管部门组织编制国有建设用地供应计划，可以根据实际情况选择以下方式：

（1）由市、县国土资源行政主管部门自行编制；

（2）由市、县国土资源行政主管部门指定或授权下属事业单位编制；

（3）由市、县国土资源行政主管部门委托专业机构编制。

市、县人民政府可根据实际情况，设立由国土资源行政主管部门和相关部门组成的国有建设用地供应计划编制协调决策机构，负责解决计划分配等计划编制中的重大问题，集体决定有关事项。

五、计划编制程序

1. 发布编制国有建设用地供应计划通知

市、县国土资源行政主管部门应当提请同级人民政府于每年的 10 月 31 日前，向下级人民政府、本级人民政府相关部门、开发区管委会、国家和省重点建设项目实施单位、军队单位等相关部门发布编制下年度国有建设用地供应计划的通知。

发布编制国有建设用地供应计划通知的内容包括以下几点。

（1）计划编制的工作思路

包括计划编制的指导思想；计划编制的工作重点；计划编制的阶段安排；计划编制的任务分工。

（2）对发布对象的要求

① 提供计划期本辖区国有建设用地供应计划建议，包括：国有建设用地供给能力和需求分析；国有建设用地供应的总量、结构、布局、时序、方式、宗地等。

② 提供计划期本行业、本领域国有建设用地需求，包括：国有建设用地需求分析；国有建设用地需求的规模、结构、布局、时序等；存量建设用地开发的基本信息等。

③ 提供计划期对供应计划安排的建议，包括：计划期的政策导向、重点发展区域、重点建设项目等。

以上材料，应当于 11 月 30 日之前提交市、县国土资源行政主管部门。

2. 调查分析国有建设用地供应能力

（1）调查分析国有建设用地供应潜力

市、县国土资源行政主管部门应当会同相关部门，对土地利用现状和土地利用总体规划、城市规划进行对比分析，依据规划实施状况，初步确定国有建设用地供应潜力。

市、县国土资源行政主管部门通过对依法办理农用地或未利用地转用和征收的建设用地、政府收购储备的土地、政府收回的土地、围填海（湖）造地形成的建设用地、待转让的军队空余土地、增减挂钩的建设用地和年度土地利用计划中当年拟供应土地等来源，进行潜力分析。

（2）确定计划期内可实施供应的国有建设用地

市、县国土资源行政主管部门在分析国有建设用地供应潜力工作基础上，依据土地前期开发程度、土地权属状况、土地利用计划及转用征收审批手续办理情况、宗地规划手续办理情况、军用空余土地转让许可手续办理情况等，综合确定计划期内可实施供应的国有建设用地。

有条件的市、县，可将计划期内可实施供应的国有建设用地细化到宗地，建立计划供应宗地数据库，数据库包括计划供应宗地的面积、用途、规划建设条件、土地使用标准、空间矢量等信息。

3. 预测国有建设用地需求量

国有建设用地需求预测主要包括国有建设用地需求总量和商服用地、工矿仓储用地、住宅用地（含廉租房用地、经济适用房用地、商品房用地等）、公共管理与公共服务用地、交通运输用地、水域及水利设施用地、特殊用地等各类国有建设用地需求量预测。

市、县国土资源行政主管部门在组织开展本辖区经济社会发展情况、土地利用、地产市场状况等调查分析的基础上，科学预测国有建设用地需求总量和结构，结合对本辖区、相关单位申报的国有建设用地需求审核情况，综合确定国有建设用地需求量。

（1）开展相关调查和分析

市、县国土资源行政主管部门应会同相关部门，对本地区人口状况、城市化水平、经济发展水平、人均住房面积、房地产市场走势、产业结构、主导产业和优势产业、经济社会发展战略等进行调查，对计划期内宏观经济走势和政策取向进行分析。

市、县国土资源行政主管部门对近年来已供应国有建设用地的总量、用途、方式、分布、时序、价格及开发利用情况等开展土地利用和地产市场状况调查，掌握地产市场发展状况和运行规律。

有条件的市、县，可对近年来供应的保障性住房用地，工业、商业、旅游、娱乐和商品住宅等各类经营性用地的面积及构成比例、年度（季度）变化情况、开发利用情况等开展详细调查。

（2）运用科学方法预测国有建设用地需求量

国有建设用地需求量预测方法主要有趋势预测法、线性回归法、指数平滑法、用地定额指标法。

市、县国土资源行政主管部门在对经济社会发展状况和走势进行调查分析、土地利用和地产市场状况调查的基础上，根据不同的土地类型和当地的实际情况，选用两种以上方法，预测国有建设用地需求量。

（3）用地需求审核

对于用地部门申报的用地需求材料，市、县国土资源行政主管部门会同相关部门明确审核标准，组织对申报的国有建设用地需求进行审核，确定通过审核的国有建设用地需求量。

第四章 土地市场供需调控

(4) 测算国有建设用地需求量

市、县国土资源行政主管部门依据预测的建设用地需求量和审核各部门提出的用地需求量得出的国有建设用地需求量，经综合平衡分析，测算计划期国有建设用地需求量。

市、县国土资源行政主管部门测算计划期国有建设用地需求量时，应当确定优先保障的重点项目、重要产业国有建设用地需求量。

4．拟定国有建设用地供应计划草案

(1) 确定供应计划指标

市、县国土资源行政主管部门依据计划期内可实施供应的国有建设用地量和测算出的计划期国有建设用地需求量，统筹确定国有建设用地供应计划指标。

(2) 分解供应计划指标

市、县国土资源行政主管部门可按行政辖区、城市功能区、住房和各业发展用地需求、土地用途和供应方式，对国有建设用地供应计划指标进行分解。

(3) 拟定供应计划草案

市、县国土资源行政主管部门完成供应计划指标确定、分解等相关工作后，拟定国有建设用地供应计划草案。计划草案包括计划文本、编制说明、图件及附件。

国有建设用地供应计划文本内容主要包括计划的目的、意义；指导思想、原则；编制依据、适用范围；计划指标；政策导向；保障措施；国有建设用地供应计划表；国有建设用地供应计划图。

计划编制说明内容主要包括编制计划的背景；编制计划的过程；编制计划的技术路线；确定计划指标的过程和依据。

国有建设用地供应计划应形成相关图件成果，计划图件应明确名称、比例尺、具体上图要素及制图标准等。

5．国有建设用地供应计划征求意见和报批

市、县国土资源行政主管部门应当将形成的国有建设用地供应计划草案征询各相关单位意见，修改完善后，报同级人民政府批准。

县人民政府批准国有建设用地供应计划前，应当征得上一级国土资源行政主管部门同意。

国有建设用地供应计划应报省（区、市）国土资源行政主管部门备案。

6．国有建设用地供应计划公布和实施

市、县人民政府应在每年3月31日前，公布年度国有建设用地供应计划。

年度国有建设用地供应计划应当在国土资源部门户网站（中国土地市场网）和相关媒体公开。

市、县国土资源行政主管部门应依据批准的国有建设用地供应计划，编制国有建设用地供应方案，实施国有建设用地供应。

7．国有建设用地供应计划调整

土地利用年度计划实施、土地市场调控政策变化等确需调整国有建设用地供应计划的，由国有建设用地供应计划编制协调决策机构集体研究确定后，报原批准机关同意，并重新公布。

土地资产管理

第三节 土地收购储备制度

土地收购储备制度是政府对土地供应实行总量调控的重要手段。近年来,全国各地城市都在进行土地收购储备,对于国家垄断一级市场、显化土地资产、合理利用土地资源、落实城市规划、规范土地市场及将应属于国家所有的土地所有权收益收归国有等方面起到了极大的促进作用。

一、土地收购储备的概念

土地收购储备是指市、县人民政府国土资源管理部门为实现调控土地市场、促进土地资源合理利用目标,依法取得土地,进行前期开发、储存以备供应土地的行为。即由政府依照法律规定,运用市场机制,按照土地利用总体规划和城市总体规划,通过收回、收购、置换和征收等方式取得土地,直接或进行前期开发后储备,并以公开招标、拍卖等方式按需供应土地,调控各类建设用地需求的制度。

二、土地收购储备体系及职能

土地收购储备工作在市县政府领导下,由市县国土资源行政主管部门主管。

土地收购工作由市、县政府赋予土地收购职能的机构(简称土地收购机构)负责。土地储备工作应由为市、县人民政府批准成立、具有独立的法人资格、隶属于国土资源管理部门、统一承担本行政辖区内土地储备工作的事业单位完成。

市、县人民政府国土资源管理、发展改革、建设、规划、财政、房管等部门按照各自职责,做好土地收购储备的相关工作,按照职责分工,各负其责,互相配合,保证土地储备工作顺利开展。

建立信息共享制度。县级以上人民政府国土资源管理、财政及人民银行相关分支行要将土地储备与供应数量、储备资金收支、贷款数量等信息按季逐级汇总上报主管部门,并在同级部门间进行信息交换。

三、土地收购储备运作模式和程序

土地收购储备阶段主要包括土地收购、土地储备及土地供应三个阶段。具体程序如下。

1. 制订土地收购储备计划

各地应根据调控土地市场的需要,合理确定储备土地规模,储备土地必须符合规划、计划,优先储备闲置、空闲和低效利用的国有存量建设用地。

市、县人民政府国土资源管理、财政及当地人民银行相关分支行等部门应根据当地经济和社会发展计划、土地利用总体规划、城市总体规划、土地利用年度计划和土地市场供需状况等共同编制年度土地收购储备计划,报同级人民政府批准,并报上级国土资源管理部门备案。市、县人民政府国土资源管理部门实施土地收购储备计划,应编制项目实施方案,经同级人民政府批准后,作为办理相关审批手续的依据。年度土地收购储备计划应包括：① 年度储备土地规模；② 年度储备土地前期开发规模；③ 年度储备土地供应规模；④ 年度储备土地临时利用计划；⑤ 计划年度末储备土地规模。

2. 土地收购

下列土地由土地收购机构统一收购：

（1）公益事业和城市基础设施建设需要使用的土地；
（2）实施城市规划或旧城区改造需要调整使用的土地；
（3）土地使用权人无力继续开发且又不具备转让条件的土地；
（4）土地使用权人申请收购的土地；
（5）其他应当收购的土地。

土地收购按照下列程序进行：

（1）接受土地收购任务；
（2）向城市规划部门征询规划性质、编制规划策划方案、申请规划条件（包括用地范围、用地性质、建筑密度、容积率、绿地率等规划指标）；
（3）通知被收购土地使用权人领取并填报《收购土地使用权及地上建（构）筑物权利情况申报表》，受理收购申请；
（4）对拟收购的土地及其地上建（构）筑物的权属、权利等有关情况进行调查和审核，并委托具有土地和房屋评估资质的评估机构进行房地产价格评估；
（5）与被收购土地使用权人签订土地使用权收购合同；
（6）经批准后办理原土地使用权和建（构）筑物产权注销登记或变更登记手续。

被收购土地使用权人应当提供下列资料：

（1）《土地使用权及地上建（构）筑物权利情况申报表》；
（2）法定代表人资格证明书、授权委托书；
（3）土地使用证或土地权属来源证明；
（4）建（构）筑物权属、权利的合法凭证；
（5）土地平面图；
（6）土地及地上建（构）筑物使用情况说明；
（7）其他需要提交的资料。

土地收购合同包括以下主要内容：

（1）被收购土地使用权人名称、地址、法定代表人、土地位置、四至范围、等级、面积、用途及地上建（构）筑物状况及房地产权属情况；
（2）土地收购补偿方式和实施办法；
（3）交付土地的期限和方式；
（4）双方约定的权利义务；
（5）违约责任；
（6）纠纷的处理；
（7）其他有关事宜。

土地收购常见的几种方式是：货币补偿直接收购、土地置换收购、土地收益分成收购。

货币补偿直接收购是最常见的方式，用的也较多，但它占用资金量大、周期较长。

土地置换收购是利用土地储备库中的土地换取地段较好、原利用价值又不高的土地。这种方式无须动用储备资金，开发周期也较短。但储备库中必须有地或者有合适的地块进行置换。

土地收益分成收购是与被收购土地的原土地使用权人签订土地使用权收购协议，按储备后土地使用权出让收益的不同比例进行分成的一种收购方式。

3. 土地储备

下列土地可以纳入土地储备范围：

（1）依法收回的土地；

（2）收购的土地；

（3）已办理农用地转用、土地征收批准手续的土地；

（4）其他依法取得的土地。

对纳入储备体系的土地，经市、县人民政府国土资源管理部门批准，土地储备机构有权对储备土地进行前期开发、保护、管理、临时利用及为储备土地、实施前期开发进行融资等活动。

土地储备机构应对储备土地特别是依法征收后纳入储备的土地进行必要的前期开发，使之具备供应条件。

前期开发涉及道路、供水、供电、供气、排水、通信、照明、绿化、土地平整等基础设施建设的，要按照有关规定，通过公开招标方式选择工程实施单位。

在储备土地未供应前，土地储备机构可将储备土地或连同地上建（构）筑物，通过出租、临时使用等方式加以利用。设立抵押权的储备土地临时利用，应征得抵押权人同意。储备土地的临时利用，一般不超过两年，且不能影响土地供应。

4. 土地供应

储备土地完成前期开发整理后，纳入当地市、县土地供应计划，由市、县人民政府国土资源管理部门统一组织供地。

依法办理农用地转用、土地征收后的土地，纳入储备满两年未供应的，在下达下一年度农用地转用计划时扣减相应指标。

四、土地收购储备的资金来源与利用

土地收购储备资金主要来源为：① 已供应储备土地产生的土地出让收入；② 国有土地收益基金；③ 银行及其他金融机构贷款；④ 其他资金来源。

土地收购储备资金用于支付征收土地费用、土地使用权收购补偿费用、土地储备前期开发整理费用、贷款利息以及经财政部门批准的与土地收购储备有关的其他费用。

第四节　国有企业改制中土地资产的处置

国有企业改制的核心是建立起与市场经济体制相适应的现代企业制度，实现国有资产的流动和重组。土地资产在国有企业资产中占有举足轻重的地位，在资产总量中占有较大

第四章 土地市场供需调控

的比重，因此，要充分认识合理处置土地资产对促进国有企业改革的重大意义。国有企业改革中，盘活企业存量土地资产是搞活国有企业的内在动力，通过盘活企业存量土地资产，优化了土地资产配置，显化了土地资产价值，促进了企业改革。国有企业改制要从有利于搞活整个国有经济，促进国有经济布局战略调整和国有企业的战略性改组，推动企业科技进步出发，盘活和显化企业土地资产，遵循"明晰产权、显化资产、区分类型、合理处置、规范管理、促进发展"的原则，进一步加大土地资产管理力度，积极参与和支持国有企业改革工作。

一、国有企业改制

国有企业是我国国民经济的支柱。发展社会主义社会的生产力，实现国家的工业化和现代化，始终要依靠和发挥国有企业的重要作用。在经济全球化和科技进步不断加快的形势下，国有企业面临着日趋激烈的市场竞争。必须敏锐地把握国内外经济发展趋势，切实转变经济增长方式，拓展发展空间，尽快形成国有企业的新优势。

国有企业改革是整个经济体制改革的中心环节。建立和完善社会主义市场经济体制，实现公有制与市场经济的有效结合，最重要的是使国有企业形成适应市场经济要求的管理体制和经营机制。必须继续解放思想，实事求是，以有利于发展社会主义社会的生产力、有利于增强社会主义国家的综合国力、有利于提高人民的生活水平为根本标准，大胆利用一切反映现代社会化生产规律的经营方式和组织形式，努力探索能够极大促进生产力发展的公有制多种实现形式，在深化国有企业的改革上迈出新步伐。

企业改革的形式主要有国有企业实行公司制改造、组建企业集团、股份合作制改组、租赁经营和出售、兼并、合并、破产等形式。

二、国有企业改制中土地资产的处置方式及范围

国有企业改制中土地资产处置是指在国有企业改制中，对企业原使用的划拨土地使用权按照一定方式和原则进行处置。根据国家的有关政策和国有企业改革的不同形式以及具体情况，土地资产处置可分别采取国有土地使用权出让、国有土地租赁、土地使用权作价出资（入股）、授权经营方式、保留划拨土地使用权。

1. 国有土地使用权出让

国有土地使用权出让是指国家以土地所有者的身份，将土地使用权在一定年限内让与土地使用者，并由土地使用者向国家支付土地出让金的行为。

现有使用划拨土地使用权的企业通过补办出让手续，补交出让金取得出让土地使用权。土地在出让期限内成为企业法人财产，企业可以自主经营土地，有权依法进行转让、出租和抵押等。以出让方式处置土地使用权，可以十分清晰地确定国家和企业的土地财产关系，不仅保证国家的财政收入，而且对企业转变为现代企业起积极促进作用。破产企业土地资产属国务院确定的企业优化资本，破产企业转让土地使用权的，土地使用权转让金应首先安置破产企业职工，破产企业将土地使用权进行抵押的，抵押权实现时土地使用权折价或者拍卖，变卖后所得也应首先用于安置破产企业职工。

目前国家对于土地使用权出让最高年限的规定为：工业用地50年，居住用地70年，

商业、旅游、娱乐用地 40 年，教育、科技、文化、卫生、体育用地 50 年，综合或其他用地 50 年。

采用这种方式的主要优点：对国家来说，国家可以一次性收取出让金，实现土地价值；对于企业来说，国有土地成为一定年限的企业资产，有利于企业的经营运作。企业可以自主经营使用土地，获得的土地使用权可以转让、出租、抵押。

存在的主要问题：企业必须一次性交纳相当大数量的出让金，许多国有企业困难较大。

2. 国有土地租赁

国有土地租赁是指土地使用者与县级以上人民政府土地管理部门签订一定年限的土地租赁合同，并支付租金的行为。即国家以租赁方式向改革的企业提供一定年限的土地使用权，双方签订土地租赁合同，企业每年向国家交纳年租金。租金标准须以评估的土地资产价格为依据。土地租赁合同经出租方同意后可以转让，改变原合同规定的使用条件，应当重新签订土地租赁合同，签订土地租赁合同和转让土地租赁合同应当办理登记和变更登记手续。租赁土地上的房屋等建筑物、构筑物可以依法抵押，抵押权实现时，土地租赁合同同时转让。

这种方式的主要优点：一是采取租赁方式处置，对企业来说，可以避免出让处置所要求的企业一次性交纳大额土地出让金情况；二是对国家来说，能保证国家土地所有权在经济上的实现。以租金的形式每年收取较固定的土地收益；避免了可能出现的因企业经营不善造成土地资产大量流失的现象。而且还能充分考虑土地市场现状和价格变动因素，也能兼顾物价上涨因素。

存在的主要问题：租赁的土地不能作为改革企业的资产，在限定条件下可以转租、转让、抵押。

上述两种方式均适用于国有企业改革为下列情形的土地资产的处置：

① 改造或改组为有限责任公司、股份有限公司以及组建企业集团的；
② 改组为股份合作制的；
③ 国有企业租赁经营的；
④ 非国有企业兼并国有企业的。

但国有企业破产、出售、转让产权的，应当采取出让方式处置。

3. 国家以土地使用权作价出资（入股）

土地使用权作价出资（入股）是指国家以一定年期的国有土地使用权作价，作为出资投入改组后的新设企业，该土地使用权由新设企业持有，可以依照土地管理法律、法规的规定转让、出租、抵押。土地使用权作价出资（入股）形成的国家股股权，按照国有资产投资主体由有批准权的人民政府土地行政管理部门委托有资格的国有股权持股单位统一持有。国家资本金或股本按应收取的土地出让金的金额进行计提。

根据国家产业政策，须由国家控股的关系国计民生、国民经济命脉的关键领域和基础性行业企业或大型骨干企业，改造或改组为有限责任公司、股份有限公司及组建企业集团的，涉及的划拨土地使用权经省级以上人民政府土地行政主管部门批准，可以采取国家以土地使用权作价出资（入股）方式处置。

采用这种方式的主要优点：企业不必一次性交纳数量较大的出让金，土地使用权在使用年期内可依法转让、作价出资、租赁或抵押，但改变用途的需补交不同用途的土地出让金。

但这种方式仅限于已经国家批准的实行授权经营或国家控股公司试点的企业。

4. 授权经营方式

国家根据需要，可以一定年限的国有土地使用权作价后授权给经国务院批准设定的国家控股公司、作为国家授权投资机构的国有独资公司和集团公司经营管理。国有土地使用权授权经营，由国家土地行政主管部门审批，并发给国有土地使用权经营管理授权书。被授权的国家控股公司，作为国家授权投资机构的国有独资公司和集团公司凭授权书，可以向其直属企业、控股企业、参股企业以作价出资（入股）或租赁等方式配置土地，企业应持土地使用权经营管理授权书和有关文件，按规定办理变更土地登记手续。

被授权经营土地使用权的国家控股公司、国有独资公司、集团公司必须接受授权部门的监督管理。被授权的企业必须对土地资产保值增值情况提供年度报告，对企业土地股权的年度变化情况以及土地资产处置的文件及时交授权部门备案；授权部门每年要对企业经营土地资产的情况和执行土地管理法律、法规的情况进行监督检查，企业违反土地管理法律、法规的以及超越授权经营的权限和范围使用土地或处置土地资产的，授权部门有权依法予以查处，并追究当事人的法律责任。

国有土地使用权需要作价授权给省直属企业经营的，经国家土地行政主管部门批准，由省级人民政府土地行政主管部门根据有关规定办理。

采用这种方式的主要优点：土地使用权在使用年期内可依法作价出资（入股）、租赁，或在集团公司直属企业、控股企业、参股企业之间转让，但改变用途或向集团公司以外的单位或个人转让时，须补交土地出让金。

存在的主要问题：这种方式仅限于已经国家或兵团批准的实行授权经营或国家控股公司试点的企业。

5. 保留划拨土地使用权

根据国家的有关政策规定，国有企业改革后的土地用途符合国家《划拨供地项目目录》的，可继续以划拨方式使用土地。

企业改制改革涉及的土地使用权，有下列情形之一的，经批准可以采取保留划拨方式处置：

① 继续作为城市基础设施用地、公益事业用地和国家重点扶持的能源、交通、水利等项目用地，原土地用途不发生改变的，但改造或改组为公司制企业的除外；

② 国有企业兼并国有企业或非国有企业以及国有企业合并，兼并或合并后的企业是国有工业生产企业的；

③ 在国有企业兼并、合并中，被兼并的国有企业或国有企业合并中的一方属于濒临破产的企业；

④ 国有企业改造或改组为国有独资公司的。

以上第②、③、④项保留划拨用地方式的期限不超过5年。

三、土地资产处置的审批权限、程序

1. 审批权限划分

（1）国土资源部审批

经国务院批准改制且符合以国家作价出资（入股）或授权经营方式配置土地条件的企业，其土地资产处置方案报部审批。经国务院批准改制具体包括以下两类：

① 国务院直接批准、国务院会议纪要确定或国务院领导批准改制组建股份有限公司、有限责任公司的；

② 国务院直接批准、国务院会议纪要确定或国务院领导批准改制组建境外上市企业的。

（2）省级土地行政管理部门审批

国务院有关部门、企业集团或地方人民政府批准改制且符合国家作价出资（入股）或授权经营方式配置土地的企业，其土地资产处置方案报土地所在地的省级土地行政主管部门审批。

（3）市县土地行政管理部门直接办理

无论哪类企业，若改制涉及的土地已经实行有偿使用或需要转为出让或承租土地的，直接到土地所在地市、县土地行政主管部门申请办理变更登记或有偿用地手续。

为方便与有关部门衔接，同一企业涉及在两个以上省（自治区、直辖市）审批土地资产处置的，企业根据需要，可持有关省（区、市）的处置批准文件到部转办统一的公函。

如果同一企业改制涉及的划拨土地，部分采用出让或租赁方式处置、部分采用国家作价出资（入股）或授权经营方式处置、部分土地采用保留划拨方式处置等多种处置方式并存的，土地资产处置总体方案一并拟订，按照国家作价出资（入股）或授权经营方式处置的审批权限报有批准权的土地行政主管部门一并核准，具体处置方案则按各种处置方式的审批权限分别在市县或省级以上土地行政主管部门办理。

2. 采用国家作价出资（入股）或授权经营方式处置的审批程序

（1）改制企业根据省级以上人民政府关于授权经营或国家控股公司试点的批准文件，拟订土地资产处置总体方案，向省或国务院土地行政主管部门申请核准；

（2）土地资产处置总体方案经核准后，企业应自主委托具备相应土地评估资质的机构进行评估，并依据土地状况和估价结果，拟订土地资产处置的具体方案；

（3）企业向市、县土地行政主管部门申请初审，市、县土地行政主管部门对土地产权状况、地价水平进行初步审查并出具意见，并附土地估价结果初审表；

（4）企业持改制方案、土地估价报告、土地资产处置具体方案和初审意见，到有批准权的土地行政主管部门办理土地估价报告备案和土地资产处置审批；

（5）企业持处置批准文件在财政部门办理国有资本金转增手续后，到土地所在的市、县土地行政主管部门办理土地变更登记。

3. 总体方案核准办理要求

（1）所需报件

① 土地资产处置总体方案核准申请文件；

② 改制批准文件；
③ 批准实行授权经营或国家控股公司试点企业的文件；
④ 改制企业土地资产处置总体方案（涉及土地的基本类型、宗地、面积概略数及相应的处置方式等）；
⑤ 企业改制方案。
（2）审查内容
① 报文资格；
② 采取授权经营或国家作价出资（入股）方式配置土地的资格；
③ 企业改制所涉及土地基本类型及各类土地对应的处置方式。

4．具体处置方案审批要求
（1）所需报件
① 土地估价报告备案和土地资产处置审批的申请文件（含土地估价报告备案表）；
② 土地资产处置具体方案；
③ 土地估价报告和土地估价技术报告；
④ 土地资产处置总体方案核准文件；
⑤ 市、县土地行政主管部门对土地权属和地价水平的初审意见（含土地估价结果初审表）。
（2）审查内容
① 土地处置方式；
② 土地权属状况；
③ 地价水平等。

四、企业改制中土地估价报告备案

（一）备案范围
土地估价报告备案的范围是指：(1) 企业改制涉及的土地估价报告；(2) 土地评估机构完成的土地估价项目业绩清单。

（二）备案要求

1．土地估价报告备案要求
企业改制涉及的土地估价报告按以下要求报土地行政主管部门备案。
（1）企业改制涉及的土地已经实行有偿使用或需要转为出让或承租土地的，改制企业在土地所在地市、县土地行政主管部门申请办理变更登记或有偿用地手续时，所涉及宗地的土地估价报告同时交付备案。
（2）企业改制涉及的土地采用国家作价出资（入股）、授权经营方式处置的，改制企业在省级以上土地行政主管部门申请办理土地资产处置时，土地估价报告同时在省级以上土地行政主管部门备案；同一企业涉及在两个以上省（自治区、直辖市）审批土地资产处置的，所涉及宗地的土地估价报告与土地资产处置审批分别到宗地所在省（区、市）备案。

2. 土地估价项目业绩清单备案要求

土地估价项目业绩清单按以下要求报土地行政主管部门备案。

(1) 在国土资源部备案的土地评估机构,其土地估价报告项目业绩清单报国土资源部备案,同时抄报机构所在地省级土地行政主管部门。

(2) 在省级土地行政主管部门备案的土地评估机构,其土地估价项目业绩清单报省级土地行政主管部门备案。

(三) 备案条件

1. 土地估价报告备案条件

企业改制涉及的土地估价报告备案须具备以下条件。

(1) 受托评估机构具有国土资源部和省级土地行政主管部门颁发的《土地评估机构资质证书》,从业范围符合资质证书的规定,并根据与委托方签订的合同约定条件出具了土地估价报告。

(2) 土地估价报告符合土地估价报告规范格式要求,其内容完善,结构合理,表述清楚,资料真实可靠,依据充分。

(3) 按规定提交以下相关材料,符合要件齐备要求。

土地估价报告在省级以上土地行政主管部门备案的具体要件详见《企业改制土地资产处置审批要求》中具体处置方式审批要求所需报件。

土地估价报告在市、县土地行政主管部门备案的具体要件主要包括:

① 土地估价报告备案的申请函件,并附《土地估价报告备案表》;

② 土地估价报告和土地估价技术报告;

③ 企业改制方案和土地资产处置方案;

④ 企业改制批准文件。

2. 土地估价项目业绩清单备案条件

土地估价项目业绩清单备案须具备以下条件:

(1) 业绩清单所列的土地估价报告是土地评估机构独立或与其他机构合作完成,并已向委托方提交的土地估价报告;

(2) 业绩清单应包括土地评估机构上一季度上述所有的土地估价报告;

(3) 业绩清单应在规定时间上报,上报时间以当地当日邮戳为准。(逾期未报的,视为上一季度无业绩清单。)

(四) 备案程序

1. 土地估价报告备案程序

企业改制涉及的土地估价报告按以下程序备案。

(1) 申请

改制企业持土地估价报告及资产处置申请文件、材料等要件向土地行政主管部门提出备案申请。

（2）受理与备案

土地行政主管部门对要件进行合规性审核，凡机构资质符合要求，要件齐备，土地估价报告符合规范格式，应予以备案，并由土地行政主管部门在《土地估价报告备案表》上签署备案意见。如不符合规定要求，则经补充有关材料或完善土地估价报告后予以备案。

2. 土地估价项目业绩清单备案程序

土地估价项目业绩清单按以下程序备案。

（1）报送业绩清单

土地评估机构在每季度的第一个星期一将上一季度的土地估价项目业绩清单报土地行政主管部门（同时附相应的电子文档）。

（2）审核与汇总

土地行政主管部门在收到各土地评估机构报送的业绩清单后，进行审核汇总，作为对土地估价报告进行随机抽查的依据。

各级土地行政主管部门要切实转变对土地估价行业的管理方式，建立抽查制度，进一步加强对土地估价机构的监管。各地要定期对土地评估机构和土地估价报告进行随机检查，组织土地估价行业协会及有关专家对被抽查的机构和报告进行集体评议，对违法违规的机构或个人进行处罚。土地行政主管部门做出处罚决定前，应进行听证、抽查结果和处罚决定要向社会公布。

对在抽查评议中发现未与行政机关脱钩并改制而从事中介业务、土地估价报告和业绩清单不按规定备案、拒不接受主管部门检查、不遵守土地估价技术规范、弄虚作假评估的机构或个人，要视情节轻重，分别给予通报、警告、降低资质等级、吊销土地估价机构资质证书和土地估价师资格证书等处罚。

在国土资源部备案的土地估价机构和已报部备案的土地估价报告，由国土资源部组织抽查。在省级土地行政主管部门备案的机构，由省级土地行政主管部门组织抽查，抽查结果应向部报告。

土地行政主管部门要充分发挥土地估价师协会等行业组织的自律作用，加强教育培训工作，提高土地估价队伍的执业素质，促进土地估价行业健康发展。

改革土地估价结果确认与土地资产处置审批办法，是土地行政管理部门贯彻落实党中央、国务院关于转变政府职能，改革审批制度，加强土地市场监督管理，促进土地估价行业发展的一项重大举措，各级土地行政主管部门要提高认识，认真贯彻执行。

第五节 土地有形市场的建立

一、土地有形市场

土地有形市场是指土地交易的场所，即地产交易中心，就是通过设立固定场所，健全交易规则，提供相关服务，形成土地使用权公平、公开、公正交易的市场环境。并以市场方式配置土地，确保土地交易合法性和安全性，引导土地交易双方依法交易，沟通土地市场信息，增强土地投资决策的科学性。

二、建立土地有形市场的重要性和必要性

土地要素市场是社会主义市场经济体系的重要组成部分，遵循市场规律配置土地是市场经济发展的必然选择。建立和完善有形市场，是当前培育和规范土地要素市场，深化土地管理改革的重要工作和关键环节。

建立有形市场，是要通过设立固定场所，健全交易规则，提供相关服务，形成土地使用权公平、公开、公正交易的市场环境。建立有形市场是以市场方式配置土地的基本要求，是确保土地交易合法性和安全性的需要，是引导土地交易双方依法交易的重要手段，是规范市场秩序和创造良好市场环境的主要途径，也是沟通土地市场信息、增强土地投资决策科学性的基本条件。

建立有形市场，是土地管理改革、转变政府职能的大事，是积极推进依法行政、建立政务公开的有力措施，也是加强廉政建设、接受社会监督的重要举措。

三、土地有形市场的功能

土地有形市场应具备以下基本功能。

（1）提供交易场所。为土地交易、洽谈、招商、展销等交易活动和招标、拍卖会提供场地，为交易代理、地价评估、法律咨询等中介机构提供营业场所。

（2）办理交易事务。为政府有关部门派出的办事机构提供服务"窗口"，方便交易各方办理政府管理的有关手续。

（3）提供交易信息。公布和提供土地供求信息，收集、储存、发布土地交易行情、交易结果，提供有关土地政策法规、土地市场管理规则、土地利用投资方向咨询等。

（4）代理土地交易。接受委托，实施土地使用权招标、拍卖，或受托代理土地使用权交易活动。

通过建立有形市场，规范土地使用权交易，促进中介业务发展，并推动政府的土地收购储备工作。

四、土地有形市场中的交易活动

各级土地行政主管部门要充分利用有形市场，促进土地使用权依法公开交易。以下三类土地交易活动应当进场公开交易。

（1）原划拨土地使用权的交易。包括原划拨土地使用权的转让、租赁、抵押，以及土地的联营合作等交易。

（2）出让土地使用权的首次交易。包括转让、租赁、抵押、作价出资、入股交换或赠与等交易。

（3）法律允许的集体建设用地的流转。集体建设用地包括乡镇企业用地的转让、租赁、联营、入股等交易。

除上述三类土地的交易外，有条件的地方还可将因土地抵押权实现而引起的土地使用权转让、法院判决用于债务清偿的土地使用权的转让和出让土地使用权的转让、租赁、抵押、作价出资、交换、赠与等交易活动纳入有形市场交易，以提高土地公开交易的覆盖

第四章 土地市场供需调控

面,增加交易机会,降低交易风险和交易成本。

五、土地有形市场运作规范

规范土地有形市场运作,有利于培育和规范土地市场,促进土地资产的合理、合法流转。

有形市场内要率先实施土地交易规则,广泛采用招标、拍卖、挂牌出让方式交易,对所有交易信息、交易程序、收费标准等要公开,规范土地交易行为,防止欺行霸市和强行推销中介服务,为土地使用权的交易,特别是国企改革的土地使用权转让、变现创造良好的市场环境。

实行交易许可制度和交易预报制度。涉及原划拨土地或改变原土地使用条件的交易,由土地行政主管部门审核、县级以上人民政府批准后,方可入市交易。土地行政主管部门对地价评估结果审核备案并核定应补交的出让金,明确缴纳办法。出让土地使用权的土地首次交易,经交易机构对出让合同履行情况初审后,必须报土地行政主管部门核准,达到转让的条件方可进场交易。涉及集体建设用地的交易,要首先取得原集体经济组织的同意,再经土地行政主管部门批准,方可依法流转。

在有形市场内公开交易的土地,凡属于工业用地(包括仓储用地,不包括采矿用地)、商业、旅游、娱乐和商品住宅等经营性用地及同一宗土地出让计划公布后有两个及两个以上用地意向者的必须实行"招拍挂"出让。

进行招标、拍卖、挂牌出让活动,事前应制定招标、拍卖、挂牌出让文件和投标、竞买规则,并发布招标、拍卖、挂牌出让公告。招标、拍卖时,参与竞投或竞买的人员应达到规定的人数,属于政府出让土地的还应设立最低保护价。未达到规定人数和最低保护价的,由土地行政主管部门或交易机构重新做出安排。招标应设立评标小组,评标工作由委托招标人或交易机构主持,除主持人外,其余成员在开标前一天从有形市场评标专家库中随机选定。

第六节 土地市场动态监测与监管

为建立土地市场运行快速反应机制,加强市场宏观调控,公开土地市场信息,完善土地市场服务,国土资源部《关于建立土地市场动态监测制度的通知》(国土资发[2003]429号)明确规定建立土地市场动态监测制度。

一、建立土地市场动态监测制度的意义

建立土地市场动态监测制度是政府决策的重要支撑,是政务公开的重要形式与内容,是服务于社会并接受社会监督的有效途径。通过土地市场动态监测制度的实施,准确把握土地市场运行走势,为政府适时调整制定有关政策提供依据,有利于保障土地市场健康、稳定、有序发展,促进宏观经济的稳定健康运行;通过土地市场动态监测制度的实施,及时发布土地供应情况、地价走势等市场信息,有利于建立公开、公平、公正的土地市场环境,发挥市场配置土地资源的基础作用。

二、土地市场动态监测与监管系统的特点

土地市场动态监测与监管系统的特点可以概括为"一套规范、两种网络、三个系统、四级体系、五大版块"。

1. 实行"一套规范"

制定一套土地市场动态监测与监管系统技术规范，包括监测数据采集技术规范、监测数据库标准规范和监测分析指引等。

2. 运行"两种网络"

已开通国土资源主干网的市、县，通过主干网实时传输相关信息（含坐标），形成内网数据库；未开通主干网的市、县，通过互联网上传数据（不含坐标），形成外网数据库，定期对两个数据库进行同步复制和转换，统一汇总至金土工程数据中心。

3. 关联"三个系统"

包括土地市场动态监测系统、行政许可审批系统、建设用地备案系统等三大业务系统，实现从土地审批、征转用、供应到利用的全程跟踪监管。

4. 构建"四级体系"

监测监管系统运行范围覆盖全国，形成国家—省—市—县四级网络体系。

5. 搭建"五大版块"

即土地供应信息，土地开发建设与利用信息，土地二级市场信息，土地收购储备信息和土地价格信息。

三、土地市场动态监测与监管系统的目标

1. 实现土地供应和开发利用各环节监测监管的无缝对接

全面梳理建设用地供应和开发利用的各个环节，重构监测监管流程，规范数据采集格式，完善数据采集体系，健全系统自动核查功能，确保各环节的监测监管。

2. 开发权威的信息产品体系

充分挖掘系统数据体系的潜力，结合社会关注的热点、难点问题，有针对性定制报表，开展监测监管分析，形成权威的信息产品，及时回应领导关注和公众关心的问题。

3. 打造全面的土地市场信息发布平台

按照流程，将土地供应和开发利用的关键环节信息在部门户网站的中国土地市场网及时对社会公开。同时，定期向社会发布权威的信息产品，切实引导社会舆论。

四、土地市场动态监测与监管系统的结构与功能

（一）系统结构

土地市场动态监测与监管系统由录入系统、数据库系统和显示系统三个部分组成，具体结构如图4-1所示。

第四章 土地市场供需调控

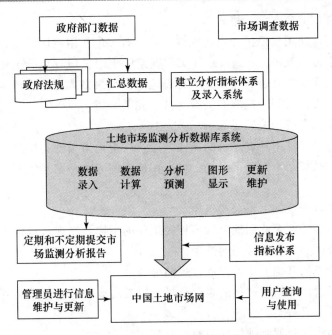

图 4-1 土地市场动态监测与监管系统结构示意图

1. 录入系统

录入系统是地方国土资源行政管理部门数据录入的端口，也是数据信息上传到中央端的载体。录入系统按照不同的计算机网络硬件环境，设置"数据导入"和"数据导出"不同的功能，可以满足不同网络条件地方用户的使用需求。

2. 数据库系统

数据库系统是不同区域、不同时间段、不同栏目内容的数据集合，也是系统运算、处理、分析、维护的对象。数据库对录入系统形成的基础数据源加以整合，再按照程序的要求，以图表等固定格式显示数据信息。

3. 显示系统

中国土地市场网是系统成果的显化，也是系统功能的集中体现。地方端采集的基础数据，经过数据库的加工处理，最后在中国土地市场网上发布。用户可以根据访问权限，浏览、查询相关信息，在此基础上，对土地市场的运行情况进行动态监测分析。

(二) 系统的基本功能

1. 数据采集功能

数据采集功能主要通过数据录入系统实现。地方端使用系统录入软件，按照既定的格式、标准，采集、整理数据信息。监测监管系统已经初步实现对土地供应、开发利用、二级市场、收购储备、集体土地等市场数据的采集。但从环节上看，还尚未实现全程覆盖，有的信息采集还不够标准化。在数据采集上重点加强以下方面。

(1) 建立标准化的文本录入格式

按照《国有土地使用权招拍挂出让规范》、《国有土地使用权协议出让规范》和《国有建设用地供应计划编制规范》（试行）等文件确定的土地供应计划、土地出让公告、土地成交公示和土地供应结果公告的标准文本，设定地方填报格式，一方面为规范各地供地行为打下基础，另一方面有利于提取有关数据开展相关分析。

(2) 建立与审批系统的关联关系

发挥建设用地审批供用补查系统的协同效应，将土地市场动态监测与监管系统中土地来源信息与部审批系统、审批备案系统、城市用地实施方案备案系统同步，确保审批与供应环节的对接。

(3) 在投资主体中增加上市公司选项

为做好与上市房地产企业用地审核等相关工作的衔接，在现有投资主体性质分类的基础上，增加上市公司和非上市公司的选项。

(4) 在行业分类的基础上增加产业目录的分类

为进一步加强对产业结构调整的跟踪分析，以发改委的产业目录为基础，在工业用地的基础上增加产业目录分类。

(5) 增加土地出让价款缴纳情况的跟踪监管

在土地动态跟踪监管信息中增加土地出让价款实际支付情况的监管，跟踪采集土地出让金实际缴纳情况。

(6) 建立与土地供应政策匹配性校验

根据土地供应规模、开竣工时间约定，出让金缴纳进度等供应政策，将其与具体的供地项目相关联，对于不符合供应政策的项目设置提示功能。

(7) 建立与工业用地最低价的关联关系

按照行政区划，将各个土地级别的工业用地出让最低价标准与供地的具体价格相关联，跟踪工业用地最低价的执行情况。

(8) 完善储备土地的信息采集

在储备土地的面积上，按待开发面积、正在开发土地面积和完成开发土地面积进行填报。在储备土地的资金收支上，按土地出让收入、国有土地收益基金、举债的贷款、其他资金和利息收入分类填写资金来源，按土地价款或征地拆迁补偿费、前期土地开发费用、贷款利息支出和其他费用分类填写资金支出情况。

2. 数据统计和市场分析功能

系统具有统计报表功能，能够提供统计土地供应、开发利用、市场交易、储备地块、集体土地等信息，用于市场分析。

根据系统采集数据的情况，结合土地市场热点、难点问题，进一步细化报表定制系统，及时形成支撑热点、难点问题分析和形势判断的统计报表，并定制不同类型分析模板，共享分析成果。主要统计分析以下情况：

(1) 土地供应总量、来源、结构和分布情况；

(2) 土地供应的行业分布和投资主体情况；

(3) 土地供应的地面地价和楼面地价情况；

(4) 土地出让价款收缴情况及总量、结构和分布情况；
(5) 土地开工、竣工情况；
(6) 土地闲置状况、原因及分布情况；
(7) 分国务院和省级政府审批土地的批而未供情况；
(8) 土地储备情况。

3. 信息发布功能

主要通过中国土地市场网发布全土地供应计划、公告、公示以及市场交易信息。包括：公开住房供地计划、土地出让公告、土地出让和划拨结果、土地开发利用信息、违法违规用地查处结果、用地者诚信档案信息等。

充分利用土地市场动态监测与监管系统数据，围绕领导同志关注的、社会公众关心的问题，及时开展监测分析，专题发布权威市场信息产品，切实引导社会舆论。

4. 宗地查询功能

系统设置了土地出让公告查询、土地出让结果查询、土地供给情况查询、收购宗地信息查询、土地转让、出租、抵押信息查询等宗地信息查询功能，以满足用户获取具体宗地情况的需求。用户根据系统的提示，输入所要查询信息的已知关键字段，便可以实现查询功能。

5. 监测分析功能

以土地市场信息数据库为基础，对土地市场进行动态监测分析，总结一定时期内土地市场运行的总体情况和重点区域、重点城市土地市场运行态势，分析土地市场存在的问题和深层原因，并提出相应的对策建议，为政府建立土地市场快速反应机制提供科学依据。

6. 监管土地开发利用情况功能

对于需开发建设的项目，系统根据合同约定的开工、竣工时间，自动监测土地开发利用情况。

7. 土地政策执行情况监测功能

主要监测商品住宅用地规模、工业用地最低限价、禁止毛地出让、禁止捆绑出让等土地政策执行情况。

8. 各类预警功能

系统可以根据采集到的监测数据和土地政策进行出让金缴纳预警、出让规模预警、工业用地最低限价、毛地出让预警等。

四、土地市场动态监测的内容

（一）土地供应

全国、省、重点区域、重点城市土地供应总量、土地供应结构、土地供应方式、年度土地供应计划及执行情况、出让金缴纳进度监测。

（二）土地开发利用

不同用途、来源、区域、周期的土地供应计划和实际供应、闲置土地、开发建设土地开竣工以及各类园区土地利用变化情况监测。

土地资产管理

（三）集体建设用地

农村集体建设用地规模、用途及其变化情况。

（四）房地产市场土地供应

主要指商业、旅游、娱乐和商品住宅等各类经营性用地的市场情况，包括土地供应总量及来源、土地供给结构、房地产开发计划实施等情况。

（五）土地供应与宏观经济运行

GDP、固定资产投资、房地产开发投资与土地供应情况。

五、数据的采集、发布、分析和保密要求

（一）数据的采集与发布

1. 数据采集

整理录入相关数据，将有关土地市场信息及时按照系统规范格式录入并上传。

2. 数据发布

（1）发布内容

国有土地供应信息（国有土地出让供应计划、土地出让公告、土地供给情况）、土地收购储备信息、市场交易信息、集体建设用地信息和园区信息等数据信息。其中，各地国有土地出让供应计划、经济适用住房供地计划、国有土地使用权招标拍卖挂牌协议出让公告、国有土地出让结果等必须在中国土地市场网上公开发布，其他数据信息根据用户访问权限，分为保密和公开两种。

（2）发布方式

土地市场信息通过中国土地市场网进行发布。地方各级国土资源管理部门录入本级土地市场有关信息，经主管领导审核后，直接上传到系统数据库。无网络条件的地区，可先将数据整理录入，再将数据从录入系统导入到软盘、U盘等载体，交由上级有网络条件的国土资源管理部门，将数据上传到数据库。各地土地使用权招标拍卖挂牌及协议出让土地公告直接在网站上粘贴发布。

3. 数据的分析

各级国土资源行政主管部门要充分运用"中国土地市场动态监测系统"的数据成果，充分运用土地市场监测信息成果，结合国家宏观调控政策、区域经济发展战略，形成对土地市场运行情况、存在问题、基本走势等分析判断。主要包括以下几点。

（1）土地供应情况分析

围绕政府供地实际状况及其变化趋势进行分析，包括不同时期的供地总量、供地结构、不同时期及不同地区的供地量比较，不同供地方式的比较及变化分析，年度供地计划及其执行情况等。

（2）土地开发利用情况分析

通过比较不同土地用途、不同供地来源、不同行政区域、不同周期土地供应计划量和实际供应量、闲置土地情况、园区土地利用情况等指标项，分析土地开发利用情况，为政

第四章 土地市场供需调控

府制定、调整土地开发利用政策提供依据。

(3) 集体建设用地情况分析

通过农村集体建设用地开发情况，与城市国有土地供地总量与结构分析，说明土地供应来源对市场运行的影响因素与程度。

(4) 房地产市场分析

对不同类型经营性用地、不同地区同类经营性用地的价格走势、供地总量与供地结构等进行比较，分析房地产市场运行现状和存在问题，预测房地产市场发展趋势，为国家调控房地产市场提供依据。

(5) 土地价格变化趋势分析

利用不同时期、不同地区的地价信息，分析土地价格变化规律，为政府制定土地供应政策，调控房地产市场提供参考依据。

(6) 土地市场运行宏观经济分析

分析土地供应管理对土地资源开发利用、国民经济发展、地区投资结构、城市建设、耕地保护、集体土地征用等的影响，为国家制定土地资源开发利用政策，促进经济良性运行提供决策依据。

(7) 土地市场运行总体情况、主要问题与对策

通过土地供应、土地收购储备、土地市场交易、集体建设用地、土地价格、各类园区用地等信息的综合比较，总结判断土地市场运行总体情况，分析土地市场运行存在的问题，提出相应的管理对策与实施建议。

4. 保密要求

各地在建设和使用土地市场监测分析系统中必须严格执行国家有关保密规定。凡涉及保密内容的有关土地市场信息不得录入土地市场动态监测系统。土地市场运行情况报告未经批准不得擅自对外发布。

复习思考题

1. 土地市场调查的内容有哪些？
2. 简述土地市场供需调控的意义及原则。
3. 土地市场供需调控的内容有哪些？
4. 简述土地市场供需调控的手段和具体措施。
5. 简述国有建设用地供应计划编制的依据和原则。
6. 简述国有建设用地供应计划编制的程序。
7. 什么是土地收购储备？简述土地收购储备的运作的程序。
8. 土地收购储备资金有哪些来源？
9. 国有企业改制中土地资产处置的方式有哪些？各方式适用的范围是什么？
10. 简述土地有形市场的功能和主要活动。
11. 简述土地市场动态监测与监管系统的功能。
12. 简述土地市场动态监测的内容。

强化练习题

一、填空题

1. 土地供需调控的手段有_____、_____、_____。
2. 土地市场供需调控的主要内容包括土地市场供需调控的_____、_____、_____。
3. 国有建设用地供应计划是指市、县人民政府在计划期内对国有建设用地供应的_____、_____、_____、_____和_____做出的科学安排。
4. 国有建设用地供应计划的计划期为_____年。计划年度为每年的_____至_____。
5. 市、县国有建设用地供应计划由_____组织编制。
6. 市、县人民政府应在每年_____月_____日前，公布年度国有建设用地供应计划。
7. 土地收购储备阶段主要包括_____、_____、_____及_____。
8. 国有建设用地供应方式包_____、_____、_____等方式。
9. 土地收购常见的方式有_____、_____、_____。
10. 国有企业改制中土地资产的处置方式有_____、_____、_____、_____和保留划拨方式。
11. 土地估价报告备案的范围是指企业改制涉及的_____和土地评估机构完成的_____。
12. 土地市场动态监测与监管系统关联_____、_____、_____等三大业务系统。
13. 土地市场动态监测与监管系统由_____、_____、_____三个部分组成。

二、判断题

1. 减免税收、降低贷款利率等可以刺激土地市场发展，适用于土地市场景气循环的萧条阶段和复苏阶段。（   ）
2. 在确定土地市场供需调控的时间问题上，只需考虑以下两个方面，即考虑供需调控措施的决策时间和考虑供需调控效应的滞后时间；不需要考虑调控效应的惯性。（   ）
3. 市、县国有建设用地供应计划可以由市、县国土资源行政主管部门指定或授权下属事业单位或专业机构组织编制。（   ）
4. 企业改制涉及的土地已经实行有偿使用或需要转为出让或承租土地的，直接到土地所在地市、县土地行政主管部门申请办理变更登记或有偿用地手续。（   ）
5. 金融政策对土地市场的调控可分为直接调控和间接调控。直接调控是指政府通过制定土地金融政策依靠中央银行直接干预土地信用业务的质和量。间接调控是指国家通过利率和贷款成数等金融杠杆来调节货币供应量和需求量，进而调控土地市场供需。（   ）

第四章 土地市场供需调控

三、单选题

1. 国有建设用地供应计划的计划期为（　　）。
   A. 1 年　　　　　B. 2 年　　　　　C. 5 年　　　　　D. 10 年
2. 国有建设用地供应计划编制的主体是（　　）。
   A. 市、县国土资源行政主管部门
   B. 省级国土资源行政主管部门
   C. 市、县国土资源行政主管部门下属事业单位
   D. 国有建设用地供应计划编制的专业机构
3. 国有企业兼并国有企业或非国有企业以及国有企业合并，兼并或合并后的企业是国有工业生产企业的，保留划拨用地方式的期限不超过（　　）。
   A. 1 年　　　　　B. 2 年　　　　　C. 5 年　　　　　D. 10 年
4. 市、县人民政府应在每年（　　）前，公布年度国有建设用地供应计划。
   A. 1 月 1 日　　　B. 1 月 31 日　　C. 3 月 1 日　　D. 3 月 31 日
5. 下列哪种情况的企业改制土地资产处置须经国务资源部审批。（　　）
   A. 经国务院批准改制且采用出让方式处置土地资产的
   B. 国务院有关部门、企业集团或地方人民政府批准改制且采用租赁方式处置土地资产的
   C. 经国务院批准改制且符合以国家作价出资（入股）或授权经营方式配置土地条件的企业
   D. 国务院有关部门、企业集团或地方人民政府批准改制且符合国家作价出资（入股）或授权经营方式配置土地的企业
6. 依法办理农用地转用、土地征收后的土地，纳入储备满（　　）未供应的，在下达下一年度农用地转用计划时扣减相应指标。
   A. 1 年　　　　　B. 2 年　　　　　C. 5 年　　　　　D. 10 年

四、多选题

1. 下列哪些土地由土地收购机构统一收购。（　　）
   A. 土地使用权人申请收购的土地
   B. 土地使用权人无力继续开发且又不具备转让条件的土地
   C. 土地未按照出让合同规定的期限动工开发满两年的
   D. 公益事业和城市基础设施建设需要使用的土地
2. 土地市场供需调控的手段有（　　）。
   A. 规划和计划手段　　　　　　　　B. 土地有偿使用手段
   C. 财政政策手段　　　　　　　　　D. 土地储备制度
   E. 金融政策手段
3. 财政政策在调节土地市场发展速度和供求关系上发挥着重要的作用，财政政策主要有（　　）。
   A. 财政投资政策　　B. 土地信贷政策　　C. 税收政策　　D. 地租政策
4. 国有建设用地供应计划编制的依据有（　　）。
   A. 国民经济与社会发展规划　　　　B. 土地利用总体规划
   C. 土地利用年度计划　　　　　　　D. 住房建设规划与计划
   E. 年度土地储备计划

5. 下列哪些土地可以纳入土地储备范围。（　　）
   A. 收购的土地　　　　　　　　　B. 闲置土地
   C. 已办理农用地转用、土地征收批准手续的土地
   D. 依法收回的土地

6. 下列哪些企业改制中，土地资产处置可以采用出让或租赁方式。（　　）
   A. 改造或改组为有限责任公司、股份有限公司以及组建企业集团的
   B. 改组为股份合作制的
   C. 国有企业租赁经营的
   D. 非国有企业兼并国有企业的

7. 下列哪些企业改制中，土地资产处置必须采用出让方式。（　　）
   A. 国有企业破产
   B. 国有企业出售
   C. 国有企业改造或改组为国有独资公司的
   D. 国有企业转让产权

8. 下列哪些企业改制中，土地使用权经批准可以采取保留划拨方式处置。（　　）
   A. 国有企业兼并国有企业或非国有企业以及国有企业合并，兼并或合并后的企业是国有工业生产企业的
   B. 国有企业改造或改组为国有独资公司的
   C. 改组为股份合作制的
   D. 在国有企业兼并、合并中，被兼并的国有企业或国有企业合并中的一方属于濒临破产的企业

9. 在确定土地市场供需调控的时间上问题上，必须考虑（　　）。
   A. 供需调控措施的决策时间　　　B. 供需调控的目标
   C. 供需调控效应的惯性　　　　　D. 供需调控效应的滞后时间
   E. 供需调控效应的反应时间

10. 土地市场供需调控主要应考虑（　　）。
    A. 供需调控的时间　　　　　　　B. 供需调控的方向
    C. 供需调控的力度　　　　　　　D. 供需调控的机制
    E. 供需调控的影响

11. 下列哪些信息必须在中国土地市场网上公开发布。（　　）
    A. 国有土地出让供应计划
    B. 国有土地使用权招标拍卖挂牌协议出让公告
    C. 土地收购储备信息
    D. 市场交易信息
    E. 国有土地出让结果
    F. 经济适用住房供地计划

12. 下列哪些属于有形土地市场的基本功能。（　　）
    A. 土地市场价格预测　　　　　　B. 办理土地交易事务
    C. 提供交易信息　　　　　　　　D. 代理土地交易

第五章　土地市场中的地价管理

内容提要

　　地价管理是土地管理的重要组成部分，是政府管理土地市场的重要内容。地价管理是依据一定时期内国家经济政策和土地市场状况等，制定相应的地价管理政策，并通过一定的地价管理制度，对土地市场中的土地价格进行调控和管理，以确保交易双方和国家等各方面的合法权益，维护土地市场的健康发展。

　　通过地价管理，可以防止地价暴涨、土地投机及国有土地收益流失，促进土地的合理利用，规范交易双方的行为，建立规范的土地市场，规范土地估价方法，提高土地估价精度。

　　根据当前地价管理需要，我国制定了出让最低限价，政府对土地使用权的转移有优先购买权，政府对地价不合理上涨可采取必要的行政手段进行干预，通过征收土地增值税，防止交易双方虚报、瞒报交易地价，将社会发展带来的土地收益收归国家等地价管理政策。同时建立了土地出让的计划管理，基准地价、标定地价定期公布，土地价格评估，土地交易价格申报，成立土地估价委员会，土地估价人员资格认证和土地估价机构资格评级，土地市场地价分析等地价管理制度。

　　地价动态监测是根据城市土地市场的特点，通过设立地价监测点，收集、处理并生成系列的地价指标，对城市地价状况进行观测、描述和评价的过程。城市地价动态监测的对象是城市土地的价格状况。城市地价动态监测技术路线为，通过建立监测点，采用评估等手段，收集城市不同级别、不同区段、不同用地类型土地价格及相关数据，对地价现状进行调查和观测，然后通过系列指标对城市地价状况进行全面描述，对城市地价状况做出基本的评价和判断，最后生成相关信息并向社会发布。

教学要求

　　了解：地价的概念及作用，我国地价管理的发展历程及取得的成效，当前地价管理的形势和问题，地价管理改革的方向，城市地价动态监测的概念、对象、周期、地价类型。

　　熟悉：地价管理的作用，地价监测点数据采集，地价状况分析，地价监测报告撰写，地价监测成果及要求、审核，地价动态监测信息发布。

　　掌握：我国地价管理政策与制度，城市地价动态监测的基准日、技术路线及程序、地价监测点的设立、维护，地价监测点指标及计算。

土地资产管理

重点难点

1. 地价管理的政策与制度
2. 城市地价动态监测

地价　地价管理　城市地价动态监测

第一节　地价与地价管理

一、地价与地价管理

地价和地价管理随着土地使用制度改革和土地市场的建设应运而生，作为能够灵敏反映土地市场变化的"晴雨表"，地价及地价管理在土地资产管理及土地市场建设中发挥着越来越重要的作用。

（一）地价的内涵

地价一般理解为土地价格。所谓土地价格可以解释为购买土地所有权的价格。具体为出让土地所有权应取得的补偿或取得土地所有权应支付的代价。在市场经济条件下，既存在着土地所有权的出让，也存在着土地使用权的出让和转让，二者都是商品范畴，都是有偿行为。

按照马克思的地租理论，土地价格实际上是土地经济价值的反映，是为购买获取土地预期收益的权利而支付的代价，即地租的资本化。

与一般商品价格相比，地价同样受到市场经济环境、供求状况的影响；但同时由于土地位置固定，区位条件差异巨大，使用上不易灭失，同时土地是社会财富积累的主要载体，所以地价又具有其特殊性，主要表现在：一是位置条件（不同国家、地区、城市、不同土地级别、宗地）不同的土地存在价格差异；二是随着时间的变化，由于社会财富的不断积累，土地会不断增值导致土地价格存在差异；三是不同用途的土地由于其收益不同而价格不同；四是在土地上权利限定不同则价格不同；五是土地利用强度（如不同容积率、不同建筑密度）不同而价格不同。同时，土地还作为生产基本要素之一参与经济活动，土地价格与社会经济状况密切相关。

（二）地价在土地市场建设中的作用

土地价格是土地价值和权益的具体表现，是最灵敏反映土地供求关系的"晴雨表"，是调节土地利用方式的重要手段。要发挥市场配置土地资源的基础作用，最重要的杠杆就是地价。土地市场发育和规范的程度，也要以地价形成机制的状况来衡量。地价作为土地市场各因素综合作用的结果，在土地市场建设中发挥着重要作用。

第五章 土地市场中的地价管理

1. 土地价格反映土地市场、社会经济发展状况

土地价格能灵敏地反映土地市场的供需状况、土地利用状况和土地市场动态变化，同时通过与其他社会经济发展指标综合反映社会经济发展状况。

2. 土地价格是调控土地市场供需的有力杠杆

在土地市场中，土地价格由土地供需决定，同时土地价格又影响土地供需。通过地价信号反映出土地供应量、供应结构和需要调整的方面，政府根据社会经济和土地市场状况调节供应，引导投资和需求，促进土地资产的合理有效利用。地价是土地市场参与各方进行经济活动的基础，人们以此做出自己的决策和预期，对土地市场中的地价进行合理调控，可以确保土地市场和房地产市场的健康平稳运行，因此，地价成为影响土地市场中土地供求关系、调控土地市场的杠杆。

3. 土地价格是调整土地市场经济主体之间经济利益关系的保障

中央与地方、政府与企业、企业与企业、政府与个人、企业与个人在土地上的利益关系，最直接的表现就是地价，地价为协调不同权利主体间的利益关系提供了依据，地价管理为协调解决不同权利主体间的利益关系，调节收益分配提供了手段，使土地所有者和使用者权益在经济上真正得以体现。

4. 土地价格是土地有偿使用的基础

推进我国土地使用制度改革的重要前提，我国在走向社会主义市场经济中土地使用制度改革的核心，就是土地的有偿使用，而马克思地租理论为其提供了重要的前提，地价为土地的有偿使用提供了重要的基础。

5. 土地价格极大地显化了土地资产价值

地价是量化国有土地资产的尺度，在我国国有企业改制过程中，通过地价和地价管理，极大地显化了国有土地资产价值，支持了国有企业的改制。

（三）地价管理的内涵

地价管理是土地管理的重要组成部分，是政府管理土地市场的重要内容，顾名思义，地价管理就是对土地价格进行管理。地价管理是依据一定时期内国家经济政策和土地市场状况等，制定相应的地价管理政策，并通过一定的地价管理制度，对土地市场中的土地价格进行调控和管理，以确保交易双方和国家等各方面的合法权益，维护土地市场的健康发展。它主要包括地价管理政策的制定和建立地价管理制度。

地价评估是地价管理的基础，科学评估的地价标准是合理利用土地，宏观和微观管理土地和地价的需要。一般来说，土地使用者为合法、正确地利用土地，使资产得到合理利用，获取资本收益，需要在国家有关地价管理政策作用下，通过地价来反映不同时期土地资产的数量，并通过土地使用权的出租、抵押及转移等方式，使土地使用权能给土地使用者带来经济收益。地价评估是为了了解土地市场中地价标准和地价水平，而地价管理则依据市场中的地价标准水平和制定的地价管理政策，对市场中的交易行为进行规范的管理。对土地市场中的地价水平和地价标准具有调控和引导的功能，以保证地价的变化符合整个社会利益的需要。

二、地价管理的作用

加强地价管理有利于促进土地资源的管理，有利于促进土地市场健康、持续的成长，有利于国家和区域经济的发展。其主要作用有以下几点。

1. 通过地价管理，防止地价暴涨

土地是社会经济活动的载体，特别在城市更为重要，地价的暴涨将影响到各部门的经济发展，出现土地投机行为，造成土地大量囤积和资产的浪费，给生产、生活等领域带来不利影响。因此，为防止地价暴涨对经济可能产生的危害，除了采取行政干预土地市场外，也通过制定一系列严格而又规范的地价管理政策和制度，加强对地价暴涨的管理。

2. 通过地价管理，防止土地投机

城镇土地是有限、宝贵的资产，由于其位置的不可移动性，极易造成对土地的垄断，特别是位置优越的地块。为防止单位和个人对土地的无效占用，大量闲置土地，等待地价上涨，靠囤积土地获取暴利，只有制定相应的土地价格管理措施，才能防止此类事件的发生。

3. 通过地价管理，防止国有土地收益流失

通过地价管理，对单位和个人将划拨土地使用权转移的行为进行有效管理，可以有效防止目前各地普遍存在的国有土地收益的流失，逐步建立起规范、合法的土地使用制度。

4. 通过地价管理，促进土地的合理利用

随着城市和社会经济的发展，地价将不断上涨。为促进土地资产的合理利用，发挥最大的经济效益，必须建立有效的地价管理政策，使每块土地都能达到合理利用。通过地价管理政策的实施，使不能合理利用土地的使用者，将其使用的土地转移出去，给能够发挥土地最大潜力、支付最高地价的使用者使用。

5. 通过地价管理，规范交易双方的行为，建立规范的土地市场

在土地交易活动中，有的交易双方为了逃避国家的有关税费，采取虚报、瞒报地价的非法手段，进行土地交易活动。根据土地不可移动性的特点，为建立良好的市场秩序，维护交易双方的正当权利，大多数通过制定地价管理政策，使交易双方或一方要为虚报、瞒报而付出代价。当权衡收益与风险的厉害关系的情况下，双方或一方会在现有地价政策管理控制的条件下，从维护自身的利益出发，向政府或社会公开双方的成交价，据此建立一个公开、合理的土地市场，以维护国家、单位和个人共同的利益。

6. 规范土地估价方法，提高土地估价精度

地价管理政策影响下的土地市场，可减少各种非规范交易行为的发生，使土地估价方法统一，有效数据、样本增加，能保证在同样的交易案例中，将更多符合数理统计检验的样本，应用到土地估价中，提高整个估价成果的精度。

第五章　土地市场中的地价管理

第二节　我国地价管理的发展历程及取得的成效

一、地价管理发展历程

从土地使用制度改革至今近 20 年来，我国地价管理从无到有，在法制、机制和制度建设方面已取得了重大进展。

1. 建立起了以市场机制形成土地价格的制度体系

国土资源部门围绕地价管理的法制、机制和制度建设，先后从土地取得、土地供应、有偿使用、土地转让、土地资产处置以及市场调控等方面制定了一系列规章制度，为充分发挥市场机制形成土地价格创造了市场环境。在土地供应方面，颁布了《划拨用地目录》，明确了有偿和划拨供地的范围，促进了土地利用方式的转变；在土地价格形成机制方面，颁布了《招标拍卖挂牌出让国有土地使用权规定》和《协议出让国有土地使用权规定》，建立起了经营性土地使用权出让通过招标、拍卖、挂牌等竞争方式形成价格的机制，规范协议出让行为。在完善土地有偿使用方式方面，制定了《规范国有土地租赁若干意见》，下发了《关于加强土地资产管理促进国有企业改革与发展的若干意见》，对国有土地租赁、国家以土地使用权作价出资（入股）、授权经营等有偿使用方式进行了规范；在土地市场交易行为的规范方面，下发了《关于建立土地有形市场促进土地使用权规范交易的通知》，部署了土地市场的治理整顿，有效抑制了违规交易行为；在地价确定和监控方面，建立专业评估、集体决策和结果公开的工作制度。

2. 形成了一整套适合我国国情的土地估价的理论、方法和技术标准

制定颁布了《城镇土地分等定级规程》和《城镇土地估价规程》两个国家标准和《农用地分等规程》、《农用地定级规程》和《农用地估价规程》3 个行业标准。这些标准已成为土地估价与地价管理应遵循的技术规范。

3. 建立起了具有中国特色的、以基准地价、标定地价和协议出让最低价为核心的地价体系

自 1999 年以来，国土资源部将直辖市、省会城市、计划单列市以及非农人口在 100 万以上的大城市纳入了新一轮国土资源大调查土地价格调查的范围，在全国启动新一轮基准地价更新工作，并加大地价信息公开力度。目前，全国 99％以上的城市、85％以上的县城和 70％以上的建制镇已完成基准地价更新工作，初步建立起了城镇建设用地价格体系，大多数市、县已将各类地价结果向社会公布。同时，在 25 个省、自治区、直辖市部署开展了农用地分等定级估价工作，初步建立起了农用地等、级、价体系。

4. 建立了城市地价动态监测体系

2001 年以来，在城市基准地价更新的基础上，建立了覆盖直辖市、计划单列市、省会城市以及长江三角洲、珠江三角洲、京津地区 50 个主要城市的，以标准宗地的标定地价为监测对象的城市地价动态监测体系。全面系统地对城市地价及相关信息进行动态监

测、收集、整理和分析，及时把握土地市场地价动态变化，为领导机关决策提供科学依据，为市场投资提供服务。有关监测成果在宏观调控中发挥了重要作用

5. 造就了一支具有较高专业素质的土地估价队伍，形成了一个正在不断发展壮大的土地估价行业

目前，通过国家考试认证，取得土地估价师资格的人员共有27000余人，从事土地估价的机构近2000家，执业土地估价师10000余名，从业人员数万人。适应建立和完善市场经济体制和改革政府行政审批制度的要求，进行了土地评估机构与政府主管部门脱钩工作，取消国有企业改制土地估价结果确认制度，建立了土地估价报告备案制度，改革了土地估价人员和机构监督管理方式，从根本上解决了土地评估行业平等竞争和独立、客观、公正执业问题。目前，土地估价行业已成为社会主义市场经济健康运行不可或缺的中介行业，在国有企业改制、城镇基准地价评估确定、地价动态监测等工作中发挥了重要作用。

二、地价管理取得的成效

地价管理是国土资源管理的重要组成部分和一项重要职责，是国土资源参与宏观调控的重要内容和手段。我国的地价管理是伴随着土地使用制度改革而产生的，是从深圳、上海两市实行土地使用权招标、拍卖，以公开市场形成价格开始的。从土地使用制度改革至今近20年中，地价管理在推进土地有偿使用、优化配置土地资源、合理分配土地收益、实现土地资产价值、保证国有土地收益不流失、促进土地市场建设等方面发挥了重要作用。

1. 极大地推进了城镇国有土地有偿使用进程，为土地市场的发育发展奠定了基础

我国城镇国有土地使用制度改革的核心在于土地的有偿使用。通过土地使用权的出让、租赁、作价入股等有偿方式，使土地这一最基本的生产要素进入市场，使国家土地所有权在经济上得到具体实现，政府获得了城市建设资金，为加快城市基础设施建设，改善人民生活，发挥了重要作用。

2. 有效地促进土地资源的优化配置，调控了土地供求关系

价值规律是市场经济条件下的普遍规律，也是政府调控市场的主要依据和经济手段。多年来，各地灵活运用级差地租原理，利用地价杠杆，合理配置土地资源，优化建设用地结构，调整建设用地布局，采取多种渠道盘活存量土地，取得了很好的成效。

3. 保障了不同权利主体间的土地收益分配

地价为协调不同权利主体间的利益关系提供了依据。地价管理为协调解决不同权利主体间的利益关系，调节收益分配提供了手段，不仅使国家作为土地所有者的权益在经济上真正得以体现，也合理保证了地方、企业和个人的土地收益，理顺了利益关系，有效避免了以往运用实物地租交易所带来的诸多弊端。

4. 科学显化土地资产，为国有企业改革注入了活力

国有企业改革是我国经济体制改革的中心环节，自觉服从和服务于国有企业改革是土地管理工作的一个主要内容。国土资源管理部门支持国有企业改革，是以专业评估、显化

地价、科学处置土地资产为基础的。几年来，各级国土资源管理部门通过地价管理工作，支持了数万家国有企业的改制工作。

三、当前地价管理的形势和问题

土地不仅是重要的资源，更是重要的资产。据测算，我国目前国有土地资产总量在25万亿元左右，数倍于其他国有资产（约8万亿元）。如何管好、用好这样一笔巨额资产，无疑是土地管理的一件大事，也是国家经济生活中的一件大事。

国务院15号文件有针对性地从严格控制建设用地供应总量、严格实行有偿使用国有土地制度、大力推行土地招标拍卖、加强土地使用权转让管理、加强地价管理和规范土地审批的行政行为6个方面提出了具体的要求。比照15号文件的要求，当前管理地价的政策仍然存在5个亟待解决的问题。

1. 地价形成的市场机制有待规范

（1）建设用地总量调控力度不够

多头供地现象的存在，严重扰乱了正常的市场秩序，影响了市场地价水平。一些地方大量土地控制在开发商手中，影响了政府调控土地市场的能力。

（2）政府土地供应的市场化程度低，直接影响市场机制对地价形成作用的发挥

大量应依法有偿使用的土地没有实行有偿使用，甚至一些经营性房地产开发用地也没有按法律规定实行有偿使用。据初步统计，全国城镇国有土地中划拨用地比重大，宗地数占国有土地宗数的80%，面积占98%以上，而出让土地宗地数仅占15%，面积不到1%。在实行有偿使用的土地中，运用招标拍卖等市场公开竞争的方式供应的比例也很低，据测算，全国大约在5%左右。协议出让的土地，在地价确定上也受到较多的行政干预，为争项目而竞相压低地价的现象仍很普遍，同时为行政腐败提供了条件。

（3）土地有形市场建设差，市场公开的程度仍然不高

市场公开化程度的高低，是反映土地市场是否成熟的重要指标。公开的市场是地价公平的重要保障，只有在公开的市场环境中，地价才能起到市场"晴雨表"的作用。目前，地价及交易信息公开的程度不够，一些城市的地价信息、土地登记信息等内容仍掌握在少数部门、少数人手里。土地信息不公开、不全面、不完整，直接影响和制约土地市场健康、有序地发展。

2. 地价体系建设仍待完善

尽管经过10多年的努力，我国已初步形成了以基准地价、标定地价为核心的，由基准地价、标定地价、市场交易价等不同价格类型构成的地价体系，但与土地市场建设及土地有偿使用方式多元化的需求相比，仍不够完善、主要表现在以下3个方面。

（1）地价（特别是基准地价）的称谓、内涵不一，可比性差，所含内容不明确

众所周知，不同的土地权利应对应不同的土地价格，目前，土地市场中已经存在的土地权利形式包括：出让土地使用权、承租土地使用权、划拨土地使用权、作价出资（入股）土地使用权，授权经营土地使用权、集体土地所有权、集体土地建设用地使用权以及承租权、抵押权、地下地上通过权、通行权等。但是，除出让土地使用权外，其他各类土

地权利的权能、价格如何确定等,缺乏相应的办法。同时,各地在地价的定义上也存在较大差异,如土地开发程度、容积率状况、土地用途等方面的设定各不相同。另外,多数城市在确定基准地价时缺乏与其他城市间的平衡与协调,省内、地区内也缺乏平衡,造成城镇基准地价的可比性差,地价水平不协调。这种情况除了技术上的原因之外,更主要是有的地方为招商引资或者其他目的,人为压低或抬高地价,干扰正常土地市场的地价水平。

(2) 现有基准地价成果技术路线不完全统一,管理手段落后,更新不及时

基准地价更新存在问题的主要原因有:个别城市技术人员素质低,测算方法及成果表达方式不符合技术规范;基准地价系统不能适应办公自动化建设和日常性地价管理;系统动态性差,升级困难,不利于地价管理工作的连续性;资金落实困难,更新工作难以开展。

(3) 标定地价评定工作没有普遍开展

按照《城市房地产管理法》的要求,基准地价、标定地价应定期制定并公布,但截至目前,与基准地价配套的标定地价的制定工作在大部分城市没有开展,致使政府在地价管理中缺少直接的地价标准。

3. 地价管理的配套制度急待进一步健全

尽管我国已经初步形成具有中国特色的地价管理制度体系,但是,通过近期对若干省市的调研发现,在地价管理配套制度建设方面仍然存在一些问题。

(1) 各地对中央宏观管理政策的实施和执行缺乏系统性的规划,地价管理体制体系不完善。

各地在执行国土资源部174号文件中要求建立的6个制度的问题上,情况不理想。首先,在建立和实施制度时,没有体现以地价管理为核心,制度之间衔接性、协同性和系统性差。其次,是制度与当地地价管理的现状及发展趋势脱节,不能做到有步骤、有计划、系统地实现制度目标,在时间上缺乏延续性和稳定性,影响土地市场的稳定健康发展。此外,制度的实施缺乏系统控制和监督,执行中变形走样,如地价集体决策制度,有的地方变成了多人签字的制度,实际上还是行政审批的形式,没有达到集体决策的真正效果。

(2) 具体实施地价管理制度的环境差,影响制度效率的发挥。

一些地方政府受地方经济利益的影响,对中央政策的理解和认知程度不完全到位,对制度的建设和执行采取规避和打折扣的方式,如对基准地价成果进行非正式的公布;一些地方土地管理部门的内部管理部门之间配合差,不能配合地价制度提供相应措施和服务;一些地方地价管理部门没有很好地争取地方其他政府部门的参与配合,如税务部门、财政部门和建设部门等;一些地方土地市场秩序比较混乱,市场参与主体不重视制度的执行。

(3) 落实地价管理制度的具体措施不到位,缺乏明确的目标、对象、程序、工作重点以及行之有效的操作细则。

一些法规细化程度不够,过于宏观,操作性差。例如,土地的招标拍卖制度,对于制度实施的条件,操作程序界定不清楚,不能满足当地的实际情况,或照抄其他地方的做法,脱离当地的实际情况。

4. 地价成果应用不充分

基准地价是我国地价体系建设的基础性工作,也是政府调控土地市场和服务于市民的

第五章 土地市场中的地价管理

重要工具。但是，基准地价成果公布比例低，使用面窄，利用率低，没有发挥出应有的政府指导和宏观调控作用。各地对基准地价的主要应用方向、应用范围和应用程度不是很明确。一方面基准地价成果基本限于土地管理部门使用，甚至是只由土地管理部门的内部具体部门使用；另一方面，土地管理部门不能积极地将基准地价成果向社会宣传，公开性差。除了宏观公示作用外，基准地价成果实际运用最多的还是在地价评估方面，仅有个别城市用于税收上。在土地市场管理和出让土地过程中，没有把基准地价与出让地价、调控土地市场有效联系起来。

5．地价调控市场作用不够显著

地价管理作为土地市场建设的核心，应在调控土地市场方面发挥突出的作用。但是就目前地价管理的市场调控作用来看，存在着不协调甚至失控的现象。

（1）土地转让和土地出让中的地价管理不协调

土地转让是土地使用权流转的最重要的形式和环节，其市场化程度较高，转让价格能比较真实地反映土地市场价格水平的变化。根据土地转让价格的变化情况，政府可适时调整土地的出让价格，并通过土地流转税收调节土地市场。各地重视出让地价管理的程度要远远超过转让地价管理的程度，甚至造成转让市场及转让地价失控。造成这种现象的根源在于：一方面，对地价在土地市场中的调控作用及其重要性认识不足，对地价管理的认识往往只停留在收取土地出让金的层次上，转让市场地价管理的政策法规、配套措施建设方面没有跟上；另一方面，对于转让市场的管理投入力量太少，监控力度不够，使土地转让市场基本处于半隐形状态。

（2）城乡结合部的地价管理严重失控

城乡结合部的地价管理目前基本上处于空白，土地供需关系难以调节，使城市建设用地市场受到严重干扰。主要原因是集体土地市场参与主体成分复杂，自发性强，土地交易隐形化，地价监测难度大，新增集体建设用地数量没有得到有效控制，进而影响到土地市场总量控制的力度和效果。

（3）存量土地入市调控差，直接影响土地供应与地价管理的调控

城市建设用地向存量土地的"沉淀"和存量土地向建设用地的"激活"，都将迅速影响城市建设用地总量的供需平衡，进而影响地价的变化。但是，对一些城市的调研中发现，对存量土地的调控没有与地价管理有效地配合。首先，家底不清，不能根据存量土地的总量和存量土地来源对土地市场需求和地价走势进行预测和计划；其次，政府不能通过城市建设用地向存量土地的"沉淀"和存量土地向建设用地的"激活"，调控城市建设用地总量的供需平衡；再次，在实施土地收购储备制度时，相应的地价管理制度没有跟上，对历史时期政府和企业在土地上复杂的投入及权益关系、市场关系和债权债务关系等缺少研究，土地收购价格难以确定，加大了土地收购储备的资金风险，使土地收购储备制度实施难度增大。

四、地价管理改革的方向

地价作为反映一个地区和城市经济社会发展水平和土地供求状况的指标，是由市场决定的。土地市场发育和规范的程度，要以地价形成机制的状况来衡量。因此，下一步深化

土地资产管理

地价管理改革基本思路是，以贯彻落实《国务院关于深化改革严格土地管理的决定》和《国务院关于加强国有土地资产管理的通知》精神为指导，以落实严格的土地管理制度为前提，以建立反映土地资源稀缺约束条件的土地价格体系和管理制度为目标，进一步深化改革，完善市场形成土地价格的机制，充分发挥地价的杠杆作用，促进土地资源的优化配置，实现节约集约用地的目标，为经济社会可持续发展提供土地资源保障。

1. 从严从紧控制建设用地供应总量

供求关系是市场运行的最基础关系。严格控制建设用地供应总量是加强地价管理的基础条件，是培育和规范土地市场、促进土地节约集约利用的前提，也是调整经济结构、转变经济增长方式、建设节约型社会的客观需要。2003年以来开展的土地市场秩序的治理整顿，已有效遏制了乱占滥用耕地、盲目扩大建设用地规模的势头，但反弹压力仍然较大。当前，在建设用地供应上仍要实行从严从紧的政策，严格执行规划计划，严格土地用途管制，严格保护耕地，发挥规划计划在控制建设用地规模、布局方面的作用。在严格执行土地利用总体规划和土地利用年度计划的基础上，探索建立城市土地供应计划制度，合理确定城市土地的供应总量、结构和进度，促进土地市场公开、安全、稳定运行。

2. 大力推进土地市场建设，完善地价形成机制

修订《划拨用地目录》，严格限定划拨用地范围，扩大土地有偿使用的范围，推进经营性收费基础设施用地逐步纳入有偿使用。坚定不移地执行经营性用地的招标拍卖挂牌出让制度，推行工业用地的招标、拍卖、挂牌出让，不断提高土地资源市场配置的程度。强化对协议出让土地的监管，建立协议出让土地的公示制度，禁止非法压低地价招商引资。加强土地有形市场建设，为土地的公开交易提供平台。建立土地成交价格申报制度，对低于市场价成交的土地，政府可优先购买，防止非法交易。

3. 加大土地供应调控力度，稳定土地价格

稳定房价、地价，保障房地产市场健康持续稳定发展是当前土地供应调控的重要任务。要在严格执行土地利用总体规划和土地利用计划的前提下，根据房地产市场变化情况，适时调整土地供应总量、结构、供应方式、供应节奏及供应时间。对居住用地和住房价格上涨过快的地方，适当提高居住用地在土地供应中的比例，着重增加中低价位普通商品住房和经济适用住房建设用地供应量。要不断完善土地供应方式，对不同用途的房地产开发用地要根据市场状况，灵活确定招标、拍卖、挂牌方式。

4. 研究土地节约集约利用的地价政策，发挥地价杠杆调节作用

保护耕地和保障发展用地是土地管理要解决的两大难题。当前我国正处在工业化、城镇化的快速发展时期，各项建设对建设用地的需求巨大，给耕地保护、土地供应带来了很大压力。同时，建设用地粗放利用、闲置浪费又较为普遍，节约集约用地的潜力很大。如何利用地价杠杆优化配置土地资源，使土地资源得到集约利用，是我们当前必须解决的一个大问题。各级国土资源管理部门在实际工作中，积极探索，积累了不少宝贵的经验。如无锡市制定了地价与土地集约度的调节系数，对土地利用率低的项目提高供地价格，对土地投资强度高的项目降低厂房租金、地方税收等。同时通过调整土地收益分配鼓励节约集

第五章 土地市场中的地价管理

约用地。如企业盘活存量土地，利用原有厂区土地进行增资扩建或改造的，免交增加建筑面积的土地出让金。宁波市对高科技、高效益的工业用地以及民办的文教用地，在土地的供应上和价格上给予适当优惠，不仅有利于土地的优化配置和产业结构的调整，也有利于城市经济的协调发展。

5. 加强地价管理的基础建设，完善市场服务体系

（1）建立健全土地市场动态监测制度，积极引导合理的土地需求

信息公开是市场经济的必要条件。当前，在房地产市场、土地市场中存在的突出问题之一就是信息不对称。一些城市土地供应计划不透明，供求信息没有充分公开，开发商等用地者不能根据政府的土地供应计划和房地产市场需求情况来确定投资计划，在以竞标等方式取得土地时存在着盲目性。当前，要进一步加强城镇基准地价的确定与公布工作，扩大地价监测范围，增加监测城市数量和监测点；加大对土地供需、地价动态变化情况等重要市场信息的分析力度，及时判断和把握土地市场运行状况，研究分析土地供需的矛盾，科学预测房地产开发对土地的需求。要定期或不定期的采取多种方式和渠道及时向社会发布土地供应计划、已供应、正在开发、待开发等土地供应数量、结构和分布情况，以及地价动态变化情况等基本信息，引导市场需求，稳定市场预期，防止地价大起大落。

（2）加强土地估价行业监管，提高服务质量

一要进一步完善制度。要根据新的形势和新的要求，不断建立健全以人员管理为主、机构承担责任和风险的行业管理规章制度，保证行业的规范发展。二要制定发展规划，保证行业的有序发展。要根据当前土地估价行业的现状，不断总结存在的问题，结合市场要求，对下一步的发展进行认真研究、规划，保证行业的有序发展。三要抓住重点，切实解决当前土地估价行业存在的突出问题。如搞虚假评估，迎合委托方不正当要求；搞恶性竞争，给关系人提取高额回扣等。四要抓好行业的诚信建设，建立起以执业技术为基础、职业道德为支撑、社会监督为保障，信息公开、公平竞争、优胜劣汰的诚信体系，提升土地估价行业的社会信用度。

第三节 目前我国主要的地价管理政策与制度

一、地价管理政策的含义

地价管理政策是指政府为规范土地市场中的交易行为，调控土地市场中的地价变化规律，保持地价水平相对稳定，保护所有者和使用者合法权益的一系列管理措施。

二、我国地价管理政策

随着我国土地市场建设不断推进，加强城市土地价格管理与动态监测制度，是政府为培育和规范土地市场交易行为，调控土地市场地价变化规律，保护土地所有者和使用者合法权益的一系列管理措施。目前已有的一些政策规定，多是根据当前地价管理需要而制定的，当前地价管理政策体现在以下几个方面。

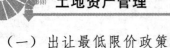

（一）出让最低限价政策

1. 协议出让最低价

国家对协议出让国有土地使用权采取最低限价。《中华人民共和国城市房地产管理法》第十二条规定：采取双方协议出让土地使用权的出让金不得低于按国家规定所确定的最低价。为此，原国家土地管理局1995年颁布了《协议出让国有土地使用权最低价确定办法》，要求各省、自治区、直辖市土地管理部门要会同有关部门，在做好省内城镇土地分等和基准地价平衡的基础上，依据政府产业政策和省内各城镇的基准地价，并综合考虑各地征地拆迁费用、土地开发费用、利息和土地纯收益等因素，按不同用途、级别基准地价的一定比例确定各类用地协议出让最低价。

国土资源部2003年6月发布的《协议出让国有土地使用权规定》（国土资源部21号）的规定协议出让最低价不得低于新增建设用地的土地有偿使用费、征地（拆迁）补偿费用以及按照国家规定应当缴纳的有关税费之和；有基准地价的地区，协议出让最低价不得低于出让地块所在级别基准地价的70%。协议出让底价低于最低价时，国有土地使用权不得出让。

协议出让土地使用权实行最低价具有以下作用，一是防止地方政府为局部和短期利益，采取不正当的竞争方式，随意压低地价，导致国家土地收益流失；二是增加土地使用权出让的透明度，便于监督。三是便于土地使用者了解国家对不同地区和行业的优惠，确定合理的投资方向。

2. 招标标底和拍卖挂牌底价的确定

根据国土资源部11号令规定，市、县人民政府土地行政主管部门应当根据土地估价结果和政府产业政策综合确定标底或者底价，并在招拍挂出让活动结束之前保密。在拍卖和挂牌出让国有土地使用权时，如果竞买人的应价或报价低于底价，则不能成交；而中标人必须是能够最大限度地满足招标文件中规定的各项综合评价标准，或者能够满足招标文件的实质性要求且价格最高的投标人。

3. 全国工业用地出让最低价标准

2006年8月31号，国务院又发布了《国务院关于加强土地调控有关问题的通知》（国发〔2006〕31号）决定建立工业用地出让最低价标准统一公布制度。

国家根据土地等级、区域土地利用政策等，统一制订并公布各地工业用地出让最低价标准。工业用地出让最低价标准不得低于土地取得成本、土地前期开发成本和按规定收取的相关费用之和。工业用地必须采用招标、拍卖、挂牌方式出让，其出让价格不得低于公布的最低价标准。低于最低价标准出让土地，或以各种形式给予补贴或返还的，属非法低价出让国有土地使用权的行为，要依法追究有关人员的法律责任。之所以采用这一制度，主要是针对工业用地供应低成本过度扩张的问题。

目前，我国工业用地供应过多、增速过快，一个重要原因是地区之间恶性竞争，采取各种手段竞相压低地价招商引资。据国土资源部数据显示，工矿用地在整个建设用地供应总量中所占的比例长期持续稳定在43%，高于房地产开发用地及其他各种类型用地。

围绕建立工业用地出让最低价标准统一公布制度，国土资源部制定统一的工作方案和技术方案。国家建立工业用地出让最低价标准统一公布制度，并不是全国工业用地一个价格，而是要根据全国土地等级、基准地价水平等综合平衡后分等级确定，体现了国家区域发展政策，由国土资源部统一制定并公布各地工业用地出让最低价标准，全国工业用地出让最低价标准共分为15等。

为贯彻落实《国务院关于加强土地调控有关问题的通知》（国发〔2006〕31号）精神，加强对工业用地的调控和管理，促进土地节约集约利用，根据土地等级、区域土地利用政策等，国土资源部统一制订了《全国工业用地出让最低价标准》。根据关于发布实施《全国工业用地出让最低价标准》的通知（国土资发〔2006〕307号）中的规定，工业用地必须采用招标拍卖挂牌方式出让，其出让底价和成交价格均不得低于所在地土地等别相对应的最低价标准。各地国土资源管理部门在办理土地出让手续时必须严格执行《全国工业用地出让最低价标准》（表5-1），不得以土地取得来源不同、土地开发程度不同等各种理由对规定的最低价标准进行减价修正。

表5-1　全国工业用地出让最低价标准　　　　　　　单位：元/平方米（土地）

土地等别	一等	二等	三等	四等	五等	六等	七等	八等
最低价标准	840	720	600	480	384	336	288	252
土地等别	九等	十等	十一等	十二等	十三等	十四等	十五等	
最低价标准	204	168	144	120	96	84	60	

工业项目必须依法申请使用土地利用总体规划确定的城市建设用地范围内的国有建设用地。对少数地区确需使用土地利用总体规划确定的城市建设用地范围外的土地，且土地前期开发由土地使用者自行完成的工业项目用地，在确定土地出让价格时可按不低于所在地土地等别相对应最低价标准的60％执行。其中，对使用未列入耕地后备资源且尚未确定土地使用权人（或承包经营权人）的国有沙地、裸土地、裸岩石砾地的工业项目用地，在确定土地出让价格时可按不低于所在地土地等别相对应最低价标准的30％执行。对实行这类地价政策的工业项目用地，由省级国土资源管理部门报部备案。

对低于法定最高出让年期（50年）出让工业用地，或采取租赁方式供应工业用地的，所确定的出让价格和年租金按照一定的还原利率修正到法定最高出让年期的价格，均不得低于《全国工业用地出让最低价标准》。年期修正必须符合《城镇土地估价规程》（GB/T18508—2001）的规定，还原利率不得低于同期中国人民银行公布的人民币五年期存款利率。

（二）政府对土地使用权的转移有优先购买权

《城市房地产管理法》和《城镇国有土地使用权出让和转让暂行条例》第二十六条的规定：土地使用权价格明显低于市场价格的，市、县人民政府有优先购买权。

在我国，土地优先购买权的主要作用，一是对转移土地使用权的宗地，当政府实施土地利用规划、为公共福利等建设需要此宗地时，优先购买权可以保证其为政府获得；二是防止在土地转移中，交易双方虚报、瞒报地价，扰乱土地市场，逃避国家税费征收标准的行为发生，以维护和形成一个稳定良好的土地市场环境。

实施优先购买权有以下程序。

(1) 公布优先购买权实施的价格标准和政策规定

政府实施优先购买权的标准,一般以基准地价为依据,规定一定的变动范围,变动范围的大小,可根据市场发育程度和地价评估精度,确定一个交易双方申报交易地价的变动范围。条件具备的城市,也可以宗地地价作为优先购买权实施的标准。对一些政府实施土地利用规划,建设公共福利设施等属政策规定需实施的优先购买权,则应设定优先购买权的实施范围。

(2) 交易双方申报成交价格

交易双方通过多种方式达成土地转移意向后,在变更土地登记之前或申请土地登记时,需向政府申报双方的成交价格,供土地登记和衡量成交价格是否正常的依据。

(3) 政府实行优先购买

交易双方申报的成交价格明显低于正常市场价格,且低于政府规定的地价标准的,政府可以实行优先购买,并宣布交易双方的土地转移合同无效,由政府支付给土地转让方资金后,收回土地使用权。对属于建设需要实行的优先购买权,则应向双方说明原因,出具必要的证明材料。

(三) 政府对地价上涨可采取必要的行政手段进行干预

《城镇国有土地使用权出让和转让暂行条例》规定:土地使用权转让的市场价格不合理上涨时,市、县人民政府可采取必要措施。该规定的主要作用是防止市场地价的不合理上涨和土地投机行为,满足社会各方面对土地的需求。

1. 对地价上涨进行干预的作用

政府通过对地价上涨进行干预,可以起到以下作用:

(1) 使土地价格的上涨速度,与整个经济发展的速度相协调,促进地区经济持续稳定发展;

(2) 满足社会各部门发展对土地的需求,防止土地资源和资产的浪费;

(3) 促进正常土地市场的建立,使土地的转移、流动正常化。

2. 政府控制地价不合理上涨的主要手段

(1) 对地价上涨不合理的地区实行地价冻结,对一些按规划需要建设的地区,为防止地价上涨影响到规划的实施,也采取冻结地价和限制交易进行控制;

(2) 限制保有土地的数量,制止土地囤积与垄断造成的地价不合理上涨;

(3) 实行土地资产的累进税率,防止个人囤积和无效占用土地;

(4) 适时开发新建设用地,增加土地供给量,以影响地价的升降;

(5) 增加土地市场透明度,保证交易双方尽量信息对称。

(四) 通过征收土地增值税,防止交易双方虚报、瞒报交易地价,将社会发展带来的土地收益收归国家

《城镇国有土地使用权出让和转让暂行条例》第二十六条同时还规定:"土地使用权转让的市场价格不合理上涨时,市、县人民政府可以采取必要的措施。"其实,自该条例实施以来,地方人民政府都没有针对当地不合理上涨的地价采取过必要的措施。为此,

第五章 土地市场中的地价管理

1992—1993年在全国出现的"房地产热"中，很多地方的土地转让价格都在极短的时间内成倍地上涨，无论从什么角度去看，都属于不合理上涨。针对这种情况，国务院在1993年出台了《土地增值税暂行条例》，要求从1994年1月1日起执行，1995年1月27日财政部发布了实施细则。征收土地增值税的目的是为了规范土地、房产市场秩序，合理调节土地增值收益，维护国家权益；抑制地价的不合理上涨；防止虚报、瞒报交易价，防止土地使用者囤积土地进行土地投机，减少土地资源浪费。

三、地价管理制度

（一）加强土地（使用权）出让的计划管理

建立土地出让计划编制、平衡、下达和执行机制，并将其纳入年度土地利用计划中。土地出让计划是控制土地出让总量，调控土地市场供求关系，引导投资方向，指导土地出让活动的重要手段。

（二）建立基准地价、标定地价定期公布制度

公布地价是各国的通行制度。《中华人民共和国城市房地产管理法》第三十二条规定：基准地价、标定地价、房屋重置价应当定期确定并公布。市、县人民政府土地行政主管部门应当定期组织或委托评估机构，评定城市基准地价和标定地价，并拟订基准地价公布方案，报有批准权的政府批准后公布。基准地价、标定地价定期公布可以发挥政府地价导向作用，使投资者了解投资地区的地价水平，以便选择投资地点和方向；同时可以使土地交易双方、土地管理部门了解真实的市场行情，有利于达成正常的市场交易；也有利于增强政府行政透明度和改善投资环境。

（三）建立土地价格评估制度

《中华人民共和国城市房地产管理法》第三十三条规定：国家实行房地产价格评估制度，凡土地出让或转让、出租、抵押、入股、联营、合营等经济行为涉及未办理出让手续的土地或需改变土地使用权出让合同规定条件的土地，必须经具有土地估价资格的机构评估；凡涉及不需改变出让合同条件的出让土地，是否进行估价由各方当事人自行确定。房地产价格评估应当遵循公正、公平、公开的原则，按照国家规定的技术标准和评估程序，以基准地价、标定地价为基础，参照当地的市场价格进行。

（四）完善土地登记，建立土地交易价格申报制度

《中华人民共和国城市房地产管理法》第三十四条规定：国家实行房地产成交价格申报制度，要求房地产权利人转让房地产时，应当向县级以上人民政府规定的部门如实申报成交价格，不得瞒报或者作不实的申报。因此，凡是发生土地交易行为的当事人均应在申请土地登记时同时申报土地交易价格，土地管理部门应结合土地登记对当事人申报的交易价格进行审核，发生增值的，应在转让方缴纳土地增值税后予以登记；当申报地价低于标定地价的，应先报请政府以决定是否行使政府优先购买权。

（五）成立土地估价委员会

各城市应组织各有关部门组成土地估价委员会，每年定期举行例会，研究、审议土

估价和地价管理的重大政策、技术问题。

（六）建立土地估价人员资格认证和土地估价机构资格评级制度

建立土地估价人员资格认证和土地估价机构备案与资质评审制度。根据《中华人民共和国城市房地产管理法》有关规定，从事土地估价的人员必须经过资格认证，即必须经全国统一考试、取得国土资源部颁发的土地估价师资格证书的人员，方有资格签署估价报告；从事土地估价的评估机构，必须按规定经工商注册登记后，按规定到国土资源管理部门进行备案，取得相应的土地估价资质证书，方可从事土地估价业务。

（七）建立土地市场地价分析制度

土地市场管理部门要将土地市场形成的地价信息及时进行整理，建立定期的土地市场地价分析制度。定期公布市场交易信息和编制地价指数等，为政府监测土地市场变动、制定地价政策，为交易者交易决策提供市场地价信息。

第四节　城市地价动态监测

一、城市地价动态监测的概念、目的、作用

地价动态监测是根据城市土地市场的特点，通过设立地价监测点，收集、处理并生成系列的地价指标，对城市地价状况进行观测、描述和评价的过程。

调查城市地价的水平及变化趋势，向社会提供客观、公正、合理的地价信息为政府加强地价管理和土地宏观调控提供基础数据和决策依据。

二、城市地价动态监测的对象、周期、地价类型和基准日

1. 监测对象

城市地价动态监测的对象是城市土地的价格状况。

城市土地价格状况包括城市地价的水平状况、变化状况、结构特征，以及地价与相关指标协调程度等。

2. 监测周期

城市地价动态监测在设定的周期进行。全国范围、全省范围和城市范围的地价监测周期按照年度和季度进行；重点区域和重点城市、重点区段，以及专题性监测等，周期根据具体情况设置。

3. 监测地价类型

城市监测地价分为商业、居住、工业三种基本类别，各类别地价的内涵应与城市基准地价内涵一致。

为了反映城市地价的综合状况，设立综合地价指标，由商业、居住和工业三种用途地价综合形成。

根据不同的目的和需要，可以在三种基本类别的基础上再下设亚类用途的地价。

第五章　土地市场中的地价管理

4. 监测地价基准日

监测地价具有统一的基准日。季度监测地价基准日分别为各季度的最后一日，年度监测地价基准日为每年的12月31日。

三、地价动态监测技术路线与程序

1. 技术路线

城市地价动态监测技术路线为，通过建立监测点，采用评估等手段，收集城市不同级别、不同区段、不同用地类型土地价格及相关数据，对地价现状进行调查和观测，然后通过系列指标对城市地价状况进行全面描述，对城市地价状况做出基本的评价和判断，最后生成相关信息并向社会发布。

2. 监测程序

城市地价动态监测的基本技术程序如下：

(1) 确定地价动态监测的范围；
(2) 建立以地价监测点为基础的数据源；
(3) 采集并处理监测数据；
(4) 根据监测目标建立地价动态监测指标体系；
(5) 计算各类地价动态监测指标；
(6) 对城市地价状况进行综合分析和评价；
(7) 编制城市地价动态监测报告；
(8) 发布城市地价动态监测信息。

四、地价动态监测范围确定

1. 监测范围确定

城市地价动态监测的范围根据不同监测目标设置。城市内部按照城市某一种标准（如规划区红线、建成区界线等）界定地价动态监测范围。跨城市区域按照行政区划或者宏观经济区域划分城市地价动态监测范围。

城市地价动态监测分为国家级城市地价动态监测、省级城市地价动态监测和城市级地价动态监测三个层次。国家级城市地价动态监测、省级城市地价动态监测属于区域性城市地价动态监测，城市级地价动态监测属于城市内部地价动态监测。

2. 国家级城市地价动态监测范围

国家级城市地价动态监测范围包括，全国范围的城市地价动态监测、跨省区域的地价动态监测、重点城市地价动态监测等。

全国范围的城市地价动态监测是指对全国范围内的直辖市、省会城市、计划单列市等大城市，以及主要中、小城市进行全面地价动态监测。

跨省区域地价动态监测是指对跨省经济区域（如长江三角洲、珠江三角洲等地区）的大城市和主要的中、小城市进行地价动态监测。

重点城市地价动态监测范围是指对在重要区域，或全国范围内有重要影响的城市进行地价动态监测。

3. 省级城市地价动态监测范围

省级城市地价动态监测范围包括，全省范围的城市地价动态监测、省内分区域的地价动态监测等。

全省范围的城市地价动态监测是指对全省范围内的大城市、中等城市、小城市进行全面地价动态监测。

省内分区域的地价动态监测是指对省内一定区域的大城市、中等城市、小城市进行地价动态监测。

4. 城市级地价动态监测范围

城市级地价动态监测范围包括城市主城区或建成区整体地价动态监测、城市各区域和重要区段地价动态监测等。

五、地价监测点的设立

1. 设立原则

地价监测点的设立原则如下：

（1）代表性原则，指设立的地价监测点在所在区段内，其地价水平、利用条件、利用状况、开发程度等方面具有代表性；

（2）确定性原则，指设立的地价监测点为一具体宗地，其周围条件及自身条件都比较确定；

（3）稳定性原则，指设立的地价监测点的土地条件，利用状况以及周围土地的利用条件比较稳定，在较长的时间内不会发生分割、合并或重新规划等情况；

（4）标识性原则，指设立的地价监测点易于识别，具有一定的标识性。

2. 设立步骤

地价监测点设立的基本步骤如下：

（1）地价区段的划分；

（2）地价区段内监测点的布设；

（3）地价监测点初始资料的采集；

（4）地价监测点上图与资料建档。

3. 地价区段划分

地价区段的划分要满足以下要求：

（1）在同一地价区段内，地价水平比较接近或者一致；

（2）在同一地价区段内，土地的利用状况、基础设施条件、环境条件和规划条件等基本相同；

（3）各地价区段的面积规模适当，最小为一个街区范围，并保持地块的完整性；

（4）各地价区段彼此相连，能够完全覆盖被检测范围。

第五章 土地市场中的地价管理

地价区段划分的方法如下：

（1）以已有土地级别界线、基准地价水平或交易样本地价水平等为依据，在工作底图上绘制若干条具有控制性的地价等值线；

（2）在地价等值线的基础上，以宗地界线、街区道路、河流以及其他线状地物为依据，在工作底图上勾勒出各地价区段的边界；

（3）在实地查勘的基础上，根据土地条件、土地利用状况和土地开发程度等，调整初步划分出的地价区段边界，并落实在工作底图上，通过编号、图形整饰形成城市地价区段分布图；

（4）以城市地价区段分布图为依据，量算各区段的土地总面积、各用途实际土地面积等，并进行地价区段登记。

4. 地价监测点布设

地价监测点布设要求如下：

（1）地价监测点为形状规则的独立宗地或者地块，具有明确的界线；

（2）地价监测点现状的容积率、开发程度、面积规模等，应与所在级别和地价区段的设定状况相近；

（3）地价监测点总数应综合考虑城市规模等级、建成区面积等因素确定，直辖市不应低于 200 个，省会城市和计划单列市不应低于 120 个，其他城市不应低于 60 个；各用途地价监测点的数量应尽可能均衡；

（4）地价监测点的分布密度至少应达到每区段 1～2 个。

5. 初始资料采集、上图与建档

地价监测点布设与初始资料采集的方法如下：

（1）以标有地价区段界线的工作底图为基础，在各个地价区段范围内选择符合条件的宗地作为初选监测点，并将初选的地价监测点标注在工作草图上；

（2）查阅土地登记档案，对初选监测点的登记资料进行整理，记入监测点登记表，没有登记资料的初选监测点根据实地勘察调查的情况填写监测点登记表；

（3）根据工作草图的标注及登记资料，对初选监测点逐一进行实地勘察，包括对登记资料的核实和补充、宗地周边环境的调查、土地实际利用状况的调查、宗地影像资料的获取等；

（4）根据勘察的资料对初选监测点进行进一步的分析和筛选，确定地价监测点；

（5）对监测点进行统一编号，编号包含全国行政区划序号信息、城市类别信息、土地级别序号信息、土地用途类别信息、城市内监测点序号信息。

经筛选整理后确定的监测点资料要进行正式的初始登记，初始登记的主要内容包括：监测点权利状况资料、利用状况资料、影响因素资料、设定条件资料、价格状况资料和其他资料等。

地价监测点布设要绘制分布图。地价监测点分布图要标明各地价监测点的代表符号、编号，以及其他图件要素。

地价监测点布设要建立监测点档案。监测点档案包括监测点分布图、监测点登记表、地价区段登记表及相关资料。

六、地价监测点的维护

1. 地价监测点定期检查

每年要对地价监测点进行全面跟踪检查，并对检查情况进行登记。地价监测点的检查内容有：

（1）使用状况方面，包括用途是否发生变化、建筑面积是否变化、内部基础设施是否改变、是否发生地质灾害等；

（2）周边环境方面，包括总体规划是否调整、是否增加重要的基础设施和公共设施等；

（3）权属关系方面，是否发生交易行为、是否分割或者合并、是否设定新的权属限制等。

2. 地价监测点更新

地价监测点原则上应保持稳定，但遇到下列情况时，应该更新：

（1）地块或地块上建筑物灭失；

（2）地块用途发生改变；

（3）地块被合并或分割；

（4）地块地质条件发生规模较大的恶性改变；

（5）土地长期低效利用；

（6）城市主城区或建成区扩容。

地价监测点的更新可包括对原有不再符合条件监测点的删除、替换和新增加监测点的设立，可参照地价监测点的设立步骤。地价监测点更新的数量每年不得超过该城市地价监测点总数的10%。当城市土地级别调整、基准地价更新时，原则上保留90%以上的原有监测点，并在原有监测点的基础上，进行监测点扩充。

更新的监测点，其编号均在所在用途的监测点序号最后一个的基础上续编。被更新的原编号自动停止使用。

监测点所在城市土地级别发生变动、监测点级别出现调整时。其编号只改变土地级别代码，其他代码不变，但原编号自动停止使用。

3. 建立地价监测点资料库

地价监测点须建立专门的资料库。资料库管理的资料主要包括以下几点。

（1）初始登记资料，包括：城市地价监测点登记表（初始）、地价区段登记表（初始）、地价监测点分布图、地价区段分布图、地价监测点宗地图、地价监测点影象照片等。

（2）变更登记资料，包括：各监测年度的城市地价监测点登记表（变更）、地价区段登记表（变更）、地价监测点变更统计表等。

（3）各季度、年度成果资料，包括：地价监测点（季度）调查表、地价动态监测指标（季度）调查表、土地招标拍卖挂牌出让情况（季度）调查表、土地交易样本（季度）调查表、地价监测点（年度）调查表、地价动态监测指标（年度）调查表、房屋交易样本

（年度）调查表、土地（年度）供需情况调查表、房屋（年度）供需情况调查表、土地面积调查表、相关社会经济指标（年度）调查表、城市基准地价更新情况调查表、地价监测点评估技术要点表、地价监测点分布图、土地交易样本分布图、房屋交易样本分布图、城市地价状况年度分析报告、监测点地价评估报告等。

七、地价动态监测数据采集

1. 地价动态监测数据内容

（1）地价监测点数据，按采集重点不同分为初始采集数据和常规采集数据，其中，初始采集数据包括监测点的土地权属状况、土地实际利用状况、地价影响因素、监测点设定条件、监测点价格状况等基本情况；常规采集数据重点为监测点在监测时段的现状条件下评估地价、设定内涵条件下评估地价、评估时间及评估人等。

（2）土地交易样本数据。

（3）房屋交易样本数据。

（4）城市一般数据，为土地年度供需统计数据、房屋年度供需统计数据、城市社会经济统计数据、城市基准地价资料等。

2. 地价动态监测数据采集方法

地价监测点数据按采集内容分为基础数据和监测点地价数据。

地价监测点基础数据在布设过程中通过初始调查进行采集，但要及时进行核实和变更采集。

监测点地价数据通过对监测点市场价格的评估获取，有关监测点地价评估的原理和方法须遵循《城镇土地估价规程》；如果设立的地价监测点为土地交易日期在1年以内的交易样本，其地价可直接通过期日、土地开发程度、土地使用权年限、容积率等修正得到。

监测点年度地价数据每年采集一次，基准日设定在每年的12月31日；监测点季度地价数据每季度采集一次，通过抽样采集，各类别监测点抽样数不得低于其总数的10%，基准日设定在各季度的最后一日。

监测点地价评估要求如下：

（1）监测点现状条件与设定内涵条件下的地价分别评估，评估值为地面价；

（2）监测点地价为土地使用权价格，不考虑他项权利限制；

（3）监测点地价设定内涵条件下为法定最高年限，现状条件下为实际剩余使用年限；

（4）应采用两种或两种以上的评估方法，但不能采用基准地价系数修正法；

（5）监测点地价评估报告采用统一格式；

（6）每一个监测点地价应由两名注册土地估价师评估并签字。

土地交易样本数据通过市场调查采集，采集渠道为土地交易市场、土地交易登记部门和实际市场，土地交易样本数据每季度采集一次。

房屋交易样本数据通过市场调查采集。数据采集渠道为房地产市场管理部门和实际市场。房屋交易样本数据包括房价和房屋租金水平等，采用样本调查的方法采集。

城市一般资料每年度采集一次。其中，土地供需资料、城市基准地价资料主要通过资料查询和实地调查相结合的方式采集。采集的渠道主要是国土资源管理部门；房屋供需资料主要也是通过资料查询和实地调查结合的方式采集。采集的渠道主要是房地产管理部门；城市社会经济统计资料主要通过资料查询的方式采集。采集的渠道主要是统计部门和相关管理部门。

3．地价动态监测资料的整理与审核

地价动态监测资料采集齐备后，应将各类登记表、调查表、汇总表和统计表等表格进行分类整理，按时间顺序进行统一编号存档。

地价动态监测资料归档前，应对资料是否完整、内容是否准确、操作程序是否符合规定等进行审核。

八、地价动态监测指标

1．地价水平值

地价水平值是以一定范围内的平均地价反映某一时点地价水平高低状况的指标。

地价水平值按照土地用途分为商业地价水平值、居住地价水平值、工业地价水平值，为了综合反映城市地价水平，在不同用途的基础上设置城市综合地价水平值。

城市地价水平值按照区域大小分为区段地价水平值、级别地价水平值、城市整体地价水平值等。

区域地价水平值按照区域大小分为地级范围城市地价水平值、省级范围城市地价水平值、重点区域城市地价水平值和全国城市总体地价水平值。

2．地价变化量

地价变化量主要是反映在某一时段内地价价位的变化落差，以地价增加（或减少）量表示。

按照土地用途分为商业地价变化量、居住地价变化量、工业地价变化量，为了综合反映城市地价变化量，在不同用途的基础上设置城市综合地价变化量。

城市地价变化量按照区域大小分为地级范围城市地价变化量、省级范围城市地价变化量、重点区域城市地价变化量和全国城市总体地价变化量。

3．地价增长率

地价增长率主要是反映在某一时段内地价的变化幅度，一般是通过不同时期地价变化量与基期地价水平值的比值计算得出的，以百分率表示。

按照基期的不同，地价增长率分为定比地价增长率和环比地价增长率。

按照土地用途分为商业地价增长率、居住地价增长率、工业地价增长率，为了综合反映城市地价变化幅度，在不同用途的基础上设置城市综合地价增长率等。

城市地价增长率按照范围大小分为区段地价增长率、级别地价增长率、城市整体地价增长率等。

区域地价增长率按照区域大小分为地级范围城市地价增长率、省级范围城市地价增长率、重点区域城市地价增长率和全国城市总体地价增长率等。

4. 地价指数

地价指数主要是反映在不同时点的地价水平与某一时点地价水平比较的相对关系，以地价水平值比值的 100 倍表示。

地价指数按照基数不同分为定比地价指数和环比地价指数。定比地价指数以某一固定基期的地价水平值为基数，环比地价指数以上一统计周期地价水平值为基数。

地价指数按照土地用途分为商业地价指数、居住地价指数、工业地价指数及表征城市整体地价水平相对关系的综合地价指数等。

地价指数按照区域大小分为地（市）级范围地价指数、省级范围地价指数、跨省区域地价指数和全国总体地价指数等。

九、地价动态监测指标值计算

1. 地价水平值计算

地价水平值计算以监测点地价为基础样本，市场交易地价为辅助样本。

（1）区段地价水平值计算

某一时点、某一用途区段地价水平值，等于地价区段内该用途样本地价的算术平均值。计算公式为：

$$\overline{P}_k = \frac{\sum_{i=1}^{n} P_{ki}}{n}$$

式中：$\overline{P}_k$——第 k 个地价区段某一时点、某一用途的地价水平值；

P_{ki}——第 k 个地价区段内某一时点、某一用途第 i 样本地价；

n——第 k 个地价区段内某一时点、某一用途地价样本的总数。

（2）区域地价水平值计算

某一时点、某一用途区域（如级别）地价水平值，等于区域内区段地价水平值的加权平均值。

计算公式为：

$$\overline{P}_j = \frac{\sum_{k=1}^{m} \overline{P}_k \times S_k}{\sum_{k=1}^{m} S_k}$$

式中：$\overline{P}_j$——第 j 级别某一时点、某一用途的区域地价水平值；

$\overline{P}_k$——第 k 个区段某一时点、某一用途的地价水平值；

S_k——第 k 个区段某一时点、某一用途实际土地面积；

m——第 j 区域内某一时点、某一用途地价区段的总数。

（3）城市整体地价水平值计算

城市整体地价水平值等于监测范围内某一用途区段或区域地价水平值的加权平均值。

（4）城市综合地价水平值计算

城市综合地价水平值采用各用途地价水平值按各用途实际土地面积加权平均计算。

(5) 区域城市地价水平值计算

区域城市地价水平值，采用各城市整体地价水平值加权平均计算。

2. 地价变化量计算

地价变化量以地价水平值为基础计算，分为年度地价变化量和季度地价变化量。

(1) 年度地价变化量计算

年度地价变化量等于某一年度、某一用途地价水平值减去上一年度该用途地价水平值。计算公式为：

$$\Delta \bar{P}_y = \bar{P}_y - \bar{P}_{y-1}$$

式中：$\Delta \bar{P}_y$——第 y 年某一用途的年度地价变化量；

$\bar{P}_y$——第 y 年某一用途的地价水平值；

$\bar{P}_{y-1}$——第 $y-1$ 年某一用途的地价水平值。

(2) 季度地价变化量计算

季度地价变化量等于某一季度、某一用途地价水平值减去上一季度该用途地价水平值。

3. 地价增长率计算

地价增长率以地价水平值为基础计算。

(1) 年度地价增长率计算

年度地价增长率等于某一年度、某一用途地价变化量与上一年度该用途地价水平值的比率。计算公式为：

$$Q_y = \Delta \bar{P}_y / \bar{P}_{y-1} \times 100\%$$

式中：Q_y——第 y 年某一用途、某一区域地价增长率；

$\Delta \bar{P}_y$——第 y 年某一用途的年度地价变化量；

$\bar{P}_{y-1}$——第 $y-1$ 年某一用途的地价水平值。

(2) 季度地价增长率计算

季度地价增长率等于某一季度、某一用途地价变化量与上一季度该用途地价水平值的比率。

季度同比地价增长率等于某一季度、某一用途地价水平值和上一年同季度该用途地价水平值的差值与上一年同季度该用途地价水平值的比率。

4. 地价指数计算

地价指数以对应城市内部区域的地价水平值为基础计算。

(1) 定比地价指数计算

定比地价指数等于某一用途某年（季）度地价水平值与固定基期地价水平值的比率，基期地价指数设定为100。年度定比地价指数计算公式为：

$$I_y = \bar{P}_y / \bar{P}_0 \times 100$$

式中：I_y——某一用途第 y 年年度定比地价指数；

$\bar{P}_y$——某一用途第 y 年地价水平值；

$\bar{P}_0$——某一用途固定基期某地价水平值。

季度定比地价指数计算方法与年度定比地价指数相同。
(2) 环比地价指数计算

环比地价指数等于某一用途某年（季）度地价水平值与上年（季）度地价水平值的比率。年度环比地价指数计算公式为：

$$I_y = \bar{P}_y / \bar{P}_{y-1} \times 100$$

式中：I_y——某一用途第 y 年年度环比地价指数；

$\bar{P}_y$——某一用途第 y 年地价水平值；

$\bar{P}_{y-1}$——某一用途第 $y-1$ 年地价水平值。

季度环比地价指数计算方法与年度环比地价指数相同。

十、地价状况分析

1. 地价水平状况分析

地价水平状况分析主要采用地价水平值和地价变化量等指标，重点对不同时期和不同区域、不同用途和不同级别的地价水平值进行比较、排序，并说明地价的最高值、最低值等情况。

2. 地价变化趋势分析

地价变化趋势分析主要采用地价增长率、地价指数等指标，重点对不同时期和不同区域、不同用途和不同级别的增长率的高低比较和排序，并说明变动幅度最大值、变动幅度最小值等情况。

3. 地价与土地供需协调状况分析

地价与土地供需协调状况分析主要采用不同时期地价与土地供需、地价增长率与土地供需增长率的高低比较等方式进行分析。

4. 地价与房屋市场协调状况分析

地价与房屋市场协调状况分析主要采用不同时期地价与房屋供需量、地价房价比、地价增长率与房屋供需增长率高低比较等方式进行分析。

5. 地价与社会经济协调状况分析

地价与社会经济协调状况分析主要采用不同时期地价、地价增长率与社会经济指标的高低比较等方式进行分析。

6. 地价与城市土地利用协调状况分析

地价与城市土地利用协调状况分析主要采用不同时期地价与城市土地利用状况、地价增长率与城市土地利用变化的高低比较等方式进行分析。

十一、地价动态监测报告

1. 监测报告体系

地价动态监测报告包括：

(1) 年度报告，主要报告城市地价的年度状况；

(2) 季度报告,主要报告城市地价的各季度状况;

(3) 专题报告,分专题报告城市地价相关问题情况。

2. 监测报告内容

监测报告的主要内容如下:

(1) 基本界定,包括对监测范围、监测城市、监测分区、监测时段、数据来源、指标体系以及重要概念等的说明;

(2) 监测内容,包括地价水平与变化趋势状况、地价空间分布形态、地价与土地市场、房屋市场、宏观经济环境、城市土地利用变化协调情况等;

(3) 基本分析,主要是对地价状况综合分析、背景分析和预测;

(4) 技术说明,主要是对监测技术处理过程进行说明。

十二、地价监测点成果

1. 地价监测点设立维护成果

(1) 地价监测点初始设立成果,包括城市地价监测点登记表(初始)、地价区段登记表(初始)、地价监测点分布图、地价区段分布图、地价监测点宗地图、地价监测点影像照片等;

(2) 监测点年度变更调查成果,包括监测点、区段变化及相关资料。

2. 监测数据采集成果

(1) 年度数据采集成果,包括地价监测点(年度)调查表、地价监测点(年度)变更统计表、地价动态监测指标(年度)调查表、房屋交易样本(年度)调查表、土地(年度)供需情况调查表、房屋(年度)供需情况调查表、土地面积调查表、相关社会经济指标(年度)调查表、城市基准地价更新情况调查表、地价监测点评估技术要点表、地价监测点分布图、土地交易样本分布图、房屋交易样本分布图、城市地价状况年度分析报告、监测点地价评估报告、地价监测点宗地图和影像照片等;

(2) 季度数据采集成果,包括地价监测点(季度)调查表、地价动态监测指标(季度)调查表、土地招标拍卖挂牌出让情况(季度)调查表、土地交易样本(季度)调查表。

3. 监测报告成果

监测报告成果有:

(1) 城市地价监测年度报告;

(2) 城市地价监测季度报告。

4. 成果要求

(1) 监测点地价评估报告的地价动态监测分析报告的分析和描述应客观、合理、用语规范,并制成 Word 格式电子版;

(2) 图件成果的制作和成果格式应符合《城镇地籍调查规程》或有关制图规范的要求;图件应按要求进行数字化,统一为 GIS 平台下矢量化的电子图;图件中不同的地理要素、城市道路、建筑、定级因素、界线、样本分布点、地物点及其标注等要分图层提供;

第五章 土地市场中的地价管理

图件中的地价监测点必须提供坐标,并注明是 54 坐标还是 80 坐标;

(3) 所有表格成果应按照标准的要求填制,并制成 Excel 格式电子版。

5. 成果审核

地价动态监测成果应进行全面检查审核,审查的主要内容与要求如下:

(1) 监测范围是否符合要求;

(2) 地价区段的划分是否合理;

(3) 地价监测点的数量、分布及维护是否符合标准的要求;

(4) 地价监测点资料是否齐全、真实、地价测算是否科学,地价水平是否合理;

(5) 市场交易样本资料是否真实、有效;

(6) 地价监测点分布图是否清晰,监测点位置否准确,要素是否齐全;

(7) 监测点地价评估报告是否符合估价技术要求;

(8) 监测指标的分析测算是否准确;

(9) 城市地价状况年度分析报告是否科学、合理、是否与实际一致,是否反映当地特点;

(10) 相关表格、图件和文字报告之间,是否一致。

十三、地价动态监测信息发布

(一) 地价动态监测信息发布内容

1. 国家级发布信息

国家级地价动态监测发布的主要信息内容如下:

(1) 全国总体城市地价水平值、区域城市地价水平值、重点城市地价水平值;

(2) 全国总体城市地价增长率、区域城市地价增长率、重点城市地价增长率;

(3) 全国总体城市地价指数、区域城市地价指数、重点城市地价指数;

(4) 全国城市地价动态监测年度报告、季度报告;

(5) 其他相关信息。

2. 省级发布信息

省级地价动态监测发布的主要信息内容如下:

(1) 全省总体城市地价水平值、省内重点区域和重点城市的地价水平值;

(2) 全省总体城市地价增长率、省内重点区域和重点城市的地价增长率;

(3) 全省总体城市地价指数、省内重点区域和重点城市的地价指数;

(4) 全省总体城市地价动态指数、省内重点区域和重点城市的地价指数;

(5) 其他相关信息。

3. 城市级发布信息

城市级地价动态监测发布的主要信息内容如下:

(1) 城市整体地价水平值、市内各级别及各区段地价水平值;

(2) 城市整体地价增长率、市内各级别及各区段地价增长率;

(3) 城市地价指数；

(4) 城市地价动态监测年度报告、季度报告；

(5) 其他相关信息。

（二）信息发布方式

地价监测信息发布方式如下：

(1) 公告发布，通过广播、电视、报刊、网络等媒体，刊登公告；

(2) 新闻披露，通过广播、电视、报刊、网络等媒体，发布新闻；

(3) 信息系统查询，通过建立计算机查询系统，提供网上查询信息服务。

复习思考题

1. 简述地价管理的作用有哪些。
2. 简述地价管理发展的历程。
3. 简述地价管理存在的问题和改革的方向。
4. 我国地价管理政策和制度有哪些？
5. 简述城市地价动态监测的技术程序。
6. 简述地价区段划分的要求及方法。
7. 简述地价监测点布设的要求。
8. 遇到哪些情况，地价监测点应该及时更新。

强化练习题

一、填空题

1. 采取双方协议出让土地使用权的出让金，最低价不得低于新增建设用地的_____、_____以及按照国家规定应当缴纳的有关税费之和；有基准地价的地区，协议出让最低价不得低于出让地块所在级别基准地价的_____。协议出让底价低于最低价时，国有土地使用权不得出让。

2. 工业用地必须采用招标、拍卖、挂牌方式出让，其出让价格不得低于公布的_____。

3. 公布地价是各国的通行制度。《城市房地产管理法》第三十二条规定：_____、_____、_____应当定期确定并公布。

4. 城市监测地价分为_____、_____、_____三种基本类别，各类别地价的内涵应与城市基准地价内涵一致。

5. 城市地价监测，监测地价具有统一的基准日。季度监测地价基准日分别为各季度的最后一日，年度监测地价基准日为每年的_____。

6. 地价监测点总数应综合考虑城市规模等级、建成区面积等因素确定，直辖市不应低于_____个，省会城市和计划单列市不应低于_____个，其他城市不应低于_____个；各用途地价监测点的数量应尽可能均衡。

7. 地价监测点更新的数量每年不得超过该城市地价监测点总数的_____。当城市土地级别调整、基准地价更新时，原则上保留_____以上的原有监测点，并在原有

第五章 土地市场中的地价管理

监测点的基础上，进行监测点扩充。

8. 城市地价动态监测指标有＿＿＿＿＿＿、＿＿＿＿＿＿、＿＿＿＿＿＿。

二、判断题

1. 土地使用权转让的市场价格不合理上涨时，市、县人民政府可以采取必要的措施。（   ）

2. 土地使用权转让价格明显低于市场价格的，市、县人民政府有优先购买权。（   ）

3. 基准地价、标定地价、交易底价都是根据过去成交地价及土地收益情况评估得到的宗地评估价格。（   ）

4. 城市地价动态监测是运用现代科学技术对城市土地利用状况、土地市场交易价格及其变化情况和趋势进行连续的调查观测。（   ）

5. 政府实施优先购买权的标准，一般以基准地价为根据，规定一定的变动范围，变动范围大小可根据市场发育程度和地价评估精度确定。（   ）

6. 在划分地价区段时，同一地价区段内，地价水平应比较接近或者一致。（   ）

7. 更新的监测点，其编号可继续使用被更新监测点的编号。（   ）

8. 在拍卖和挂牌出让国有土地使用权时，如果竞买人的应价或报价低于底价，则不能成交。（   ）

三、单选题

1. 有基准地价的地区，协议出让最低价不得低于出让地块所在级别基准地价的（   ）。
   A. 50%   B. 60%   C. 70%   D. 80%

2. 政府实施优先购买权的标准，一般以（   ）为依据，规定一定的变动范围，变动范围的大小，可根据市场发育程度和地价评估精度，确定一个交易双方申报交易地价的变动范围。
   A. 交易底价   B. 评估价格   C. 基准地价   D. 申报地价

3. 按照国家有关规定，以协议方式取得土地使用权时，交易双方只能在不低于（   ）的基础上，确定其成交地价。
   A. 基准地价   B. 标定地价   C. 宗地评估价   D. 政府最低限价

4. 《城市房地产管理法》规定，国家实行房地产（   ）申报制度。
   A. 基准地价   B. 标定地价   C. 宗地评估价   D. 交易价格

5. 地价监测点总数应综合考虑城市规模等级、建成区面积等因素确定，省会城市和计划单列市不应低于（   ）个。
   A. 200   B. 120   C. 60   D. 30

6. 地价监测点的分布密度至少应达到每区段（   ）个。
   A. 3～5   B. 2～3   C. 1～2   D. 3

四、多选题

1. 采取双方协议出让土地使用权的出让金，最低价不得低于（   ）以及按照国家规定应当缴纳的有关税费之和。
   A. 新增建设用地的土地有偿使用费   B. 政府土地管理费用
   C. 征地（拆迁）补偿费用   D. 土地纯收益

2.《协议出让国有土地使用权最低价确定办法》，要求各省、自治区、直辖市土地管理部门要会同有关部门，在做好省内城镇土地分等和基准地价平衡的基础上，依据政府产业政策和省内各城镇的基准地价，并综合考虑各地（　　）因素，按不同用途、级别基准地价的一定比例确定各类用地协议出让最低价。

  A. 政府工作成本　　　　　　　　B. 土地开发费用
  C. 征地（拆迁）补偿费用　　　　D. 银行利息
  E. 土地纯收益

3. 工业用地出让最低价标准不得低于（　　）之和。
  A. 土地取得成本　　　　　　　　B. 土地前期开发成本
  C. 征地（拆迁）补偿费用　　　　D. 按规定收取的相关费用

4. 政府控制地价上涨的主要手段有（　　）
  A. 对地价上涨不合理的地区实行地价冻结
  B. 限制保有土地的数量
  C. 实行土地资产的累进税率
  D. 适时开发新建设用地，增加土地供给量
  E. 限制交易
  F. 增加土地市场透明度，保证交易双方尽量信息对称

5. 我国目前建立的主要地价管理制度有（　　）
  A. 土地价格评估制度　　　　　　B. 对交易价格的干预制度
  C. 加强土地使用权出让计划管理　D. 土地交易价格申报制度
  E. 定期公布基准地价、标定地价制度
  F. 土地估价人员资格认证和土地估价机构资格评级制度

6. 根据《城市房地产管理法》规定，我国实行（　　）定期公布制度。
  A. 基准地价　　B. 出让价格　　C. 宗地评估价　　D. 标定地价

7. 地价监测点的设立原则主要有（　　）。
  A. 合理分布原则　　　　　　　　B. 代表性原则
  C. 稳定性原则　　　　　　　　　D. 标识性原则
  E. 一般性原则　　　　　　　　　F. 确定性原则

8. 地价监测点原则上应保持稳定，但遇到下列（　　）情况时，应该更新。
  A. 土地使用权转让　　　　　　　B. 地块或地块上建筑物灭失
  C. 地块用途发生改变　　　　　　D. 地块被合并或分割
  E. 地块地质条件发生规模较大的恶性改变
  F. 土地长期低效利用

9. 城市地价动态监测指标有（　　）
  A. 地价指数　　　　　　　　　　B. 地价增长量
  C. 地价变化量　　　　　　　　　D. 地价增长率
  E. 地价水平值

第六章 土地市场中介组织管理

内容提要

　　土地市场中介服务是指为土地市场交易主体的交易活动提供各种中介代理和相关服务的行为。土地市场中介服务机构是指从事用地咨询、土地使用权交易经纪、地价评估等各项业务活动的公司和组织。我国法律规定的土地市场交易中介服务是包括土地价格评估、交易代理、地产咨询策划、地产经纪等一系列活动的总称。与地产经营有关的中介服务机构主要有土地价格评估机构、地产经纪机构、地产咨询机构。土地市场中介管理主要是对中介服务人员资格管理、中介服务机构管理、中介业务管理。

　　土地估价行业管理主要是对土地估价师、土地估价机构、土地估价行业协会的管理。土地估价人员经全国土地估价师资格考试，全部科目合格，取得土地估价师资格，通过实践考核，进行执业登记后方可签署具有法律效力的土地估价报告。土地估价师在从事土地估价业务时必须遵循土地估价师职业道德。为不断提高土地估价师业务素质，保证执业质量，促进土地估价行业的持续发展，土地估价师必须接受继续教育培训。土地估价机构必须在工商管理部门注册成立后，到土地估价机构行业协会注册取得土地评估资质方可从事土地评估业务。

教学要求

　　了解：土地估价师资格考试报名条件，土地估价机构设立的条件，土地估价行业协会的性质、职能及行业自律的基本内容，实施土地登记代理制度的意义，土地登记代理的原则和程序，土地登记代理人职业资格考试报名条件，土地登记代理人的权利、义务、职业技能，土地登记代理机构的设立、注销、权力与义务。

　　熟悉：中介服务体系管理，土地估价师注册、继续教育、从业条件、职业道德，土地评估机构的基本组织形式，土地登记代理的内容，土地登记代理人职业资格登记，土地登记代理人资格和执业管理，土地登记代理机构管理。

　　掌握：土地市场中介产生的必然性，土地市场中介服务的特点，中介服务体系构成，土地估价师资格考试科目，土地估价机构行业协会注册条件，土地登记代理人职业资格考试科目。

重点难点

1. 土地估价师资格考试制度

2. 土地估价师执业管理
3. 土地估价机构行业协会注册条件
4. 土地登记代理人职业资格考试制度
5. 土地登记代理人职业资格登记
6. 土地登记代理机构管理

土地市场中介　　土地估价师　　土地登记代理　　土地登记代理人

第一节　土地市场中介管理概述

在市场经济中，中介机构及其服务是连接生产者与消费者的桥梁。市场经济的基本要求是一切生产要素都要进入市场进行优化配置，一切生产者的产品都要进入市场由消费者自由选择。生产者要熟悉市场和消费者，消费者则要熟悉产品，在生产者和消费者之间起沟通作用的就是中介机构及其服务。

一、土地市场中介的概念

土地市场中介服务是指为土地市场交易主体的交易活动提供各种中介代理和相关服务的行为。土地市场中介服务机构是指从事用地咨询、土地使用权交易经纪、地价评估等各项业务活动的公司和组织。

土地市场中介为市场主体提供全面可靠的信息，从而提高市场信号的清晰度、营建地产市场公平竞争的环境、协助市场主体进行有效的操作、降低市场主体因盲目性而产生的风险；中介机构还可以减少市场要素之间的摩擦，提高市场机制运行的效率。中介服务是市场经济发展的必然产物，并且地产的特点决定了地产市场中介服务比其他商品市场中介服务更为重要。

二、土地市场中介产生的必然性

1. 地产开发投资决策难度大，需要各种专业知识

地产开发投资金额巨大，投资回收期长，风险也比较大，影响地产投资的因素又较多，因此，对地产投资决策的要求比较高。要做到投资决策的科学化，必须精确把握市场、认清经济形势，必须熟悉法律、法规，掌握地产交易信息，甚至要了解人的消费心理等。况且决策过程又是专业性比较强的工作，要求地产开发商自己完成是不太可能的，而必须要有专门从事上述各项工作的机构来完成。

2. 地产交易的特殊性，需要市场中介服务

一般的商品交易，买卖双方和商品可以直接在市场上见面，讨价还价成交后买者可以带走商品，而地产交易过程中双方却受到时间、地点、交通以及信息传递等因素的制约，从而增加了交易的难度；另外地产作为一种不动产，只能通过签订一个由居间人参与的具

有法律效力的契约来保证交易双方的权利和义务的履行，再加上地产市场结构层次复杂，流通方式多样，既有协议出让、招标出让、拍卖出让、挂牌出让，又有城市土地使用权的转让、出租和抵押等，交易行为相当复杂，耗资大、费时长，涉及面广，一般人会因交易规范不明和手续复杂而难以胜任。因此，对地产的买卖双方来说都希望通过地产市场中介机构的协助完成地产交易活动，因而需要有专业的地产中介机构为地产交易提供咨询、公证、仲裁等服务。

3. 地产市场信息不充分，致使价格难以准确定位，因而需要市场中介服务

地产价格的评估工作难度大、专业性强，人们对地产市场价格的认识不像一般商品一样可以通过对以往多次交易过程的经验总结来积累经验，由于地产具有使用上的长期性，对于置业者来说，一般不会频繁更换或重复购买，往往需要通过他人的经验总结和提供的信息，来获取对地产市场价格的正确认识。中介机构有着丰富的经验积累，具备专门从事地产交易的优势，由中介机构提供中介服务则会加速和促进市场交易的完成，并且可保证交易的公正和公平性。

三、土地市场中介服务的特点

土地市场中介与一般的地产开发经营相比，有如下特点。

1. 投资小、风险低

由于地产中介是为地产开发经营交易的各投资方、交易方提供居间代理及相关服务，因此中介机构只需投入较少资金，主要是通过提供技术、信息、代理等方式以换取回报，经营风险比较低。

2. 专业性、技术性强

地产市场开发经营交易事务与一般商品市场相比更加复杂，难度更大，不具备专门知识和技能就无法处理，例如，地产价格评估业务，既要具备坚实的估价理论知识，又要有丰富的实践经验积累，专业性和技术性都比较强；咨询和代理则需要收集和处理信息的专业技能、市场营销技能和谈判技巧等。

3. 中介机构从属性强

地产中介服务业要依附于地产市场的各项经济活动（地产开发、投资、交易等）的产生而产生和发展起来，离开地产市场的各项经济活动，地产市场中介服务业就没有存在的必要。但这并不是说地产中介机构不可以独立设立，而是指在地产市场运行的前提下，需要有中介服务的参与，并且为了保证中介机构更好地发挥桥梁作用、充当媒介、提供优质服务，中介机构应当更加专业化。

四、土地市场中介服务体系及管理

（一）土地市场中介服务体系

我国法律规定的土地市场交易中介服务是包括土地价格评估、交易代理、地产咨询策划、地产经纪等一系列活动的总称。这里主要介绍与地产经营有关的几种中介服务机构。

1. 土地价格评估机构

土地价格评估机构是指依法取得评估资格,接受客户委托从事土地价格评估业务的中介服务组织。土地价格评估是指土地估价人员,根据估价目的,按照估价程序,采用科学的估价方法,并结合估价经验,通过对影响土地价格因素的分析,对土地最可能实现的合理价格做出推测与判断。土地价格评估是土地市场中介服务的主要组成部分。通过土地评估,可以为土地市场各种交易活动提供客观的价格尺度,为土地出让、转让、出租、抵押、补偿、税收、投资决策、交换等活动提供依据。

2. 地产经纪机构

地产经纪机构是指为地产交易提供洽谈协议、交流信息、可行性分析等代理服务业务的组织。地产经纪活动是指经纪人受交易主体委托从事地产交易的中介服务并收取佣金的行为。地产经纪的性质是交易居间代理,即受交易一方或多方委托,为委托人提供交易中介代理。地产经纪的业务范围包括为进行地产开发、转让、抵押、租赁、调换、典当的当事人有偿提供居间介绍、代理、咨询等服务。充分发挥地产经纪机构和经纪人的作用,并加强监督和管理,对于活跃地产市场,促进地产流通,具有积极的意义。

3. 地产咨询机构

地产咨询机构是指从事地产开发、地产转让、地产抵押、地产出租等咨询业务的组织。具体来说,地产咨询机构主要承担地产开发企业、有关部门、企事业单位、公民个人需要咨询的有关地产业的方针、政策、法律、市场信息、项目评估、价格等情况,咨询土地使用权的取得条件和取得方式,国家对地产开发的原则要求和具体条件,咨询地产交易的条件及程序等。

地产市场不是充分竞争的市场,保证地产信息的畅通是公平交易的前提。地产咨询机构专业从事收集、处理、发布地产信息,同时又为地产交易双方提供咨询,促进市场交易活动公平进行。地产咨询机构是地产中介行业的智能机构,地产咨询对于土地市场的交易活动具有重要作用。

(二) 土地市场中介服务管理

1. 中介服务人员资格管理

国家对土地市场中介人员主要采取统一考试,执业资格认证和注册登记管理办法。从事地产咨询服务的人员,必须是具有土地、房产及其相关专业,中专以上学历,有与地产咨询服务相关的初级以上专业技术职称,并取得考试合格证书的专业技术人员。从事土地估价业务的土地估价师必须经国家统一考试取得《中华人民共和国土地估价师资格证书》并经注册后才能持证从业。同样,地产经纪人也必须是经过考试,取得《中华人民共和国房地产经纪资格证》并注册的人员,否则不得从事地产经纪业务。

2. 中介服务机构管理

从事土地及房产中介业务,应当设立相应的房地产中介服务机构,它是具有独立法人资格的组织。政府土地和房屋行政管理机构负责对房地产中介服务企业的资质管理。房地产中介服务机构应具备下列基本条件。

（1）必须是具有法人资格的经济实体，要有明确的经营范围，实行自主经营、独立核算、自负盈亏，能独立地承担经济责任。

（2）必须有健全的管理机构，并配有与内容、方式及经营规模相适应的具有专业知识的经营、技术等人员。

（3）必须具有与经营规模相适应的自有资金，有固定的服务场所等。

设立的房地产中介服务机构经工商行政管理部门批准领取营业执照后的一个月内，应当到登记机关所在地的县级以上人民政府土地和房地产管理部门备案。管理部门每年对房地产中介服务机构进行年检。

3. 中介业务管理

我国法律规定，土地及房地产中介服务人员承办业务，由其所在中介机构统一受理并与委托人签订书面中介服务合同，中介服务费用由土地及房地产中介服务机构统一收取，依法纳税。土地及房地产中介服务机构开展业务应当建立业务记录，设立业务台账。

法律对土地及房地产中介服务人员规定了行业戒律，在中介活动中不得有下列行为：索取、收受委托合同以外的酬金或其他财物，或者利用工作之便，牟取其他不正当的利益；允许他人以自己的名义从事土地及房地产中介业务；同时在两个或两个以上中介服务机构执行业务；与一方当事人串通损害另一方当事人利益；法律、法规禁止的其他行为。

建立起较完善的土地市场中介服务和相应的机构是发展土地市场的客观要求。

第二节 土地估价行业管理

一、土地估价师

（一）土地估价师的概念

土地估价师是指通过全国统一考试，取得《中华人民共和国土地估价师资格证书》并经有关部门登记注册，在土地估价机构进行土地估价业务的人员。

（二）土地估价师资格考试制度

土地估价师资格考试工作由国家土地管理部门统一组织。经考试、审核，合格者发给土地估价师资格证书。为了规范土地估价师考试秩序，加强土地估价专业队伍建设，提高土地估价人员素质和执业水平，2006年11月22日国土资源部颁布了《土地估价师资格考试管理办法》（中华人民共和国国土资源部令35号）。自2006年度起全国土地估价师资格考试原则上每年举行一次，报考人员自由选择报考科目的种类和数目，考试合格成绩在连续3个考试年度内滚动有效，全部考试科目合格者，获得国土资源部统一颁发的《中华人民共和国土地估价师资格证书》，取得土地估价师资格。2006年以后取得《中华人民共和国土地估价师资格证书》的土地估价师，需要通过实践考核，进行执业登记后方能在土地估价报告上签字，承担法律责任。

1. 土地估价师资格考试科目

考试科目包括：《土地管理基础与法规》、《土地估价理论与方法》、《土地估价实务基础》、《土地估价案例与报告》、《土地估价相关知识》五门。土地估价师资格考试各科目全部实行闭卷考试，各科考试成绩在三个连续考试年度内有效。

2. 土地估价师资格考试报名条件

凡中华人民共和国公民，具有完全民事行为能力，遵纪守法，并具备下列条件之一的，可以报名参加土地估价师资格考试：

（1）取得大专学历且从事相关工作满两年；

（2）取得本科学历且从事相关工作满一年；

（3）取得博士学位、硕士学位、第二学士学位或者研究生班毕业。

不具备第（1）、（2）、（3）项规定国家承认的学历或学位要求，但具有国家认可的中级以上相关专业技术职称。

有下列情形之一的人员，不能报名参加土地估价师资格考试；已经办理报名手续的，报名无效：

（1）因故意犯罪受刑事处罚，在服刑期间及自刑罚执行完毕之日起至报名之日止未满五年的；

（2）被取消土地估价师资格未满五年的；

（3）被取消考试资格未满两年的；

（4）在评估或相关业务中受到行政处罚或者撤职以上行政处分，自处罚、处分之日起至报名之日止未满两年的。

（三）土地估价师的从业条件

土地估价人员经全国土地估价师资格考试，全部科目合格，取得土地估价师资格，通过实践考核，进行执业登记后方可签署具有法律效力的土地估价报告。

（四）土地估价师执业管理

1. 土地估价师注册

土地估价师实行注册制度。在土地评估中介机构执业的土地估价师经注册，取得土地估价师注册编号。注册土地估价师可签署具有法律效力的土地估价报告。注册土地估价师只能在一个土地评估中介机构执业。未经注册的土地估价师，不得以注册土地估价师的名义从事土地估价中介业务。

土地估价师注册由土地估价行业协会负责办理，全国的注册土地估价师名单及相应执业情况向社会公布，提供社会查询。

（1）土地估价师注册程序

土地估价师注册按以下程序办理：

① 土地估价师注册由土地评估机构将注册申请人申请材料报工商注册地的省、自治区、直辖市土地估价行业协会。

② 省、自治区、直辖市土地估价行业协会对申请注册材料进行审查并按编号规则进行编号，将符合注册条件的报送中国土地估价师协会备案汇总。

③ 中国土地估价师协会将注册土地估价师名单报国土资源部后向社会公布。

（2）注册提交的材料

土地估价师申请注册需提交以下材料：

① 土地估价师注册（变更）申请表；
②《土地估价师资格证书》；
③ 身份证；
④ 所在机构聘用申请人的劳动合同；
⑤ 人事档案管理证明；
⑥ 社会保险缴纳凭证；
⑦ 土地估价师继续教育证明材料；
⑧ 其他需要提供的材料。
（3）不予注册的情况
土地估价师有下列情形之一的，不予办理注册手续。
① 不具有完全民事行为能力的。
② 不在土地评估中介机构执业的。
③ 因受劳动教养、刑事处罚，自处罚执行完毕之日起不满三年的。
④ 因在土地估价或相关业务中犯有错误受到撤职以上行政处分，自处罚、处分之日起不满二年的。
⑤ 不予注册的其他情形。
（4）变更注册
注册土地估价师发生下列情形之一的，应在30日内到省、自治区、直辖市土地估价行业协会办理变更注册手续。
① 变换从业单位的。
② 所在评估机构合并、分立的。
③ 所在评估机构名称、地址等登记内容发生变更的。
④ 其他应该变更注册的情形。
注册土地估价师因特殊情况确实无法在规定时间内亲自办理变更注册手续的，可由他人代办，但需出具注册土地估价师的委托代办书。
省、自治区、直辖市土地估价行业协会应将土地估价师注册变更情况报送中国土地估价师协会。变更情况向社会公布。
（5）注销注册
注册土地估价师在执业期间有下列情形之一的，注销其注册。
① 丧失民事行为能力的。
② 土地估价师主动提出不再从事涉及土地评估中介业务的。
③ 连续两年未通过年检的。
④ 违反本规定弄虚作假进行注册的。
⑤ 受刑事处罚的。
⑥ 违反其他自律规定的。
被注销注册的土地估价师，由省、自治区、直辖市土地估价行业协会报送中国土地估价师协会。注销情况向社会公布。

2. 注册土地估价师执业管理

注册土地估价师只能在一个土地评估中介机构执业。未经注册的土地估价师，不得以注册土地估价师的名义从事土地估价中介业务。

注册土地估价师年内情况与土地评估中介机构年检材料同时报送，由省、自治区、直辖市土地估价行业协会负责办理，年检结果向社会公布。

（五）土地估价师继续教育

土地估价师继续教育是指为不断提高土地估价师的专业技术和执业水平，使其本身的知识和技能持续得到更新、补充、拓展和加深所进行的进修、培训、研讨等业务活动。

为不断提高土地估价师业务素质，保证执业质量，促进土地估价行业的持续发展，土地估价师必须接受继续教育培训。土地估价师接受继续教育时间五年累计不得少于100学时。土地估价师换证前必须按规定接受一次专门业务的继续教育培训。

1. 继续教育内容

继续教育内容要具有针对性、实用性和先进性。继续教育内容应根据社会主义市场经济和土地估价领域科技发展、土地估价师知识结构拓展更新、业务水平不断提高的需要确定。其主要包括以下内容：

（1）国家相关法律法规和政策；
（2）土地估价准则及操作规程；
（3）土地估价新理论、新技术、新方法；
（4）土地估价实务；
（5）国外不动产估价技术及发展动态；
（6）与土地估价相关的专业知识。

2. 继续教育工作的组织和实施

土地估价师继续教育由国土资源部统一部署，中国土地估价师协会组织，各省级土地行政主管部门及土地估价行业协会、会员单位、经认可的有关高等院校、培训机构等具体实施。中国土地估价师协会主要负责组织师资培训和全国性的高层次土地估价专业培训。

各地、各单位应于每年12月上旬报送下一年度的继续教育计划，由中国土地估价师协会审查汇总，形成全国土地估价师继续教育培训年度计划，经国土资源部业务主管部门核准后于次年初公布实施。各地、各单位按核准公布的继续教育培训计划予以具体实施，并将执行情况及时上报。各单位要按照继续教育培训计划，制订具体实施方案，组织师资力量，做好实施工作。列入全国土地估价师继续教育培训年度计划的内容，按规定折算继续教育的具体学时。土地估价师参加了经认可的其他继续教育形式的，应将接受相应继续教育的有关情况按规定上报，经核准后，折算土地估价师继续教育具体学时。

3. 继续教育的形式

继续教育坚持理论联系实际、按需施教、讲究实效的原则采用多种形式进行。土地估价师必须参加以下经认可的继续教育活动：

（1）参加各种专业培训班、研讨班（会）以及专题讲座；

(2) 参加大专院校专业课程进修；

(3) 出国进行专业考察、业务培训、参加国际性专业会议；

(4) 承担土地估价方面的研究项目、公开出版专业著作或发表专业论文等其他经认可的继续教育形式。

4. 继续教育工作的考核

为保证土地估价师继续教育质量，中国土地估价师协会应对各地、各单位组织的土地估价师继续教育工作进行检查、考核，检查、考核情况应及时报国土资源部业务主管部门备案。检查、考核的内容包括：

(1) 土地估价师继续教育制度和计划等执行情况；

(2) 教材的选用、课程内容设置、教学方式、教学时间、师资情况等；

(3) 教育培训质量、教学计划完成情况、教育培训考核标准等。

5. 继续教育登记制度

土地估价师继续教育实行登记制度。凡参加了经认可的土地估价师继续教育形式的土地估价师，其接受继续教育的情况应及时在《土地估价师继续教育培训证书》上登记。《土地估价师继续教育培训证书》由国土资源部统一组织印制、核发。

土地估价师在规定期限内未达到规定的继续教育学时的，国土资源部注销其土地估价师资格，不再换发《土地估价师资格证书》。

(六) 土地估价师的职业道德

1. 注册土地估价师在土地估价业务活动中应实事求是，执行国家有关地价政策，坚持独立、客观、公正的原则。

2. 注册土地估价师与委托方或相关当事方有利害关系时，应主动声明并回避。

3. 注册土地估价师在从事土地估价中介业务中禁止下列行为：

(1) 以任何不正当手段损害同行的信誉和利益；

(2) 同时在两家或两家以上土地评估中介机构从事土地估价业务；

(3) 以个人名义接受委托，承办业务，收取费用；

(4) 允许他人以本人名义从事土地估价业务；

(5) 伪造、涂改或转让《土地估价师资格证书》及注册号码；

(6) 在非本人任职的土地评估机构出具的土地估价报告上签字；

(7) 收集、采用有失客观的资料；

(8) 违反法律法规要求或未经委托方许可，泄露商业秘密和估价报告内容；

(9) 不按规定收取评估服务费；

(10) 以恶意压价等不正当竞争手段争揽业务；

(11) 接受委托方的不合理要求，抬高或压低评估价值，出具失实的估价报告；

(12) 以任何方式从委托方接受或向委托方索取贿赂和其他好处；

(13) 法律、法规、部门及行业规定禁止的其他行为。

4. 注册土地估价师应熟悉和掌握有关法律、法规、部门及行业规定；按规定接受继续教育，更新专业知识，增强专业技能。

5. 注册土地估价师应熟悉技术标准、估价程序、估价方法和相关专业知识，并依照国家规定的标准、程序和方法，客观公正的评估地价，履行估价业务合同（协议书）中规定的各项义务和责任。

6. 注册土地估价师对土地估价结果和撰写的估价报告必须提供充分的依据。

7. 协助进行土地估价的其他人员，在执行业务之前，须经过专门培训。注册土地估价师对于其协助人员的工作，必须切实予以指导、监督检查，并承担最终责任。

8. 注册土地估价师应接受土地估价行业自律组织的管理，接受行政主管部门的监督管理。

二、土地估价机构

（一）土地估价机构工商设立的基本条件

1. 机构名称中应明示土地、不动产、土地资产、地产、地价的评估或估价等表明土地估价专业的术语。

2. 依据《公司法》设立的有限责任公司性质的土地评估机构名称结尾应明确为有限责任公司。依据《合伙企业法》设立的土地评估机构名称结尾宜称为事务所。

3. 土地评估机构的法定代表人和执行合伙企业事务的合伙人须具备土地估价师资格。

4. 机构详细列明的营业范围中应包含土地评估、不动产评估、地产评估、地价评估。

5. 有固定的经营服务场所。

（二）土地估价机构的基本组织形式

1. 有限责任公司。依据《中华人民共和国公司法》设立的公司制土地估价中介机构，名称应明确为有限责任公司；

2. 合伙制企业。依据《中华人民共和国合伙企业法》设立的合伙制土地估价中介机构，名称应明确为事务所。

（三）土地估价机构行业协会注册条件

1. 在中国土地估价师协会注册的条件

申请在中国土地估价师协会注册的土地估价中介机构除符合土地估价机构工商设立的基本条件外，还须具备下列条件：

（1）注册资金不低于50万元人民币；

（2）7名以上（含7名）执业土地估价师；

（3）具备在全国范围内执业的能力；

（4）公司执业超过1年；

（5）应符合要求的其他条件。

2. 在省级土地估价行业协会注册的条件

目前各省协会注册条件不一，多数在执行2名以上专职土地估价师、10万元以上注册资金。机构名称明示土地、不动产、土地资产、地产、地价的评估或估价等表明土地估价专业的术语，法定代表人（有限责任公司）或执行合伙企业事务的合伙人（合伙企业）须

第六章 土地市场中介组织管理

具备土地估价师资格等条件,且多数省份按照专职土地估价师的数量、注册资金、执业能力等对在本协会注册的机构进行了分类。

三、土地估价行业协会

（一）土地估价行业协会的性质

土地估价行业协会是由具有土地估价资格和从事土地估价工作的组织和个人自愿结成,依法登记成立的、非营利性质的行业自律性社会团体。

（二）土地估价行业协会的职能

（1）接受行政主管部门指导,拟定、实施土地评估行业执业准则和职业道德准则,建立各项自律性管理制度,配合行政主管部门搞好行业管理,形成完善有效的行业自律性管理约束机制。

（2）负责会员的管理及组织联络,维护会员的合法权益,反映会员的意见和要求,协调行业内外关系,维护提升行业地位及利益,保障土地估价师依法执业,代表会员向有关部门进行申述。

（3）组织土地估价理论、方法和政策的研究和交流,制定协会土地估价技术指南,组织会员进行业务培训和考核,向社会提供咨询服务,提升行业的整体技术水平。

（4）协同行政主管部门,组织开展对土地评估机构和执业人员执业质量的监督检查,并按有关程序对违反土地评估行业执业准则和职业道德准则的协会会员进行相应处理和处罚。

（5）受理土地估价业务活动中发生纠纷的调解和裁定。

（6）开展土地评估机构的资信评级,推动行业诚信建设,开展各项有关土地估价的评比活动,表彰对协会发展做出贡献的团体和个人,提升行业的凝聚力和影响力。

（7）编辑印发土地估价书刊、资料,开展与国内外各相关组织的合作、交流与宣传工作。

（8）协调各地方土地估价师协会合作开展相关的工作。

（9）承担中国土地估价师资格考试的组织及考务等相关事务。

（10）接受行政主管部门委托,承担全行业管理的相关事务或交办的各项工作。

四、土地估价行业自律的基本内容

（一）土地估价行业行政主管部门

要求依据国务院批准的"三定"规定的职能,以及国家有关加强评估中介服务管理的要求,认真履行职责,切实改进和加强土地评估中介服务的行政管理。认真做好制定土地评估行业管理的规章制度,监督土地评估机构和从业人员的执业情况,指导和监督土地评估行业协会等工作。

（二）评估行业协会

要切实改进对土地评估机构及执业人员自律性管理,拟定并组织实施土地评估执业准则和职业道德准则,加强各项自律性管理制度的建设,组织开展对土地评估结构和执业人员执业质量的监督检查，大力推动评估行业诚信建设，建立完善有效的行业自律性管理约束机制，对违反土地评估执业准则和职业道德准则的机构和人员进行处罚。

（三）各类评估机构及评估执业人员

各类评估机构及评估执业人员，要认真执行国家有关法律、法规和各项规章制度，依法从事评估业务。严格遵守评估执业准则和各项行业自律性管理制度，诚信执业，客观、公正地提供评估中介服务。

第三节　土地登记代理行业管理

一、土地登记代理的概念、意义

（一）土地登记代理的概念

土地登记代理是指土地登记代理机构和人员，在受托权限内，为委托人申请办理土地登记、领取土地证书，从事与土地登记相关的土地权属指界、资料查询、验收宗地测量成果等工作，并由委托人直接承担相应的法律责任的经营活动。

土地登记代理是土地市场中介服务的一种，属于委托代理的范畴。原国家土地管理局1996年11月18日发布《关于开展土地登记代理制度试点工作的通知》确定了在重庆、大连、福州、温州四市开展土地登记代理制度试点工作。经过几年的试点，人事部、国土资源部发布了《关于印发〈土地登记代理人职业资格制度暂行规定〉和〈土地登记代理人职业资格考试实施办法〉的通知》（人发〔2002〕116号），规定国家将于2003年开始实行土地登记代理人员职业资格制度，从事土地登记代理的人员和机构必须取得国家规定的土地登记代理资格。2003年度按照人事部、国土资源部《土地登记代理人职业资格制度暂行规定》（人发〔2002〕116号）要求和实际工作需要，人事部、国土资源部对长期从事土地登记及代理业务、具有较高理论水平和丰富实践经验的专业技术人员，进行土地登记代理人职业资格认定工作。并于2004年6月26～27日开展了首次土地登记代理人资格考试。土地登记代理人职业资格实行全国统一大纲、统一命题、统一组织的考试制度，原则上每年举行一次。考试成绩实行两年为一个周期的滚动管理。参加全部《土地登记相关法律知识》、《土地权利理论与方法》、《地籍调查》、《土地登记代理实务》4个科目考试的人员必须在连续两个考试年度内通过应试科目；按规定可以只参加《土地登记相关法律知识》和《土地登记代理实务》2个科目考试的人员必须在一个考试年度内通过应试科目。土地登记代理人职业资格考试合格，由各省、自治区、直辖市人事部门颁发人事部统一印制，人事部和国土资源部用印的《中华人民共和国土地登记代理人职业资格证书》。证书全国范围有效。

（二）土地登记代理制度的概念

土地登记代理制度是指国家对接受土地登记申请人的委托，代理土地登记申请，现场指界、代写土地登记申请文书、提供土地登记业务咨询的人员和机构实行资格（质）认证和监督管理的制度。

第六章 土地市场中介组织管理

（三）实行土地登记代理制度的意义

随着社会主义市场经济的发展，特别是土地市场的发展，许多行为需要中介服务环节。设立土地登记代理，不仅可以解决土地登记申请人不能亲自到场申请土地登记的问题，还可以解决有些申请人因不熟悉土地法律、政策、不能填写土地登记申请、提供权源材料的困难。随着土地使用制度改革的不断深入和土地市场的日趋活跃，建立土地登记代理制度不仅是建立安全、可靠、高效的土地登记服务体系的客观需要，而且也是维护土地登记委托人的合法权益，防止土地登记中介代理中欺诈行为的必然要求。实施这一制度将有利于培育和完善土地市场。有利于规范土地市场的中介服务行为，有利于保护土地登记委托人的合法权益，有利于提高行政机关的工作效率。

1. 土地登记代理有助于土地登记规范化建设

土地登记代理人属于专业人员，熟悉土地登记有关业务，掌握申请土地登记的办法、程序以及所需提交的土地登记申请文件，这将减少土地登记机关不必要的工作量，直接提高土地登记的工作效率。同时，代理人在代理过程中，能将土地权利人与登记机关、代理人以及相关权利当事人之间有待解决的问题及时反馈给土地登记机关，从而促进土地登记的规范化建设。

2. 土地登记代理有利于土地市场发展

随着我国市场经济体制的建立和土地使用制度的不断深化，土地使用权流转日趋活跃，土地权利人要求明晰土地产权、持证用地的意识不断增强。土地登记代理人可以其周到、高效的专业服务满足土地权利人的要求。另一方面土地登记代理人在办理业务中通过收集相关资料和信息，可以促进土地市场信息的交流，推进土地市场的发展。土地登记代理已成为土地市场中介不可或缺的一部分。

3. 土地登记代理是产权管理产业化发展方向

随着市场经济的建立与完善，社会化分工更加专业化，产权管理也将走向产业化、社会化。土地登记作为产权管理的重要组成部分，实施登记代理符合产权管理的产业化、社会化发展方向。

二、土地登记代理的基本原则、内容、程序

（一）土地登记代理的基本原则

1. 权限内谋取委托人利益最大化原则

土地登记代理人行使代理权限时，不得擅自扩大、变更代理权限。代理人超越代理权限所为的行为，非经被代理人追认，对被代理人不发生法律效力。土地登记代理人在行使代理行为过程中，应尽职尽责谋求委托人利益最大化，不得利用代理权谋取自己非法利益，不得与他人恶意串通损害被代理人利益。

2. 合法原则

土地登记代理机构和土地登记代理人在承接土地登记代理业务时，必须遵守国家的有关规定，在国家法律、法规、政策允许的服务项目范围内及核准的经营范围内从事代理活

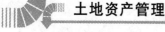

动,提供代理服务;不得从事国家法律、法规、政策禁止的服务项目。

3. 平等自愿原则

《中华人民共和国合同法》规定,民事合同当事人依法享有自愿订立合同的权利,任何单位和个人不得非法干预。在选择代理机构及代理人时,必须尊重委托人的意愿,由委托人自主选择、自愿委托代理机构及代理人。委托人与代理人法律地位一律平等,任何一方不得将自己的意志强加于另一方,双方在权利义务对等的基础上订立代理合同。

4. 公平公正原则

土地登记代理人与委托人属于民事法律关系,双方的地位是平等的,任何一方没有额外的特权,其权利和义务应当是统一的。在处理双方的纠纷时,双方所适用的法律也应当是相同的。

5. 等价有偿原则

等价有偿是市场经济的基本原则,作为一种中介服务,土地登记代理所交换的是一种特殊商品—服务。土地登记代理人提供给委托人相应的服务时,委托人应当按照代理人所提供服务的质量和数量给予代理人适当的劳动报酬。

6. 诚实信用原则

在行使权利、履行义务的过程中,土地登记代理人与委托人应当遵循诚实信用原则。双方应当诚实守信,善意地行使权利、履行义务,不得有欺诈等恶意行为。任何一方不得弄虚作假,提供不实信息,或签订虚假合同。

7. 保密原则

在土地登记代理过程中,土地登记代理机构、土地登记代理人有权要求委托人提供与代理业务相关的资料。由于其中的部分资料可能涉及委托人的商业秘密或个人隐私,为了充分保障委托人的权益,土地登记代理机构、土地登记代理人不得泄露委托人商业秘密或个人隐私。

(二)土地登记代理的内容

根据《土地登记代理人职业资格制度暂行规定》第二十条规定,土地登记代理的内容包括以下几方面:

(1)办理土地登记申请、指界、地籍调查、领取土地证书等;
(2)收集、整理土地权属来源证明材料等与土地登记有关的资料;
(3)帮助土地权利人办理解决土地权属纠纷的相关手续;
(4)查询土地登记资料;
(5)查证土地产权;
(6)提供土地登记及地籍管理相关法律咨询;
(7)与土地登记业务相关的其他事项。

(三)土地登记代理的程序

不同的土地登记代理业务在具体操作中会由于内容的不同而在程序上存在一定差别,但基本程序差异不大。通常情况下,土地登记代理的基本程序包括以下步骤。

第六章　土地市场中介组织管理

1. 接受委托

接受委托是开展土地登记代理业务的首要环节，一般情况下，土地登记代理业务来源主要有以下两个途径。

（1）被动接受。即由委托人主动找上门要求提供土地登记代理服务。委托人可以是单位或者个人。在实际操作时，委托人可以是该宗地的权利人，也可以不是，但与该宗地具有或即将具有一定的经济关系或利害关系。如甲与乙进行合资，甲方出地，乙方出钱，为了解甲方所使用的土地产权状况是否属实，乙方可委托土地登记代理人对甲方的土地产权进行查证，为其决策提供依据。在这个例子中，乙方作为委托人，尽管不是土地权利人，但为了查证土地产权状况，可以委托进行土地登记代理业务。

（2）主动争取。即由土地登记代理人走出门主动争取为他人提供代理服务。随着土地市场的不断规范和土地登记代理市场的日趋发育，竞争日趋激烈，主动争取将是土地登记代理业务来源的主要途径。当然，在这种情况下，代理人员也不能采用一些不正当手段争取代理业务，如垄断、低收费、给回扣等。争取代理业务应靠正常的宣传、提高服务质量、扩大知名度等。土地登记代理人应具有主动争取土地登记代理业务的市场开拓意识，不断提高服务质量，努力提升服务水平，以赢得更多的土地登记代理业务。

2. 签订土地登记代理委托书、代理合同

无论土地登记代理业务是被动接受还是主动争取的，如果委托人有意将代理业务交给代理人员（或代理机构），代理人员也有意受理，则代理人员应与委托人协议沟通，明确代理内容、代理收费标准、完成时间等。接受土地登记代理业务后，委托人应与土地登记代理人所在的土地登记代理机构签定书面委托书及委托代理合同，以便规范土地登记代理行为，降低土地登记代理中的风险。

土地登记代理委托书是建立委托法律关系、土地登记代理人开展土地登记代理的业务凭证，也是土地管理部门审核的重要内容之一。

委托书主要应明确以下内容：① 委托人；② 土地登记代理机构；③ 土地登记代理人；④ 土地登记代理的内容；⑤ 土地登记代理的权限。

委托书应由委托人和土地登记代理机构、土地登记代理人三方签字后生效，委托人是单位的，应同时加盖单位公章。土地登记代理人持委托书开展土地登记代理业务。

相对于委托书，土地登记代理合同也是双方建立委托关系的重要业务凭证，但两者作用不同。土地登记代理合同是委托人和土地登记代理机构确认委托关系、明确双方权利和义务的法律依据，而土地登记代理委托书是土地登记代理人开展土地登记代理的业务凭证，供具体办理土地登记代理业务时土地管理部门审查用。

土地登记代理合同的内容主要由当事人根据具体业务约定，一般情况下，应当包括以下主要内容。

（1）当事人的名称或姓名和住所。当事人是合同的主体，没有主体，合同就不成立。主体不明确，其权利义务关系就无法明确。土地登记代理合同的主体包括土地登记代理机构和委托人，土地登记代理人必须以土地登记代理机构的名义与委托人签订合同，不能以土地登记代理人个人的名义与委托人签订合同。通过明确主体关系，使土地登记代理合同具备法律效力。

（2）代理事项。代理事项是土地登记代理合同的客体。客体是指合同主体在履行权利与义务时的共同指向。没有客体，合同的权利义务就失去目的。在土地登记代理合同中，代理事项主要是指土地登记代理的具体内容，代理事项必须要明确、清楚。如不清楚将难以保证合同得到正常履行，代理事项应是在合同中加以明确的重要内容。

（3）代理成果与质量要求。土地登记代理成果一般以文件资料、书面报告等形式体现。为了满足委托人的要求，保障合同的履行，对代理成果的形式和质量的要求需要在合同条款中予以明确。

（4）代理权限范围。代理权限范围即土地登记代理合同中规定的授权范围，是对土地登记代理人行为的约束。土地登记代理人必须在规定的授权范围内从事代理活动，不得进行无权代理或越权代理。同时，委托人的授权范围不得超越国家有关法律的规定。

（5）代理费用的支付标准、支付方式和时间要求。代理费用是指委托人在接受土地登记代理人的代理成果的同时付给代理人的劳务报酬。此外，还应规定代理劳务报酬的结算和支付方式及时间要求。支付方式可以为现金结算也可以转账支付。

（6）合同的履行期限和方式。履行期限直接关系到合同中权利与义务完成的时间，也是土地登记代理合同依法存在的效力期限，同时也是确定违约与否的因素之一。当事人应当在土地登记代理合同中予以明确约定履行期限，同时也应当在合同中明确履行合同的方式。

（7）违约责任。违约责任是当事人违反合同约定应承担的法律责任。违约责任条款有利于督促当事人履行合同义务，保护守约方的利益。

违约责任条款应列明当事人双方违背合同规定时所应承担的违约责任。合同中没有约定违约责任的，并不意味着违约方不承担违约责任。违约方未被依法免除责任的，守约方仍然可以依法追究其违约责任。

（8）纠纷解决方式。纠纷解决方式是当事人解决合同纠纷的手段和途径。当事人发生纠纷时使用的处理方式通常有协商、调节、仲裁和申诉四种方式。当事人应在合同中明确选择解决合同争议或纠纷的具体途径，如通过仲裁或申诉。

除上述内容外，委托人和土地登记代理机构还可根据不同土地登记代理的内容，结合土地登记代理的有关专业要求和政策要求等特征，在合同中增加有关内容。需要说明的是土地登记代理合同应得到委托人和土地登记代理机构双方的认同，并签字盖章后方可生效。

土地登记代理合同主要有以下特征。

（1）土地登记代理合同是双方合同。双方合同是指一方当事人所享有的权利就是另一方当事人所负担的义务。双方当事人之间存在着互为对等的关系，这也是商品交换（包括服务交换）最为典型的法律表现形式。

（2）土地登记代理合同是有偿合同。有偿合同是指当事人在取得权利的同时，必须支付相应的代价。一方当事人取得利益，必须向对方当事人支付相应的代价；支付代价的一方，必须取得相应的利益。这种代价可以是金钱，也可以是给付实物或提供服务。但一方取得的利益与对方支付的代价，不要求在经济上、价值上完全相等，但应做到公平、合理，并应得到双方的认可。

第六章　土地市场中介组织管理

(3) 土地登记代理合同一般为书面合同。《中华人民共和国合同法》第十条规定：当事人订立合同，有书面形式、口头形式和其他形式。由于书面形式的合同具有可查证、发生纠纷时容易举证、便于分清责任等优点，因此，为了更有效地保护双方权益，土地登记代理合同一般应采用书面形式。

3. 收集查询土地登记相关信息与资料

在接受土地登记代理委托后，土地登记代理人需要收集、查询、整理土地权属来源证明材料等与土地登记有关的资料，了解土地权属是否清晰，如该宗地是否被司法或行政部门依法限制、查封或收回，是否设定抵押、租赁等他项权利等情况。必要时，还需要实地查勘土地的位置、四邻、土地利用状况等。

一般情况下，土地登记相关资料收集的基本途径主要有以下几种。

(1) 委托人提供文字资料

通过收集查询委托方及土地管理部门提供的土地登记有关文件资料、书面登记资料等，了解土地的权属状况、面积、用途等情况。在收集文字资料时，需要注意具有法律效力的文件与非法律文件的区别，非法律文件只能作为参考和推断，不能作为土地登记代理的法律依据。

(2) 实地查勘获得

当委托人所提供的资料不详时，土地登记代理人应通过实地查勘，对土地的具体位置、四至、数量、质量及地上物变化等情况有一个较全面的感性认识，获取土地登记代理所需的一手资料。

(3) 向有关当事人了解情况

在开展土地登记代理业务时，除收集文字资料、实地查勘外，还应根据需要，向有关当事人了解情况，当事人主要包括委托人、土地权利人、四邻的土地权利人、单位中具体管理土地或操办土地证的人员以及其他熟悉该土地状况的人员等。通过向当事人了解情况，可以进一步摸清土地权属的来源及沿革、权属变更情况、土地登记状况、发生产权纠纷的缘由及沿革、土地边界情况等，为开展土地登记代理业务提供更为充分的分析依据。

在收集资料时，土地登记代理机构及其代理人应当注意以下几个方面：

① 收集、整理并认真查阅、填报所需文件资料，核实有关材料的真实性、合法性；

② 检查材料是否完整、齐全，如若缺件或材料不准，应与委托方沟通协商，及时补报；

③ 材料的取得程序要合法，不得非法收集资料，禁止伪造虚假材料；

④ 在收集资料时，土地登记代理人应认真做好准备工作，事先准备好需收集资料的具体内容，必要时还应制作专门的调查表格。在实地查勘和向当事人了解情况时，土地登记代理人还应做好笔记，书面记录有关情况。

4. 开展具体业务

收集、整理相关资料后，土地登记代理人进入具体实际操作阶段。通过代办土地登记申请、代理现场指界、代写土地登记申请文书、代领土地证书、代办土地登记资料查询与土地产权查证等具体服务，完成委托人交给的具体代理业务。不同的土地登记代理业务，具体操作的步骤及内容也有所不同。

土地资产管理

5. 提交成果

土地登记代理机构和土地登记代理人按照委托人的要求完成委托事项后，土地登记代理人应及时以口头或书面报告形式向委托人报告，并交付相应的代理成果。最后按照合同规定与委托人结清代理服务费。

6. 成果归档

完成土地登记代理业务后，代理人员应对涉及该代理业务的一切必要资料进行整理、归档和妥善保管。

三、土地登记代理人

（一）土地登记代理人的概念

土地登记代理人是指通过全国统一考试，取得《中华人民共和国土地登记代理人职业资格证书》并经有关部门登记备案的人员。土地登记代理人依法取得执业资格后，才能从事土地登记代理活动。土地登记代理人为委托人办理土地登记申请、指界、地籍调查、领取土地证书等业务，并按其所提供的服务收取佣金。

（二）土地登记代理人的职业资格

我国对从事土地登记代理业务的专业技术人员实行职业资格制度，取得土地登记代理人职业资格是从事土地登记代理业务和发起设立土地登记代理机构的必备条件。根据《土地登记代理人职业资格制度暂行规定》有关规定，土地登记代理人只能受聘于一个土地登记代理机构，并以机构的名义从事土地登记代理业务。

1. 职业资格考试

根据人事部、国土资源部《土地登记代理人职业资格制度暂行规定》，国家对从事土地登记代理业务的专业技术人员实行职业资格制度，纳入全国专业技术人员职业资格证书制度统一规划。人事部、国土资源部共同负责全国土地登记代理人职业资格制度的实施工作。该暂行规定明确，凡中华人民共和国公民，具备下列条件之一的，可申请参加土地登记代理人职业资格考试。

（1）取得理工、经济、法律类大学专科学历，工作满6年，其中从事土地登记代理相关工作满4年。

（2）取得理工、经济、法律类大学本科学历，工作满4年，其中从事土地登记代理相关工作满2年。

（3）取得理工、经济、法律类双学士学位或研究生班毕业，工作满3年，其中从事土地登记代理相关工作满1年。

（4）取得理工、经济、法律类硕士学位，工作满2年，其中从事土地登记代理相关工作满1年。

（5）取得理工、经济、法律类博士学位，从事土地登记代理相关工作满1年。

经国家有关部门同意，获准在中华人民共和国境内就业的外籍人员及港、澳、台地区的专业人员，符合本规定要求的，也可报名参加土地登记代理人职业资格考试以及申请登记。

第六章 土地市场中介组织管理

土地登记代理人职业资格实行全国统一大纲、统一命题、统一组织的考试制度，原则上每年举行一次。国土资源部负责编制考试科目、考试大纲、组织命题、统一规划培训等有关工作。培训工作按照与考试分开、自愿参加的原则进行。人事部负责审定考试科目、考试大纲和考试试题。会同国土资源部对土地登记代理人职业资格考试进行检查、监督、指导和确定合格标准。

考试科目包括：《土地登记相关法律知识》、《土地权利理论与方法》、《地籍调查》、《土地登记代理实务》。

土地登记代理人职业资格考试合格，由各省、自治区、直辖市人事部门颁发人事部统一印制，人事部和国土资源部用印的《中华人民共和国土地登记代理人职业资格证书》。该证书全国范围有效。通过全国统一考试，取得土地登记代理人职业资格证书的人员，用人单位可根据工作需要聘任经济师职务。

2. 职业资格登记

土地登记代理人实行定期登记制度。取得《中华人民共和国土地登记代理人职业资格证书》的人员，经登记后方可以土地登记代理人名义，按规定从事土地登记代理业务。土地登记代理人职业资格登记有效期为3年，有效期满前，持证者应按规定到指定的机构办理再次登记手续。变更执业机构者，应当及时办理变更登记手续。再次登记，除符合具备登记的基本条件外，还需提供接受继续教育和业务培训的证明。

取得土地登记代理人职业资格证书，需要办理登记备案的人员，应由本人提出申请，经聘用单位同意后，送所在地省级土地代理登记初审机构，初审合格后，统一报国土资源部或其授权机构办理登记。准予登记的申请人，由国土资源部或其授权机构核发《中华人民共和国土地登记代理人登记证书》。

办理登记的人员必须同时具备下列条件：

（1）取得《中华人民共和国土地登记代理人职业资格证书》；
（2）恪守职业道德；
（3）身体健康，能坚持在土地登记代理人岗位上工作；
（4）经所在单位考核合格。

土地登记代理人有下列行为之一的，应注销登记。

（1）不具有完全民事行为能力。
（2）脱离土地登记代理工作岗位连续2年以上（含2年）。
（3）同时在两个以上土地登记代理机构执行代理业务。
（4）允许他人以本人名义执行业务。
（5）严重违反职业道德和土地登记代理行业管理规定。
（6）违反法律、法规的其他行为。

国土资源部或其授权机构为土地登记代理人职业资格的登记管理机构。各省、自治区、直辖市国土资源管理部门或其授权机构为土地登记代理人职业资格登记的初审机构。人事部和各级人事部门对土地登记代理人职业资格的登记和使用情况有检查、监督的责任。

（三）土地登记代理人的权利和义务

土地登记代理人应以诚实信用作为自己执业的基本原则，应充分认识到诚实信用原则是发展事业的根本基础。在现实经济生活中，一方面，有的土地登记代理人不讲信用而引起经济纠纷，造成某些机构和个人的经济损失，扰乱了社会经济秩序；另一方面，土地登记代理人在做了大量业务活动，付出心力、财力、劳力后，而被委托方抛弃的事情也时有发生，对于这种现象，土地登记代理人要采取措施加以防范，对于土地登记代理人来说，正确认清自己的权利和义务有助于保护自己的合法权益。

1．土地登记代理人的权利

（1）根据法律、法规规定，从事土地登记代理活动；
（2）执行土地登记代理业务，按照规定在合同上签署姓名，并根据合同约定获取报酬；
（3）要求委托人提供与代理有关的资料；
（4）拒绝执行委托人发出的违法指令；
（5）保护自己的劳动成果和知识产权；
（6）接受职业继续教育和培训；
（7）法律、法规和规章规定的其他权利。

2．土地登记代理人的义务

（1）按照执业资格规定的范围，从事土地登记代理活动；
（2）根据合同约定，维护委托人的合法权益；
（3）为委托人保守商业秘密，保障委托人的权益；
（4）接受主管部门的监督管理；
（5）参加职业继续教育和培训；
（6）法律、法规和规章规定的其他义务。

（四）土地登记代理人员的职业道德

土地登记代理职业道德与土地登记代理的有关法规、行业规范有着共同的目的，即调节土地登记代理行业从业人员与服务对象，以及从业人员之间的关系，法规和行业规范均属于外在的规定，主要通过法律手段、行政手段及行业管理手段来约束土地登记代理人。而土地登记代理职业道德则是指内化于土地登记代理人员思想意识和心理、行为习惯的一种修养，它主要通过良心和舆论来约束土地登记代理人员。职业道德虽不如法律、法规和行业规则那样具有很大的强制性，但它一旦形成，则会从土地登记代理人员的内心深处产生很大的约束力，并促使土地登记代理人员更为主动地去遵循有关法律、法规和行业规则。所以，土地登记代理职业道德对土地登记代理行业的规范运作和持续发展将产生重大的积极作用。在土地登记代理行业加强职业道德教育，树立良好的职业道德风尚，具有十分重要的意义。土地登记代理机构是土地市场的中介服务组织，属于"窗口行业"。所有土地登记代理中介服务机构都应当严守职业纪律，规范中介行为，努力为社会提供一流的中介服务。

（五）土地登记代理人的职业技能

土地登记代理人职业资格考试主要是政府用来考核准备进入土地登记代理行业关键岗位的人员入门条件的手段，考核内容主要是土地登记代理的基本知识及相关制度、法规和相关学科知识，并不涉及全面、系统的实务操作方法。因此，已通过考试的土地登记代理人，并非表明已具备很高的职业技能，应重视自身职业技能的培训，认真学习土地登记代理有关操作方法、反复练习，不断提高自身的职业技能。

1．专业精通的技能

土地登记是土地产权管理的核心环节，是维护土地权利人的一项重要法律制度。土地登记内容繁多，程序复杂，涉及法律、地籍调查等多方面的专业知识。作为土地登记代理人，首先要熟悉土地登记相关法律、法规知识，其次要具备地籍管理、现代信息技术等技术知识，才能在代理活动中，为客户提供专业、高效的服务。

2．收集信息的技能

信息是土地登记代理人开展代理业务的重要资源，土地登记代理人只有具备良好的信息收集技能，才能源源不断地掌握大量真实、准确和系统的土地登记相关信息。根据特定业务需要，准确把握信息收集的内容、重点、渠道，并灵活运用各种信息收集方法和渠道，快速有效地收集到针对性信息。

3．市场分析的技能

市场分析技能是土地登记代理人根据所掌握的信息，采用一定的方法对其进行分析，进而对市场供给、需求及变化趋势进行判断。

4．人际沟通的技能

土地登记代理的服务性决定了土地登记代理人需要不断与人打交道，这不仅要求土地登记代理人具有良好的心理素质，还要求土地登记代理人必须掌握良好的人际沟通技能。它包括了解对方心理活动和基本想法的技能、适当运用向对方传达自我意思方式（如语言、表情、身体动作等）的技能、把握向对方传达关键思想的时机的技能等。

四、土地登记代理机构

（一）土地登记代理机构的概念

土地登记代理机构是指为委托人提供土地登记咨询和代理服务的中介组织，即指符合执业条件，并依法设立，从事土地登记代理活动的公司、合伙机构、个人独资机构。另外，境内外土地登记代理机构在境内设立的分支机构也可以以自己的名义独立经营土地登记代理业务。

（二）土地登记代理机构的设立与注销

1．土地登记代理机构的设立

由于我国对土地登记代理机构的设立条件还没有明确的规定，因此可参照《中华人民共和国城市房地产管理法》第五十八条，对房地产中介服务机构设立的条件确定土地登记代理机构的设立应具备：① 有自己的名称和组织机构；② 有固定的服务场所；③ 有必要的财产和经费；④ 有足够数量的专业人员；⑤ 法律、行政法规规定的其他条件。

土地登记代理机构的设立还应符合《中华人民共和国公司法》、《合伙企业法》、《个人独资企业法》、《中外合作经营企业法》、《中外合资经营企业法》、《外商独资经营企业法》

等法律法规及其实施细则和工商登记的规定。

设立土地登记代理机构的执业人员的条件,应当由土地行政主管部门进行审查,经审查合格后,再办理工商登记。设立跨省、自治区、直辖市从事土地登记代理活动的机构,应当符合所在地有关管理部门的规定。

国内土地登记代理机构可以根据业务需要,也可在国内其他区域或国外设立分支机构,从事土地登记代理业务。分支机构应有一定的经营资金和一定数量的从业人员,持有《中华人民共和国土地登记代理人职业资格证书》的人员数量达到规定的要求。分支机构不具有法人资格,土地登记代理机构对其分支机构解散后尚未清偿的债务承担责任。

外国土地登记代理机构可以在中华人民共和国境内设立分支机构,从事土地登记代理业务。分支机构应有一定的经营资金和一定数量的中国政府承认的并允许其在国内执业的从业人员,持有《中华人民共和国土地登记代理人职业资格证书》的人员数量达到规定的要求。其分支机构不具有法人资格,外国土地登记代理机构对其在中国境内的分支机构的债务承担责任。

设立分支机构也应经过土地行政主管部门审查和工商登记,应符合国家法律、法规和工商登记管理规定的其他条件。

2. 土地登记代理机构和分支机构的注销

土地登记代理机构和分支机构的注销,标志着其主体资格的终止。注销后的土地登记代理机构不再有资格从事土地登记代理业务,注销时尚未完成的土地登记代理业务应与委托当事人协商处理,可以转由他人代为完成,可以终止合同赔偿损失,在符合法规的前提下,经当事人约定,也可以用其他方法。

土地登记代理机构和分支机构的备案证书被撤销后,应当在规定的期限内向所在地的工商行政管理部门办理注销登记。

土地登记代理机构和分支机构歇业或因其他原因终止代理活动的,应当在向工商行政管理部门办理注销登记后的规定期限内向原办理登记备案手续的土地行政主管部门办理注销手续。

(三) 土地登记代理机构的权利和义务

1. 土地登记代理机构的权利

(1) 享有工商行政管理部门核准的业务范围内的经营权利,依法开展各项经营活动,并按规定标准收取佣金;

(2) 可向主管部门提出实施专业培训的要求和建议;

(3) 按照国家有关规定制定各项规章制度,并以此约束在本机构中执业土地登记代理人的执业行为;

(4) 由于委托人的原因,造成土地登记代理机构或土地登记代理人的经济损失的,有权向委托人提出赔偿要求;

(5) 法律、法规和规章规定的其他权利。

2. 土地登记代理机构的义务

(1) 依照法律、法规和政策开展经营活动;

第六章　土地市场中介组织管理

(2) 认真履行土地登记代理合同，督促土地登记代理人认真开展代理业务；

(3) 维护委托人的合法权益，按照约定为委托人保守商业秘密；

(4) 承担因代理不当造成的委托人的损失赔偿；

(5) 严格按照规定标准收费；

(6) 接受主管部门的监督和检查；

(7) 依法缴纳各项税收和行政管理费；

(8) 法律、法规和规章规定的其他义务。

(四) 土地登记代理机构年度审查

土地登记代理机构管理部门应对代理机构实施年度审查制度，年审主要审查代理机构的机构设置、人员资格、经营行为及业务状况。

土地登记代理机构在年度审查中应提交：

① 《营业执照》副本；

② 《土地登记代理人职业资格证书》；

③ 《土地登记代理机构人员构成表》；

④ 《土地登记代理机构经营情况表》；

⑤ 《土地登记代理业务情况表》；

⑥ 其他材料。

凡有下列情况之一的土地登记代理机构，视为年度审查不合格：

① 未按时办理资质有关登记事项变更登记的；

② 《土地登记代理人职业资格证书》持证人员数量不足的；

③ 有严重违法经营行为的；

④ 逾期未办理年审的。

对于有土地登记代理纠纷投诉现象，但尚未解决的，可以暂缓年审。待处理完投诉后，方可准予年审。

年审不合格的土地登记代理机构责令其停止土地登记代理业务。

每年度的土地登记代理机构年审工作结束后，土地登记代理管理部门将发布公告，向社会公布年审结果。

五、土地登记代理管理

(一) 土地登记代理人管理

1. 土地登记代理人资格管理

根据人事部、国土资源部《土地登记代理人职业资格制度暂行规定》，国家对从事土地登记代理业务的专业技术人员实行职业资格制度。土地登记代理人职业资格考试合格后，由各省、自治区、直辖市人事部门颁发《中华人民共和国土地登记代理人职业资格证书》。土地登记代理人实行定期登记制度，对取得《中华人民共和国土地登记代理人职业资格证书》申请登记的人员的，核发《中华人民共和国土地登记代理人登记证书》，经登记后方可以土地登记代理人名义，按规定从事土地登记代理业务。

2. 土地登记代理人执业管理

土地登记代理人从事土地登记代理业务，必须受聘于一个土地登记代理机构，个人不能独立从事土地登记代理活动。

土地登记代理人员承办业务，由其所在的土地登记代理机构统一受理，并与委托人签订书面代理服务合同。

土地登记代理人员要妥善保管资格证书，若证书遗失，应及时到原发证机关申请补发。严禁伪造、涂改、转让资格证书。

土地登记代理机构的从业人员发生变动，应及时向主管部门办理变更手续。

3. 培训教育管理

培训教育是保证与提高土地登记代理人文化水平与业务素质的有效手段。《土地登记代理人职业资格制度暂行规定》第二十六条规定："土地登记代理人必须接受职业继续教育，不断提高业务水平。"

（二）土地登记代理机构管理

土地行政主管部门对土地登记代理机构加强监督管理。

1. 工商登记与备案管理

申请设立土地登记代理机构必须具备一定的条件，经土地行政管理部门审查合格后，到工商部门登记，领取营业执照。土地登记代理机构在领取营业执照后的规定时间内，须到登记机关所在地的县级以上人民政府土地行政管理部门备案后才能从事土地登记代理业务。土地登记代理机构的从业人员发生变动，应及时向有关主管部门办理变更手续。遗失证件的应到原发证部门申请补发，严禁伪造、涂改和转让。

2. 土地登记代理机构年度审查管理

土地登记代理机构管理部门应对土地登记代理机构实施年度审查制度。年审主要是对土地登记代理机构的机构设置、人员资格、经营活动、业务情况进行监督、检查和验证。对符合法规政策要求的，准予继续从事土地登记代理业务；对确定为检查验证不合格或无故不参加检查验证的土地登记代理机构，在整改未合格以前或重新注册登记以前不得从事土地登记代理业务。每年度的土地登记代理机构年审工作结束后，土地登记代理管理部门应发布公告，向社会公布年审结果。

（三）土地登记代理行为管理

国家的法律、法规、政策允许的服务项目，土地登记代理机构、土地登记代理人均可进行代理服务；国家的法律、法规、政策限制的服务项目，土地登记代理机构、土地登记代理人应当遵守国家的有关规定，在核准的经营范围内进行代理活动；国家的法律、法规、政策禁止的服务项目，土地登记代理机构、土地登记代理人不得进行代理活动。

土地登记代理机构、土地登记代理人在代理活动中，应当遵守以下规则：提供客观、公正、准确、高效的服务；将代理情况如实、及时报告当事人各方；妥善保管当事人交付的有关文件、资料、保证金、预付款等财物；按照约定为当事人保守商业秘密；收取当事人服务费用应当开具发票，并依法缴纳税收和行政管理费。

第六章 土地市场中介组织管理

代理合同是代理行为的具体体现，也是代理活动的核心，土地登记代理机构承办代理业务，除及时结清者外，应当根据业务性质与委托人签订书面委托合同。

土地登记代理机构和土地登记代理人在执业中禁止下列行为：

① 弄虚作假，提供不实的信息，或签订虚假合同；

② 损害国家、社会公共利益和他人合法权益；

③ 隐瞒非商业秘密的有关代理活动的重要事项；

④ 采取引诱、胁迫、欺诈、贿赂和恶意串通等手段，招揽业务；

⑤ 伪造、涂改、转让《土地登记代理人职业资格证书》或允许他人利用自己的名义从事土地登记代理业务；

⑥ 利用已签订的代理合同，或他人掌握的信息，采取不正当手段，转移业务、背弃合作；

⑦ 土地登记代理人同时在两个或两个以上土地登记代理机构内执业；

⑧ 索取或收受委托合同规定以外的酬金或其他财务；

⑨ 法律、法规禁止的其他行为。

（四）土地登记代理行业管理

根据社会主义市场经济的发展规律和市场经济条件下中介组织的组织方式，建立土地登记代理服务行业的自律性组织——土地登记代理服务行业协会将是历史的必然。行业协会在政府与企业之间发挥桥梁纽带作用，在行业内部发挥组织、协调、沟通、监督作用，其主要职能应该是：

① 制定土地登记代理机构及人员的行为准则及道德规范；

② 组织土地登记代理从业人员的专业知识、职业道德和职业纪律培训；

③ 管理对土地登记代理机构及人员的投诉、组织调查，并向有关部门提出处理意见；

④ 向土地行政主管部门反映土地登记代理及从业人员的意见和要求，维护土地登记代理机构和从业人员的合法权益；

⑤ 调解土地登记代理行业的内部争议；

⑥ 组织土地登记代理服务机构之间的业务交流与信息交流；

⑦ 办理土地行政主管部门委托的其他事项。

复习思考题

1. 简述土地市场中介产生的必然性。
2. 土地市场中介服务有哪些特点？
3. 土地市场中介服务主要包括哪些机构？
4. 土地市场中介服务管理的内容有哪些？
5. 土地估价师考试的科目有哪些？
6. 土地估价师注册应提交哪些材料？
7. 简述土地估价师的职业道德。
8. 简述土地估价机构在中国土地估价师协会注册的条件。
9. 简述土地登记代理的原则和内容。
10. 简述土地登记代理的程序。

11. 土地登记代理人考试的科目有哪些？
12. 简述土地登记代理人的权利与义务。
13. 简述土地登记代理机构的权利和义务。

强化练习题

一、填空题

1. 土地市场中介机构主要有_____、_____、_____。
2. 全国土地估价师资格考试原则上_____举行一次，报考人员自由选择报考科目的种类和数目，考试合格成绩在连续_____个考试年度内滚动有效，全部考试科目合格者，获得国土资源部统一颁发的《中华人民共和国_____》，取得土地估价师资格。
3. 土地估价师资格考试的科目包括_____、_____、_____、_____。
4. 土地估价师接受继续教育时间五年累计不得少于_____学时。
5. 土地估价机构的基本组织形式有_____和_____。
6. 申请在中国土地估价师协会注册的土地估价中介机构除符合土地估价机构工商设立的基本条件外，其注册资金不低于_____万元人民币，_____名或以上执业土地估价师。
7. 土地登记代理人考试科目包括：_____、_____、_____。
8. 土地登记代理人职业资格登记有效期为_____年，有效期满前，持证者应按规定到指定的机构办理再次登记手续。
9. 接受委托是开展土地登记代理业务的首要环节，一般情况下，土地登记代理业务来源主要有两个途径，即_____、_____。

二、判断题

1. 注册土地估价师可以同时在两家或两家以上土地评估机构从业。（　　）
2. 注册土地估价师可以以个人名义接受委托，承办业务，收取费用。（　　）
3. 未经注册的土地估价师，不得以注册土地估价师的名义从事土地估价中介业务。（　　）
4. 注册土地估价师年内情况与土地估价中介机构年检材料同时报送，由省、自治区、直辖市土地估价行业协会负责办理，年检结果向社会公布。（　　）
5. 土地登记代理人从事土地登记代理业务，必须受聘于一个土地登记代理机构，个人不能独立以个人名义从事土地登记代理活动。（　　）
6. 土地登记代理机构管理部门应对土地登记代理机构实施年度审查制度。（　　）
7. 土地登记代理人员承办业务，由其所在的土地登记代理机构统一受理，并与委托人签订书面代理服务合同。（　　）
8. 注册土地估价师和土地登记代理人可以允许他人以本人名义从事土地估价和土地登记代理业务。（　　）

三、单选题

1. 注册土地估价师因某些事情若需办理注册变更登记，应在（   ）内，到省、自治区、直辖市土地估价行业协会办理变更注册手续。
   A. 30 日　　　　B. 15 日　　　　C. 7 日　　　　D. 7 个工作日内
2. 凡独立从事土地估价的人员，必须具备（   ）资格。
   A. 经济师　　　　B. 会计师　　　　C. 规划师　　　　D. 土地估价师
3. 全国土地估价师资格考试原则上每年举行一次，报考人员自由选择报考科目的种类和数目，考试合格成绩在连续（   ）考试年度内滚动有效。
   A. 2 个　　　　B. 3 个　　　　C. 5 个　　　　D. 1 个
4. 土地估价师接受继续教育时间五年累计不少于（   ）学时。
   A. 50　　　　B. 100　　　　C. 150　　　　D. 200
5. 土地登记代理人实行定期登记制度。取得《中华人民共和国土地登记代理人职业资格证书》的人员，经登记后方可以土地登记代理人名义，按规定从事土地登记代理业务。土地登记代理人职业资格登记有效期为（   ）。
   A. 1 年　　　　B. 2 年　　　　C. 3 年　　　　D. 5 年
6. 脱离土地登记代理工作岗位连续（   ）以上，应注销土地登记代理人登记。
   A. 1 年　　　　B. 2 年　　　　C. 3 年　　　　D. 5 年

四、多选题

1. 土地估价机构工商设立的基本条件有（   ）。
   A. 机构名称中应明示土地、不动产、土地资产、地产、地价的评估或估价等表明土地估价专业的术语。
   B. 土地评估机构的法定代表人和执行合伙企业事务的合伙人须具备土地估价师资格。
   C. 机构详细列明的营业范围中应包含土地评估、不动产评估、地产评估、地价评估。
   D. 执业土地估价师的出资比例不少于出资总额的三分之一。
   E. 有固定的经营服务场所。
2. 下列哪些是土地估价机构在中国土地估价师注册的条件（   ）。
   A. 注册资金不低于 50 万元人民币　　B. 公司执业超过 1 年
   C. 7 名以上（含 7 名）执业土地估价师　　D. 合伙制企业
3. 土地估价机构的基本组织形式有（   ）。
   A. 有限责任公司　　B. 企业集团　　C. 股份制企业　　D. 合伙制企业
4. 下列哪些是土地登记代理的原则（   ）。
   A. 等价有偿原则　　　　　　　　B. 合法原则
   C. 权限内谋取委托人利益最大化原则　　D. 保密原则
5. 土地登记代理的内容有（   ）。
   A. 办理土地登记申请、指界、地籍调查、领取土地证书
   B. 帮助土地权利人办理解决土地权属纠纷的相关手续
   C. 查询土地登记资料
   D. 查证土地产权
   E. 代理土地使用权人进行土地使用权抵押贷款

第七章 土地资产开发与利用管理

内容提要

从广义上来讲土地资产开发是指因人类生产建设和生活不断发展的需要,采用一定的现代科学技术的经济手段,扩大对土地的有效利用范围或提高对土地的利用深度所进行的活动,包括对尚未利用的土地进行开垦和利用,以扩大土地利用范围,也包括对已利用的土地进行整治,以提高土地利用率和集约经营程度。通过对土地资产开发,增加可利用土地面积,调整土地利用结构,合理利用土地,提高土地利用集约程度,促进土地资产保值增值,是解决日益加剧的土地供需矛盾的重要途径。

土地资产利用是人们运用土地资产进行各项经济活动,从而获取经济利益的过程。土地资产利用具有社会性、技术性、经济性、动态性等特点,与土地资产开发是相互联系、相互影响的,土地资产开发是土地资产利用的基础,通过土地开发使土地成为能被人类利用的土地资产。同时对土地利用的过程也包含对土地更深层次的开发。在土地资产开发利用中应注意生态、经济、社会效益的统一,应注意保护耕地资源、正确处理开发建设与保护耕地之间的矛盾及正确处理开发建设与严格执行规划之间的矛盾。

城市地产开发是指为适应城市经济社会发展的需要,对土地进行投资、改造和建设,提高土地质量和价值的过程。根据不同的分类标准,可以分为单项开发、小区开发和成片开发;城市地产新开发和再开发;外延型开发和内涵型开发;城市地产公共开发和非公共开发;城市地产一级开发、二级开发。

城市土地利用是对城市土地在社会需要的不同方向上,在国民经济各部门之间和不同项目上的分配和使用。城市土地利用应遵循稀缺性原理、替代原理、比例原理、限制因素最高报酬原理;符合地租导向、价值补偿、人地协调等经济运行规律。城市土地利用结构即城市内部各种功能用地的比例、空间结构及其相互影响、作用的关系。城市土地利用结构与城市产业结构有着直接的关系,城市经济发展的过程就是产业结构不断调整、优化的过程,如果城市土地利用结构长期不合理,并且僵化不动,就会阻碍城市生产力合理布局,从而阻碍城市经济的发展。通过对土地利用结构的分析,可以了解土地利用结构是否与需求结构相吻合,是否与产业结构相适应。对城市土地利用结构不合理的应进行调整、优化。

城市土地集约利用是指在布局合理、结构优化和可持续发展的前提下,通过增加存量土地投入、改善经营管理、合理规划增量土地、衔接存量土地等途径,不断提高土地产出效率,取得良好经济效益、社会效益和生态效益的动态过程。城市土地集约利用对于提高

第七章 土地资产开发与利用管理

城市土地利用效率、优化城市土地利用结构，实现耕地总量动态平衡和经济社会的可持续发展具有重大而深远的意义。开发区是指为促进经济发展，由政府划定实行优先鼓励工业建设的特殊政策地区。开发区土地集约利用是不断提高开发区土地利用效率和经济效益的一种开发经营模式。开展开发区土地集约利用评价可以全面掌握土地集约利用状况，促进土地节约集约利用。

土地是最重要的稀缺资源之一，土地闲置造成大量土地资源的浪费，使有限的土地资源得不到合理、有效利用，必须认清闲置土地的危害，认真分析土地闲置的原因，采取有效措施避免土地闲置，并对已闲置的土地进行彻底清查和处置，从而盘活土地资产，提高土地资产收益。

教学要求

了解：土地资产开发的作用，土地资产利用的特性，土地资产开发与利用的关系，城市土地利用类型，城市土地利用结构及存在的问题，土地集约利用的内涵及促进土地集约利用途径。

熟悉：土地资产开发、利用的含义，土地资产开发与利用应注意的问题，城市地产开发的含义，土地二级开发的程序，城市土地利用结构优化的措施，城市土地功能分区的概念及类型。

掌握：城市地产开发的类型，土地一级开发、二级开发的主体，土地一级开发的程序及成本构成，城市土地利用的概念、理论，开发区土地集约利用评价，闲置土地的认定及处置。

重点难点

1. 城市地产一级开发的概念、主体、程序及构成成本
2. 城市土地利用理论，城市土地利用结构优化
3. 开发区土地集约利用评价
4. 闲置土地的认定及处置

关键术语

土地资产开发　土地资产利用　城市地产开发　土地一级开发　土地二级开发
城市土地利用　城市土地利用结构　城市土地利用功能分区　城市土地集约利用

第一节 土地资产开发与利用概述

通过对土地资产开发，增加可利用土地面积，调整土地利用结构，合理利用土地，提高土地利用集约程度，促进土地资产保值增值，是解决日益加剧的土地供需矛盾的重要途径。

土地资产管理

一、土地资产开发概述

(一) 土地资产开发的含义

土地资产开发包括狭义上的和广义上的土地资产开发。从狭义的角度理解,土地资产开发主要是对未利用土地的开发利用,是土地的初次开发,主要是从外延上扩大利用面积。它包括把未经利用的土地或虽经人类利用过但长期废弃的土地,经过加工改造投入使用;还包括对已开发利用的土地资产,进行进一步加工、改造,使之改变用途,如开垦草地变为农田,开发一般农田变为菜地,变农业用地为城市土地等。

从广义上来讲土地资产开发是指因人类生产建设和生活不断发展的需要,采用一定的现代科学技术的经济手段,扩大对土地的有效利用范围或提高对土地的利用深度所进行的活动,包括对尚未利用的土地进行开垦和利用,以扩大土地利用范围,也包括对已利用的土地进行整治,以提高土地利用率和集约经营程度。如:改良土壤、提高复种指数、进行农田基本建设、城市地产上增加投资、增加容积率等都是广义上的土地资产开发。

(二) 土地资产开发的作用

1. 土地资产开发是解决日益激烈的供需矛盾的重要途径

在我国经济建设和农业发展过程中,科学、合理进行土地开发具有重要意义。通过地产开发,可以增加可利用土地面积。据统计,1985—1995年,全国累计开发耕地7368万亩,同期,非农建设占用耕地2960万亩。通过土地开发,有效弥补了非农建设占用耕地。

2. 土地资产开发可以提高土地利用集约度

通过农业土地综合开发,如中低产田改造,进行农田基本建设可以提高农业土地利用率。同样,通过城市地产综合开发,在城市地产上投入更多的资金进行城市基础设施建设,提高城市土地利用集约度。

3. 土地资产开发可以改变土地利用结构,优化土地利用布局

城市土地利用结构是指城市用地各组成部分以及之间的各种关系,包括比例关系在内的各种空间关系联系起来的整体,城市各项用地以面积大小比表现出一定的比例关系。城市土地中用地比例不合理,如城市用地中从居民点及工矿用地来看,居民点用地较多,工矿用地较少,严重影响了土地的产出效益;从经济效益角度来看,如果城市中第二产业用地过多,城市土地的经济效益也不能很好的发挥,因此在城市中应该注重发展第三产业,因为在等量城市用地的前提下,第三产业的收益约为第二产业的3.5倍左右。同时城市土地利用也存在空间布局不合理现象,如有些行政部门分布在城市繁华地段;有些规模小、污染严重、技术水平低、经济效益差的企业,却占据着城市的黄金地段,造成土地资源的隐形浪费;还有些工业混杂在城市居民区内,不仅影响土地利用效率的提高,并且对居民区的环境造成危害,影响了居民的身体健康,给居民生活带来不便。通过地产开发可以改变土地用途,使土地利用结构趋于合理,土地利用布局更加优化。

二、土地资产利用概述

（一）土地资产利用的含义

土地是人类赖以生存与发展的物质基础，对土地资产的开发是为了更好地利用土地资产，土地资产的利用是人类占有土地的目的。土地资产利用是人们运用土地资产进行各项经济活动，从而获取经济利益的过程。土地资产利用本身是一项经济活动，它遵循一定的经济规律。

（二）土地资产利用的特性

1．土地资产利用具有社会性

其一，土地资产利用主要体现在土地资产具有土地财产的属性，而土地财产偏好于反映土地上的社会关系。其二，土地资产利用是社会性的利用，这是因为土地利用者利用土地资产不仅仅是其个人的事情，由于土地利用存在外部性问题，如一块地种植的作物可能会影响相邻地块的作物生长；工业用地在生产过程中可能会给相邻地块的土地使用者造成污染等。因此，土地利用是社会性的利用，需要宏观管理者通过土地管理调整，适度规模经营等手段，将土地利用的外部性问题内部化，减少土地利用中的外部性冲突。其三，土地资产利用具有公共偏好性，一块土地可能会有多个用地意向者，但土地利用者必须合法取得土地使用权。

2．土地资产利用具有技术性

土地资产具有自然属性和社会经济属性，在利用土地资产中采用一定的科学技术和管理技术，可以提高土地资产利用的效率。如在农用地利用中培肥地力、中低产田改造、新的生物技术的应用等都需要科学技术，立体种植、间作套种、微喷滴灌、根际施肥、菌肥应用、新品种选育等新技术能够提高农业用地利用的产出率；运用新的建筑材料和新的建筑技术也能使建设用地的利用效益改变和提高。如过去建筑材料差，建筑技术落后，不能盖高层的楼房，随着建筑技术的提高和建筑材料的革新，人们可以多层、立体的利用地上、地下的空间。

3．土地资产利用具有经济性

土地资产作为一种基本的生产要素，它与其他的生产要素结合使用时，就体现出了其经济特性。土地利用在空间上的合理布局，形成土地利用的空间经济性；土地面积在各项用地之间的合理分配，形成土地利用的结构经济性；土地利用的适度集中、成规模经营，形成土地利用的规模经济；在一定面积上投入资金、劳力、技术提高土地利用集约度则形成土地利用的集约经济。

4．土地资产利用具有动态性

随着社会经济的发展及生产力水平不断提高，土地资产利用方式、强度、效益都是不断变化的，因此土地资产利用具有动态性。

（三）土地资产开发与土地资产利用的关系

土地资产开发与土地资产利用相互联系、相互影响的，土地资产开发是土地资产利用的基础，通过土地开发使土地成为能被人类利用的土地资产，土地开发可以把无法利用的土地加以彻底改造，使之投入使用。同时对土地利用的过程也包含对土地更深层次的开发。如：利用农业土地进行耕种、投入化肥、劳力等提高土地生产力；利用城市土地进行城市建设活动，使城市土地区位条件改善等，都是对土地资产更深层次的开发。

三、土地资产开发利用应注意的问题

1. 土地资产开发利用应注意生态、经济、社会效益的统一

土地资产开发必然对原先的土地及其环境产生影响。在开发建设中，除了注重经济效益外，更应当重视社会、生态效益，达到生态、社会、经济效益三者的统一。如城市黄金地段的开发建设，可能会带来可观的经济效益但仅从经济效益出发，进行过密的开发，可能会影响城市整体功能的发挥。

2. 土地资产开发利用应注意保护耕地资源、正确处理开发建设与保护耕地之间的矛盾

土地资产开发特别是新增建设用地开发，必然是农用地转为建设用地，造成建设开发与保护耕地之间的矛盾，为了解决人类的吃饭问题，土地资产开发利用时应注意保护耕地资源。

3. 土地资产开发利用应正确处理开发建设与严格执行规划之间的矛盾

由于土地资产稀缺度高，所以必须科学、合理地制定好土地利用总体规划，最大限度地发挥土地利用效益，在土地资产开发建设中，由于建设项目的规模、性质及对土地的特殊要求，常常会出现项目用地要求与规划相矛盾的问题。应从战略高度认识土地利用总体规划的主导作用，政府对于开发建设项目用地，可以在规划许可的范围内最大限度地安排合适的用地，但绝不能迁就，确实不符合规划的必须调整，违反规划的项目，即使投资额再大、效益再好也不能上马。

第二节 城市土地资产开发

一、城市地产开发的含义

城市地产开发是指为适应城市经济社会发展的需要，对土地进行投资、改造和建设，提高土地质量和价值的过程。城市地产开发，是城市建设中最重要的一项基础性建设，不仅可以合理地利用城市土地，充分发挥其经济效益，而且对于改善城市土地区位条件，改变整个城市的面貌和景观，提高居民生活质量，改善城市环境，加快城市的现代化进程，提高城市的社会、经济和环境效益，积累城市建设资金等具有十分重要的意义。

二、城市地产开发的类型

按照不同的分类方式，地产开发可以分为不同的类型。

1. 根据开发规模不同，可以分为单项开发、小区开发和成片开发

（1）单项开发

单项开发是指规模小，项目功能单一，配套设施单一的土地开发形式。单项开发一般适用于成片开发、小区开发以及旧城区改造中的各个相对独立的项目。单项开发项目的建筑必须严格遵守城市规划，在建筑风格、设计等方面要做到与周围环境相和谐。

第七章 土地资产开发与利用管理

(2) 小区开发

与单项开发相比，小区开发的规模较大，投资较多，建设周期较长。小区开发要求市政基础设施完善，配套项目齐全，各种功能设施较强。在实践中，住宅项目常常采用这种方式。

(3) 成片开发

成片开发是指将土地作为一种经营对象，对土地进行基础设施建设投资开发后而转让土地使用权的行为。成片开发的目的不是为了自用，而是进行土地开发经营。成片开发要求形成相对独立的、生产主导型的、功能齐全的综合经济区，需要考虑基础设施的投资效益和规模效应。因此，与单项开发和小区开发相比，成片开发的规模要大得多。大的成片开发项目，开发面积达到几十平方公里，如海南洋浦开发区为30平方公里；一般的成片开发项目也有几平方公里，如厦门湖里工业区为2.5平方公里；较小的开发项目也有几十公顷。成片开发最初出现在沿海开放城市和经济技术开发区。其具体又可分为"政策引导型"和"引导筑巢型"两种类型。"政策引导型"主要是指国家或其委托机构投入资金，发展基础设施，创造良好的投资环境，以吸引更多的资金对土地进行开发。"引导筑巢型"是指通过出让国有土地使用权，让投资商进行开发。

2. 根据开发对象不同，可以分为城市地产新开发和再开发

(1) 城市地产新开发

城市地产新开发是在城市建成区外围进行的开发，是通过增加城市土地面积而实现的城市地产开发，主要表现为城市建成区面积的扩大，为外延型开发。对新城区进行地产开发，扩大城市土地利用面积，是我国城市增加土地经济供给的基本途径之一。城市地产新开发一般处于城市的外围，受周围环境的制约较小，城市规划限制也比较少。建筑物高度和容积率的限制不像旧城区那么严格。这样，开发商在一定的用地面积内可以获得更多的建筑面积。但是，城市地产新开发也面临一些不利因素。例如：政府对征收占用耕地的控制越来越严格，征地费用越来越高，新城区规划对道路、绿化面积的要求也比较高。

(2) 城市地产再开发

城市地产再开发是在原有城市建成区内进行的开发，是指通过增加资金和劳动的投入，不改变城市土地的面积而实现的城市地产开发，它表现为城市空间的物质替代，土地功能的变更，为内涵型开发。对旧城区的土地进行再开发，改变旧城区的土地利用结构，提高土地利用的集约程度，是增加城市土地经济供给的另一个途径。旧城区多位于城市中心，其区位优越，适合作为商业、办公、旅游、餐饮、娱乐等类型的开发项目用地。这些项目建成后出售或出租的价格较高，能够给开发商带来较多的利益。但是，城市土地再开发也面临一些不利因素。例如：拆迁安置费用高，拆迁工作困难；城市规划条件限制苛刻，对建筑物高度、容积率、土地用途等问题有严格的限制等。

3. 根据开发方式不同，可以分为外延型开发和内涵型开发

(1) 外延型开发

外延型开发是通过征用农用地的手段，扩大城市土地面积。一般来说，外延型开发都

是城市地产新开发，表现为城市空间形式向水平方向发展。

(2) 内涵型开发

内涵型开发是在不增加城市用地面积的基础上，通过增加资金和劳动的投入，提高城市土地的容积率和土地集约利用程度。一般来说，内涵型开发是以改造、整治旧城区的城市地产再开发。

4. 根据开发者的不同，可以分为城市地产公共开发和非公共开发

城市地产开发者可以归结为两类：一类是指公共部门，主要是政府；另一类是指地产开发公司及银行和其他金融机构、建筑商、投资商等。一般公共部门开发领域为公共绿地、道路、广场及其他市政公共设施的用地；非公共部门则开发各类产业活动和居住活动的用地。

公共开发和非公共开发在决策出发点和依据上有根本的差别。公共部门的开发决策以公共利益作为决策依据，非公共开发的开发决策以自身利益作为出发点，把收益高低和风险大小作为决策依据。

5. 根据开发层次，可以分为城市地产一级开发和二级开发

(1) 城市地产一级开发

城市地产一级开发即土地一级开发，是指政府通过下属的土地储备机构或者委托具备开发资质的房地产企业按照土地利用总体规划、城市总体规划及控制性详细规划和年度土地储备开发计划，对一定区域范围内的城市国有土地（毛地）或农村集体土地（生地）进行统一的征地补偿、拆迁安置、土地平整、市政基础设施和社会公共配套设施建设，使该区域范围内的土地达到"三通一平"、"五通一平"或"七通一平"的建设条件（熟地），再对熟地进行有偿出让或转让的过程。

土地一级开发是土地出让前的运作方式，开发主体应是当地政府或当地政府下属的土地储备机构，实施主体往往是政府授权的一级开发公司或土地整理储备机构。土地一级开发的结果是要使"生地"成为"熟地"，达到出让的标准。在大多数城市主要是由政府来操作，也有政府委托企业来做，政府负责管理和监督，或者由国有企业或事业单位性质的土地储备机构来做。

(2) 城市地产二级开发

城市地产二级开发即土地二级开发，是指土地使用者在土地一级市场上取得土地使用权并按照出让合同的要求进行投资开发建设，开发后将达到规定可以转让条件的土地使用权连同建筑物、构筑物通过流通领域进行交易的过程。土地二级开发的主体是地产开发商。

三、城市地产开发的主要程序

(一) 城市地产一级开发的程序

城市地产一级开发的程序示意图，如图 7-1 所示。

1. 计划编制

首先要根据国民经济和社会发展规划、土地利用总体规划、城市总体规划以及土地供应计划、土地利用年度计划和土地储备开发计划，来编制土地一级开发计划。

第七章 土地资产开发与利用管理

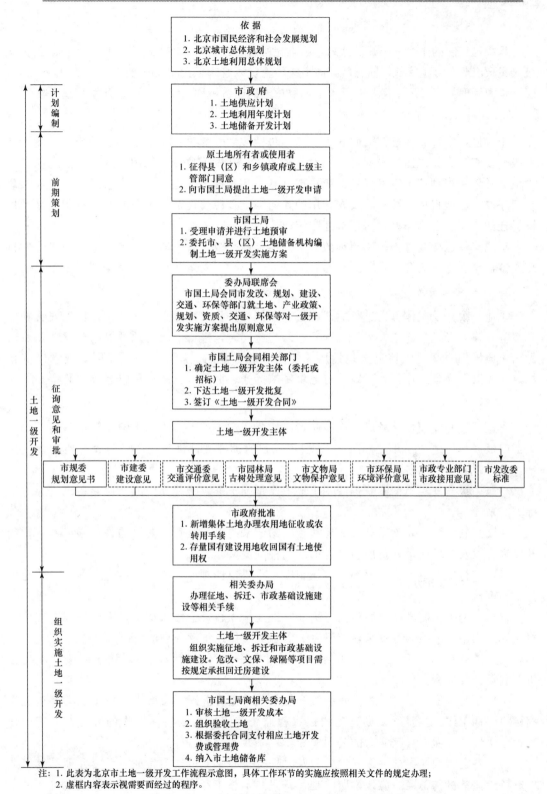

注：1. 此表为北京市土地一级开发工作流程示意图，具体工作环节的实施应按照相关文件的规定办理；
　　2. 虚框内容表示视需要而经过的程序。

图 7-1　城市地产一级开发的程序示意图

2. 前期策划

根据已编制的土地一级开发计划,原土地所有者或使用者在征得县(区)人民政府和镇级人民政府或上级主管部门同意后,向市级国土资源管理部门提出土地一级开发申请。市级国土资源管理部门受理申请并进行预审,委托土地储备机构编制土地一级开发实施方案。

3. 征询意见和审批

市级国土资源管理部门会同相关部门,包括规划、建设、交通、环保等部门,就土地一级开发实施方案提出原则意见。同时,土地一级开发项目涉及征用土地的,土地储备机构根据计划和规划有关手续分别向所在市(县)政府提出征地申请,由市(县)政府按规定程序办理征地报批手续;涉及农转用的,向国土资源管理部门申办农转用手续;涉及房屋拆迁的,向房管部门办理房屋拆迁手续。

土地储备机构通过委托或招标的方式确定土地一级开发主体,并下达土地一级开发批复,签订《土地一级开发合同》。

4. 组织实施开发

土地一级开发主体首先进行拆迁调查、评估,按相关政策文件协商制订拆迁安置补偿方案等,并需经过政府主管部门审查通过。与此同时,进行一级土地开发的开发商要及时做出土地规划方案,以核定土地性质、使用功能、范围、规模、开发强度等技术经济指标。完成以上准备工作,就可以针对地块实施拆迁、拆除、三通一平或七通一平等工作。

5. 项目验收

土地一级开发项目完成后,土地储备机构负责实施,由市级国土资源管理部门会同相关部门根据《土地一级开发合同》、计划和规划的批准文件进行验收。验收合格的建设用地,纳入政府土地储备库。

土地一级开发实施主体获得开发土地主要是国土资源管理部门或土地储备机构通过招标方式来确定。

一级开发监管主要依靠有关法规和合同约定来约束,监管主要目的是控制成本、控制开发进度以及开发质量。目前主要有如下几种制度措施。

(1)实行重大事项或重要环节审核制度,主要包括对征地方案、拆迁方案、市政建设方案等审核。

(2)定期报表制度,报表包括一级开发进度报表、资金使用情况报表、手续办理情况报表等。利用定期报表制度来检查进度、资金的使用、手续办理的情况等。

(3)进度对比制度,通过对实际运作进度与一级开发单位投标承诺进度进行对比分析,监督开发进度。

(4)参与制度,储备机构参与一级开发单位就项目拆迁、市政设计、施工等外包工作招标的评标工作。主要形式是充当招标过程监督代表,检查招标工作的公开、公正、合理、合法性,确保有真正实力的公司中标。

(5)备案制度,要求一级开发公司及时提交合同、支付款项凭证、手续办理批复等文件资料给储备机构备案。应该说明的是,备案并不意味着储备机构认可合同或支付费用合理合法,合同签订、费用支付最后要经审计部门审计确认。

第七章 土地资产开发与利用管理

（6）责任制度，对有收费标准的费用，按标准支付，储备机构均予以认可，对于超标支付或故意扩大成本的支出费用由一级开发单位承担。

一级开发后的建设用地，全部进入政府的土地储备库。按照政府有关土地出让的政策进行出让。

土地一级开发的土地开发成本构成主要有以下几项。

（1）征地拆迁补偿费及有关税费。

（2）收购、收回和置换过程中发生的有关补偿费用。

（3）市政基础设施建设有关费用。

（4）招标、拍卖和挂牌交易中发生的费用。

（5）贷款利息。

（6）土地储备开发供应过程中发生的审计、律师、工程监理等费用；不可预见费以及经同级财政和土地主管部门核准的其他支出。

凡是纳入市级土地储备中心管理的土地一级开发项目，都要委托审计部门进行成本审计，审计结果将作为土地招拍挂定价的依据。

（二）城市地产二级开发的程序

1. 项目决策阶段

地产开发项目决策阶段的主要内容是开发项目的可行性研究。地产开发项目的可行性研究是指地产开发企业在投资决策前，对地产开发项目的必要性、实施项目的外部条件、项目的选址规模、企业的投资能力、项目的实施方式、生产经营周期、项目效益等进行周密的调查研究和分析。它是地产开发最基本、最首要的工作。

可行性研究作为项目投资前期的一项重要任务和环节，它一般可以划分为三个阶段，即投资机会研究阶段、初步可行性研究阶段、详细可行性研究或正式的可行性研究阶段。

投资机会研究主要是为项目投资者选择投资机会和方向提出轮廓性建议，一般分为一般机会研究和项目机会研究。

初步可行性研究则是介于投资机会研究和详细可行性研究的一个研究阶段，它主要是对房地产项目投资中一些关键问题和重要环节进行专题研究，进一步说明投资项目的价值所在。

详细可行性研究则是指对项目建设进行详细深入的技术经济分析和比较论证，为项目决策提供评价依据。

可行性研究的这三个阶段是一个相对完整的可行性研究过程的有机组成部分。一个完整的可行性研究工作的完成必须经过项目的立项、界定、筹划；市场调查、研究；投资方案的分析、比较；预测方案的预期收益及其评价；编制可行性研究报告书等程序。

2. 前期准备阶段

（1）获取土地使用权。

（2）规划设计。

（3）建设项目报建登记，申请招标，办理招标投标手续，确定勘察。

（4）申办《施工许可证》。

（5）招标。

3. 工程建设阶段

（1）施工用水电及通信线路接通，保证施工需要，施工场地平整，达到施工条件。
（2）施工通道疏通，满足施工运输条件。
（3）施工图纸及施工资料准备。
（4）施工材料和施工设备的准备。
（5）临时用地或临时占道手续办理。
（6）施工许可批文及办理开工手续。
（7）确定水准点与坐标控制点，进行现场交验。
（8）组织图纸会审、设计交底。
（9）编制工程进度计划。
（10）设计、施工、监理单位的协调。

4. 项目销售阶段

（1）申办《销售许可证》。
（2）商品房销售及按揭办理。
（3）申请竣工验收，取得《建筑工程竣工验收备案证》。
（4）申办建设工程规划验收。
（5）进行权属登记，取得《商品房权属证明书》。
（6）物业移交。

5. 交付使用阶段

第三节 城市土地资产利用

一、城市土地资产利用的概念

城市土地利用是对城市土地在社会需要的不同方向上，在国民经济各部门之间和不同项目上的分配和使用。反映城市布局的基本形态和城市内功能区的地域差异。土地利用过程实际上就是对土地的开发、使用、收益、保护和改造的过程。

城市土地在未经开发建设之前只具有自然属性，包括土地的肥沃程度、坡度大小、坡向、土地承压力和透水性等。开发建设提高了土地的使用价值，土地的经济属性在很大程度上决定城市的土地利用。一般来说，地价是随着离市中心距离的增加而降低，市中心区土地价格高，导致建筑物向高密度和高层发展，而城市外围地区地价较低，建筑物密度和高度也较低。但实际的城市土地利用除考虑地价因素外，政府还要根据环境质量、生活需要和发展方向做出规划，从而产生相应的城市地域结构和用地结构。

二、城市土地利用理论

城市土地利用问题本质上是一个经济问题：土地利用的空间上的合理布局形成土地利用的空间经济；土地面积在各项用地之间的合理分布形成土地利用的结构经济；土地利用

的适当集中形成土地利用的规模经济；一定土地面积上适当追加投入而形成土地利用的集约经济。

（一）城市土地利用的特点和目标

城市土地利用的特点主要表现在：一是位置的极端重要性。这里的位置是指空间经济活动的区位，不同位置的土地其利用效益相差悬殊。二是土地利用的空间利用性。市地利用不同于农地利用，它主要是用其作为一种场所或基地，地下与地上空间都可作为利用对象，不仅可以平面利用，而且可以立体空间利用。三是市地利用对交通条件有较强的依赖性。四是市地利用的高度集约性。城市是区域经济的结点，市地蓄有比农业用地高得多的资金和劳力，在一定的限度内连续追加投资能持续获得超额收益。五是市地利用的固定性和难逆转性。

城市土地利用的目标对于个人来说是追求经济利益最大化（利润最多），而对于社会来说，土地利用的目标不仅追求经济利益最大化，还要追求社会效益和生态效益。土地利用的个人目标和社会目标之间难免有些矛盾，但这些矛盾可以通过国家的限制或控制措施予以解决，使个人和社会目标趋于一致。

所以，城市土地利用的最终目标是既要不断适应产业及现代化、社会化发展进程，又要不断适应居民素质的提高，按不同城市性质和不同用地条件而形成一个整体优化的结构。如果城市土地利用现状达不到上述目标时，不能牺牲产业的发展或牺牲居民素质的提高来迁就城市土地利用现状，而只能寻找改善、改进土地利用现状的新途径，使之更好地为最终目标服务。

为了实现这个目标，国家要采取规划这项法律和行政措施来协调个人和社会目标的矛盾。总体规划是城市建设和发展的战略部署，它必须能使城市建设适应未来发展的要求；能够提供城市社会日益完善的发展条件和享受条件；要使城市土地已有效用、效益不断发展、扩大，推进良性循环；并且使城市用地与城市周围小城镇和近远郊，乃至更大范围区域的发展相协调。详细规划要落实到具体地块，对其用途、容积率、建筑密度、绿地面积及绿化率、建筑形式和色彩、建筑后退红线距离、出入口位置、建筑最大限高或平均层数等，都要做出明确的规定。

（二）城市土地利用原理

1. 稀缺性原理

按照西方经济学观点，土地稀缺是土地有价的原因之一，并且价格与稀缺度成正相关，即稀缺度越大，其价格越高。城市土地经济供给弹性小，城市经济社会的发展对土地的需求越来越大，造成城市土地稀缺性加大，也使得城市土地价格升高。

2. 替代原理

替代是指两种具有同等质量和同等效用的商品，其功能可以相互置换，一般情况下，购买者会选择价格较低的商品。也就是说，各经济当事人在市场上的行为是以投入少、获得多为其准则，从而在诸多方案中进行替代选择，此即为替代原理。替代原理同样适用于土地利用领域。自己使用土地或把土地出租，其目的都是为了实现土地应有的价值，获得土地收益。因此，土地的不同用途或不同的利用方式之间就具有替代性，土地所有者可根据替代原理，在不同用途或不同的利用方式之间做出替代选择。

城市的发展依赖于一定地域范围内土地空间的利用。城市土地利用状况是由城市土地的结构、布局、价值及其利用效率所构成的总和。良好的城市土地利用必须是土地利用的结构协调、布局合理、空间利用充分、土地价值良性循环及整个城市空间有序发展的一种状态。

为提高土地利用效率、实现土地应有的价值，必须根据替代原理，改变现有的不合理的土地的用途或土地的利用方式，协调城市土地利用的结构和布局。

3. 比例原理

结构在数量上的反映就是比例，合理的比例一定程度上决定着结构的功能高低。从宏观上讲，各类用地的数量比例部分地决定了用地结构，从而部分地影响了城市功能；从微观上看，以土地为中心的生产系统的主要因素包括土地、劳动力、资金以及经营管理水平等，它们的比例协调，才能使这个生产系统具有较高的产出率。这一原理说明城市土地利用必须各类用地数量比例合理，才能充分发挥城市土地的功能，同时，优良的土地必须与充足的资金、高素质的劳动力以及先进的经营管理经验相结合，才能提高城市土地收益。

4. 限制因素最高报酬原理

经济系统的效益发挥受制于限制因素（稀缺因素）。我国城市土地利用中，最稀缺的是土地和资金。因此，土地和资金的最佳利用是获得最佳经济效益的根本前提。

（三）城市土地利用经济运行规律

1. 地租导向规律

绝对地租是城市土地有偿使用的重要依据，它是城市建设资金的重要来源。垄断地租是为国家城市土地所有权在优良地段、尤其是黄金地段的经济实现成为可能。级差地租为国家对城市生产力分布布局的落实提供了有效的经济手段。这三种地租形式相互结合共同为城市土地的合理利用起导向作用。

2. 价值补偿规律

城市土地经济运行的价值补偿规律，是指城市土地开发的价值量决定于开发该土地的社会必要劳动量的客观规律，这个规律要求土地必须以投入的劳动量为基础，遵循等价交换的原则进行流转，它是土地二级市场价格形成的依据。国家作为土地市场的主体，对土地各种形态的价值都要求有适当的价值补偿才能出让土地使用权。价值补偿规律不仅为土地价格的确定提供了依据，而且还可以合理地引导城市土地利用。首先，它可以引导土地的开发，使土地生产效益达到最大化；其次，引导企业节约用地、合理用地；再次，引导土地经营者把获取经济利益的内在动力转为强制性的外在压力。

3. 人地协调规律

人地关系即人类与其赖以生存和发展的地球环境之间的关系，是在人类出现以后地球上已客观存在的主体和客体之间的关系。人地关系及其观念是随着人类生产进步和人类社会发展而不断变化的。市地构成的生态经济系统要求有效地运转其中的人流、物流和信息流，其功能必须能充分满足人们的生产、生活和购物等活动。市地中过多的配置工业用地则会造成环境质量的不利影响，交通和公共设施用地以及普通住宅用地不足则造成人流、物流和居民福利水平的下降。因此，城市土地若能较好地发挥功能就必须有一个合理的用地规模、人均占地比例及土地利用结构等,以保持人地关系协调,城市土地功能充分发挥。

三、城市土地利用类型

城市用地大致可归纳为以下几种,其分类表见图 7-1 所示。

表 7-1　城市用地分类表

代码	用地名称	内容	说明
R	居住用地	住宅用地、公共服务设施用地、道路用地、绿地	指居住小区、居住街坊、居住组团和单位生活区等各种类型的成片或零星的用地,分一、二、三、四类居住用地
C	公共设施用地	行政办公用地、商业金融业用地、文化娱乐用地、体育用地、医疗卫生用地、教育科研设计用地、文物古迹用地、其他公共设施用地	指居住区及居住区级以上的行政、经济、文化、教育、卫生、体育以及科研设计等机构和设施用地,不包括居住用地中的公共服务设施用地
M	工业用地	一类工业用地、二类工业用地、三类工业用地	指工矿企业的生产车间、库房及其附属设施等用地,包括专用的铁路、码头和道路等用地。不包括露天矿用地,该用地应归入水域和其他用地类
W	仓储用地	普通仓库用地、危险品仓库用地、堆场用地	指仓储企业的库房、堆场和包装加工车间及其附属设施等用地
T	对外交通运输用地	铁路用地、公路用地、管道运输用地、港口用地、机场用地	指铁路、公路、管道运输、港口和机场等城市对外交通运输及其附属设施等用地
S	道路广场用地	道路用地、广场用地、社会停车场库用地	指市级、区级和居住区级的道路、广场和停车场等用地
U	市政公用设施用地	供应设施用地、交通设施用地、邮电设施用地、环境卫生设施用地、施工与维修设施用地、殡葬设施用地、其他市政公用设施用地	指市级、区级和居住区级的市政公用设施用地,包括建筑物、构筑物及管道维修设施等用地
G	绿地	公共绿地、生产防护绿地	指市级、区级和居住区级的公共绿地及生产防护绿地,不包括专用绿地、园地和林地
P	特殊用地	军事用地、外事用地、保安用地	指特殊性质的用地
E	水域和其他用地	水域、农村用地、闲置地、露天矿用地、自然风景区用地	指除以上九大类城市建设用地之外的用地

① 工业用地,各种工矿企业、车间、工场、建筑基地,以及厂区内的附属动力、供水、仓储设施和厂区外专用线、专用码头、附属设施和各种排渣堆场等。② 对外交通运输用地,包括铁路、公路干线和各种站场及附属设施、港口码头陆域和飞机场用地及附属设施,汽车运输及附属设施等用地。③ 仓储用地,为城市生产和居民生活供应服务的以及为国家储备、中转设置的仓库、堆场及附属设施用地。④ 市政公用设施用地,包括水厂、污水处理厂、煤气站、公共停车场、火葬场等以及城市防洪、排水等工程构筑物用

地。⑤ 居住用地，包括中心商业区、居住区以及附属的市内道路、广场、公共建筑、庭院、绿地等建设用地。⑥ 公共设施用地，包括行政办公用地、商业金融业用地、文化娱乐用地、体育用地、医疗卫生用地、教育科研设计用地、文物古迹用地、其他公共设施用地。⑦ 道路广场用地，包括道路用地、广场用地、社会停车场库用地。⑧ 绿地，包括公共绿地、生产防护绿地。⑨ 特殊用地，包括军事、监狱、看守所及外交使团用地、宗教用地等。⑩ 水域和其他用地。

一般来说，城市工业用地、生活居住用地、公共设施用地和绿地是重要的城市用地要素。

不同类型的城市具有不同的土地利用方式。例如：工业类型的城市其工业用地比重较大；风景旅游城市则绿化用地所占的比重较高。城市土地利用是否合理，关系到城市合理发展、人口容量、城市环境保护和城市建设中节约用地等重大问题，是城市地理学和城市经济学研究的重要课题，也是城市规划和城市管理的基本课题之一。

四、城市土地利用结构及其优化

（一）城市土地利用结构的概念

城市土地是城市社会和经济发展的基础，是城市各种资源配置的载体，给城市生产、生活提供了广阔的空间，对城市经济发展起着直接的促进或制约作用。城市土地也是最具活力、增值潜力最大的国有资产，更是政府可以直接经营运作的高效资本载体。

城市土地利用结构即城市内部各种功能用地的比例、空间结构及其相互影响、作用的关系。城市土地利用结构是城市多种因素综合作用的结果，各种用地比例失衡，势必造成城市中各种机能失调，从而降低城市土地的整体功能并阻碍城市经济社会发展。

（二）我国城市土地利用现状及存在问题

据2007年有关统计数据显示，现阶段我国城市土地利用中，居住用地占32.89%，工业用地占21.1%，公共设施用地占11.67%，绿化用地占8.46%，道路广场用地占8.59%，交通用地占6.38%，仓储用地占4.6%，特殊用地占2.83%，市政公用设施用地占3.48%。在城市土地利用中主要存在以下问题。

1. 城市用地规模失控

城市规模的扩大是实现城市社会经济发展的客观要求，随着城市化的加速和兴建开发区热的出现，我国许多城市建设忽视了城市建设控制规划，追求过高的人口与用地规模，致使城市用地规模失控。按国家土地局利用卫星资料对北京等31个特大城市的城市用地规模进行分析，表明我国特大城市和城区用地规模平均增长50.1%，特大城市用地规模增长弹性数为2.29。据有关专家研究，城市用地规模增长弹性系数1.12较为合理，这说明我国城市用地规模过度膨胀，用地增长速度远远高于城市人口增长速度。而其他中小城市及建制镇增长用地规模扩张就更快，城镇总用地规模由1993年的 12.49×10^4 km² 增长到1998年约 35.45×10^4 km²，增加96%。由此看来，我国城市化发展走的是土地粗放利用或外延扩张的路子。

第七章　土地资产开发与利用管理

2. 城市用地结构及布局不合理

我国历史上产业政策是重工业、轻农业，重生产、轻生活，重加工、轻基础设施，致使城市各类建设用地比例失调及其区位不合理。通常国外综合性城市建设用地的合理比例为：工业为15%~17%，商业、服务业为15%~18%，住宅为20%~50%，交通为18%~20%，市政为10%~12%，绿地12~20 m^2/人，绿地率30%。与国外城市建设用地的合理比例对照发现，我国城市土地利用结构存在许多问题，主要有工业用地比重过大，交通、商服用地偏低，绿地率极低。并且，城市土地利用区位不合理，如工业、住宅用地混杂，工业、行政事业单位占据城市的黄金地段，工业用地占据城市中心，致使城市土地区位效益降低，城市生态环境差，严重制约了城市的投资环境。

3. 城市用地集约度偏低

建筑容积率和城市土地利用系数为评价城市土地利用集约度的两个重要指标。建筑容积率是指建筑物总面积与建设用地面积之比，城市土地利用系数为城市建设用地面积与建成面积之比。在土地资源稀缺的国家如日本、韩国等，城市建设主要采取高密度的土地集约利用模式。日本政府规定，高级住宅区的容积率为0.5~2.0，一般居住区为1.0~4.0，工业区为2.0~4.0，商业区为4.0~10.0。由于历史的原因，我国城市建设发展缓慢，土地利用率低，大多城市的旧城区存在建筑物高度偏低，基础设施落后，且新城市区土地利用率也处于较低水平。

4. 城市土地利用产出效益低

由于我国城市土地利用是粗放或外延扩张的模式，资金、劳力投入不足，经营管理水平较低，致使城市土地产出效率低。

5. 城市土地管理机制不完善，城市存量土地闲置严重

许多地方政府为了获取土地增值收益，"圈而不用"现象较为普遍。据调查，一些城市征购或者征收后不供地的土地面积占全市新增建设用地的40%~60%，加之开发商投机钻营、囤积土地等原因，造成土地闲置十分严重。根据国土资源部公布的全国闲置土地的最新数据，截至2010年5月底，全国闲置土地2815宗，闲置面积高达16.95万亩。

（三）城市土地利用结构优化的措施

城市土地利用结构与城市产业结构有着直接的关系，城市经济发展的过程就是产业结构不断调整、优化的过程，如果城市土地利用结构长期不合理，并且僵化不动，就会阻碍城市生产力合理布局，从而阻碍城市经济的发展。通过对土地利用结构的分析，可以了解土地利用结构是否与需求结构相吻合，了解现有的利用结构是否与产业结构相适应。对城市土地利用结构不合理的应采取措施进行调整、优化。

（1）编制合理的土地利用总体规划、城市规划，优化土地供应结构，合理引导产业需求

通过土地利用总体规划修编，进一步优化土地供应结构，保障区域经济社会发展用地需求。按照"统一规划、综合开发、合理利用、依法管理"的原则，加快对地上、地下空间的统筹规划和开发利用。通过用地结构调整和资产优化重组，对重点产业发展需求予以保证，合理引导相关产业，限制发展落后产业。

国土资源部等七部委在2004年5月底联手启动的《深入开展土地市场治理整顿工作实施方案》指出：凡是不符合土地利用总体规划、城市规划的建设项目不得批准建设。凡未按建设部等九部委《关于贯彻落实（国务院加强城乡规划监督管理的通知）的通知》要求编制和调整近期建设规划的，不得办理用地审批手续。不符合近期建设规划、控制性详细规划规定用途的土地，规划部门不予核发选址意见书，土地部门不得办理用地审批手续。没有城市规划行政管理部门出具的规划设计条件，国有土地使用权不得出让。

城市用地要认真贯彻"十分珍惜、合理利用土地"的基本国策，以及"在保护中开发、在开发中保护"的方针。妥善处理好社会经济发展与保护土地资源的关系，统筹兼顾长远利益和当前利益、基本利益和整体利益，坚持发展经济、保护资源、改善生态环境三者并举，提高土地资源对社会可持续发展的保障能力，提高土地利用总体规划的科学性和可操作性。

（2）建立土地有形市场，实行土地招标拍卖挂牌出让

政府建立土地有形市场，严格控制土地协议出让，推行城市土地使用权的公开招标、拍卖、挂牌制度，加大土地公开招标、拍卖、挂牌出让的比例，除政府机关非盈利单位外，其他用地应一律实行招标拍卖挂牌出让。同时，积极创造条件成立城市地产经营公司，调控城市规划区土地一级市场，放开经营二级市场，收购托盘特困企业，预征道路延伸、旧城改造、重大工程周边的土地，加工成熟地进入市场出让。并借助级差地租杠杆，结合产业结构调整，促进城市土地利用结构合理化。

（3）探索城市土地立体化利用模式，提高土地利用集约度

在现有的外延式的城市发展模式，工业用地呈现"摊大饼"、平面化、园林化的特点。因此，很多城市土地利用在建筑容积率、高层建筑、地下建筑方面具有巨大的潜力，可以利用地下和地上空间发展公用设施、生活服务以及交通、水电、煤气等基础设施。针对居住用地的突出特点，应大力整顿现有城中老居住区，积极旧城改造，适度提高土地容积率，发挥土地资源集聚利用的效应。总之，通过城市土地的立体化开发，盘活土地存量，腾出大量土地用于二次开发利用，以减少占用耕地，弥补新增建设用地不足。确保重大基础设施项目、社会公益事业、重大技改项目和住宅建设用地，努力提高土地产出率。

（4）政策引导工业发展，提高工业用地效率

积极探索工业用地市场化配置改革，规范项目出让地价，加强用地指标控制，实行项目会审、履约管理，盘活企业存量用地等多举措，大力推进工业用地集约利用。

五、城市土地利用功能分区

1. 城市土地利用功能分区的概念

城市土地利用功能分区是按功能要求将城市中各种物质要素，如住宅、工厂、公共设施、道路、绿地等按不同功能进行分区布置，组成一个相互联系、布局合理的有机整体，为城市的各项活动创造良好的环境和条件。功能分区指向的是城市某个部分的功能性质，是用来描述城市的构成状态的概念，这个概念不仅仅是空间实体上的，也包括了这个区域内的特有的各类社会活动。不同的城市土地利用方式有着各自的特点，而同一种土地利用方式对用地空间和位置需求往往是相同的，这就会导致同一类活动在城市空间上的集聚。而不同类型的土地利用在城市里的集中，就形成了不同的功能区。

第七章　土地资产开发与利用管理

2. 城市功能分区的类型

常见的城市功能区有以下几种。

(1) 工业区（industrial district）

城市中工业企业比较集中的地区。

(2) 居住区（residential district）

城市中由城市主要道路或片段分界线所围合，设有与其居住人口规模相应的、较完善的、能满足该区居民物质与文化生活所需的公共服务设施的相对独立的居住生活聚居地区。

(3) 商业区（commercial district）

城市中市级或区级商业设施比较集中的地区。

(4) 文教区（institutes and colleges district）

城市中大专院校及科研机构比较集中的地区。

(5) 中心商务区（central business district，CBD）

大城市中金融、贸易、信息和商务办公活动高度集中，并附有购物、文娱、服务等配套设施的城市中综合经济活动的核心地区。

(6) 仓储区（warehouse district）

城市中为储藏城市生活或生产资料而比较集中布置仓库、储料棚或储存场地的独立地区或地段。

(7) 综合区（mixed-use district）

城市中根据规划可以兼容多种不同使用功能的地区。

(8) 风景区（scenic zone district）

城市范围内自然景物、人文景物比较集中，以自然景物为主体，环境优美，具有一定规模，可供人们游览、休息的地区。

(9) 市中心（civic center）

城市中重要市级公共设施比较集中、人群流动频繁的公共活动地段。

(10) 副中心（sub-civic center）

城市中为分散市中心活动强度的、辅助性的次于市中心的市级公共活动中心。

第四节　土地资产集约利用

我国土地资源稀缺，根据国土资源部 2004 年度全国土地利用变更调查结果显示，我国人均耕地只有 1.41 亩，相当于世界人均耕地 3.75 亩的 37.6%，不到美国的 1/6。并且改革开放以来，我国城市化和工业化快速发展，城市人口急剧增长，城市用地规模不断扩大，人地矛盾更加突出。

虽然在实行土地有偿使用制度以后，城市土地利用的集约度有所提高，但是土地资源粗放利用方式没有得到根本性的改变。具体表现在：一是国内很多城市仍然实施"摊大饼"式的发展模式，大量占用郊区和农村土地，土地浪费严重。二是地方政府为了获取土地增值收益，"圈而不用"现象较为普遍，据调查，一些城市征购或者征收后不供地的土地面积占全市新增建设用地的 40%～60%，土地闲置十分严重。三是许多市县的国土部门

土地资产管理

违法授予园区土地供应审批权,园区用地未批先用、非法占用、违法交易的现象较为严重,造成产业的重复建设,浪费土地。到2003年底,全国共有各级各类开发区3887家,其中经国务院批准的只有232家,占6%;省级批准的1019家,占26.2%;其他2636家都是省级以下开发区,占67.8%。据不完全统计,各类开发区规划面积达3.6万平方公里,超过了全国现有城镇建设用地总量。四是城市土地利用结构不合理,各类用地比例失调,产业用地比例过高,生活用地比例偏少。五是城市人均用地水平偏高,目前我国的城镇人均用地为133平方米,超出国家标准(100平方米)33%,已有建设用地强度偏低,容积率不高,土地经济效益产出偏低。

基于我国人多地少的国情和土地利用中存在的诸多问题,同时伴随着我国城市化的快速发展,城市土地供给和需求之间的矛盾日益激化,城市土地资源在经济社会可持续发展中的作用也日益凸现,城市土地集约利用对于提高城市土地利用效率、优化城市土地利用结构,实现耕地总量动态平衡和经济社会的可持续发展具有重大而深远的意义。

一、土地集约利用的概念和内涵

土地集约利用的概念最早来自于李嘉图等古典经济学家在地租理论中对农业用地的研究,是指在一定面积土地上,集中投入较多的生产资料和劳动,使用先进的技术和管理方法,以求在较小面积土地上获取高额收入的一种农业经营方式。随后,土地集约利用的概念被引入城市土地研究中,形成城市土地集约利用的概念,但由于城市土地利用方式的多样性,城市土地集约利用的内涵远比农业土地集约利用复杂和丰富。

国内很多学者探讨了城市土地集约利用的概念,有的考虑城市土地的投入和产出,有的关注城市土地结构和合理布局,还有的认为城市土地集约利用还包括生态环境的优越等,但尚未达成共识。值得注意的是,这些研究主要针对的是城市存量土地,而很少关注增量土地。然而,在我国现阶段,即使通过各种手段提高了城市存量土地的集约利用度,也无法阻止城市外延扩张的必然趋势。因此,城市土地集约利用不仅需要盘活城市存量土地,更需要合理规划和利用增量土地,如果城市增量土地规划不合理,与现有城市功能和土地结构衔接较差,即使投入再多的资金,容积率和使用强度再高,非但不能实现最佳利用效果,甚至会出现负效应。引入增量土地集约利用后,形成内涵更加广义的城市土地集约利用概念,它是指在布局合理、结构优化和可持续发展的前提下,通过增加存量土地投入、改善经营管理,合理规划增量土地、衔接存量土地等途径,不断提高土地产出效率,取得良好经济效益、社会效益和生态效益的动态过程。

二、促进土地集约利用的途径

《国务院关于促进节约集约用地的通知》(国发〔2008〕3号)指出我国人多地少,耕地资源稀缺,当前又正处于工业化、城镇化快速发展时期,建设用地供需矛盾十分突出。切实保护耕地,大力促进节约集约用地,走出一条建设占地少、利用效率高的符合我国国情的土地利用新路子,是关系民族生存根基和国家长远利益的大计,是全面贯彻落实科学发展观的具体要求,是我国必须长期坚持的一条根本方针。促进土地节约集约利用应做好以下几方面的工作。

第七章 土地资产开发与利用管理

1. 按照节约集约用地原则，审查调整各类相关规划和用地标准

(1) 强化土地利用总体规划的整体控制作用。各类与土地利用相关的规划要与土地利用总体规划相衔接，所确定的建设用地规模必须符合土地利用总体规划的安排，年度用地安排也必须控制在土地利用年度计划之内。不符合土地利用总体规划和年度计划安排的，必须及时调整和修改，核减用地规模。

(2) 切实加强重大基础设施和基础产业的科学规划。要按照合理布局、经济可行、控制时序的原则，统筹协调各类交通、能源、水利等基础设施和基础产业建设规划，避免盲目投资、过度超前和低水平重复建设浪费土地资源。

(3) 从严控制城市用地规模。城市规划要按照循序渐进、节约土地、集约发展、合理布局的原则，科学确定城市定位、功能目标和发展规模，增强城市综合承载能力。要按照节约集约用地的要求，加快城市规划相关技术标准的制定和修订。尽快出台新修订的人均用地、用地结构等城市规划控制标准，合理确定各项建设建筑密度、容积率、绿地率，严格按国家标准进行各项市政基础设施和生态绿化建设。严禁规划建设脱离实际需要的宽马路、大广场和绿化带。

(4) 严格土地使用标准。要健全各类建设用地标准体系，抓紧编制公共设施和公益事业建设用地标准。要按照节约集约用地的原则，在满足功能和安全要求的前提下，重新审改现有各类工程项目建设用地标准。凡与土地使用标准不一致的建设标准和设计规范，要及时修订。要采取先进节地技术、降低路基高度、提高桥隧比例等措施，降低公路、铁路等基础设施工程用地和取弃土用地标准。建设项目设计、施工和建设用地审批必须严格执行用地标准，对超标准用地的，要核减用地面积。今后，各地区、各部门不得开展涉及用地标准并有悖于节约集约用地原则的达标评比活动，已经部署开展的相关活动要坚决停下来。

2. 充分利用现有建设用地，大力提高建设用地利用效率

(1) 开展建设用地普查评价。各地要在第二次土地调查的基础上，认真组织开展建设用地普查评价，对现有建设用地的开发利用和投入产出情况做出评估，并按照法律法规和政策规定，处理好建设用地开发利用中存在的问题。今后各项建设要优先开发利用空闲、废弃、闲置和低效利用的土地，努力提高建设用地利用效率。

(2) 严格执行闲置土地处置政策。土地闲置满两年、依法应当无偿收回的，坚决无偿收回，重新安排使用；不符合法定收回条件的，也应采取改变用途、等价置换、安排临时使用、纳入政府储备等途径及时处置、充分利用。土地闲置满一年不满两年的，按出让或划拨土地价款的20%征收土地闲置费。对闲置土地特别是闲置房地产用地要征缴增值地价，国土资源部要会同有关部门抓紧研究制定具体办法。2008年6月底前，各省、自治区、直辖市人民政府要将闲置土地清理处置情况向国务院做出专题报告。

(3) 积极引导使用未利用地和废弃地。国土资源部门要对适宜开发的未利用地做出规划，引导和鼓励将适宜建设的未利用地开发成建设用地。积极复垦利用废弃地，对因单位撤销、迁移等原因停止使用，以及经核准报废的公路、铁路、机场、矿场等使用的原划拨土地，应依法及时收回，重新安排使用；除可以继续划拨使用的以外，经依法批准由原土地使用者自行开发的，按市场价补缴土地价款。今后，要严格落实被损毁土地的复垦责

任，在批准建设用地或发放采矿权许可证时，责任单位应依法及时足额缴纳土地复垦费。

（4）鼓励开发利用地上地下空间。对现有工业用地，在符合规划、不改变用途的前提下，提高土地利用率和增加容积率的，不再增收土地价款；对新增工业用地，要进一步提高工业用地控制指标，厂房建筑面积高于容积率控制指标的部分，不再增收土地价款。财政、税务部门要严格落实和完善鼓励节约集约用地的税收政策。国土资源部要会同有关部门，依照《中华人民共和国物权法》的有关规定，抓紧研究制定土地空间权利设定和登记的具体办法。

（5）鼓励开发区提高土地利用效率。国土资源部要研究建立土地利用状况、用地效益和土地管理绩效等评价指标体系，加快开发区土地节约集约利用评估工作。凡土地利用评估达到要求并通过国家审核公告的开发区，确需扩区的，可以申请整合依法依规设立的开发区，或者利用符合规划的现有建设用地扩区。对符合"布局集中、产业集聚、用地集约"要求的国家级开发区，优先安排建设用地指标。

3. 充分发挥市场配置土地资源基础性作用，健全节约集约用地长效机制

（1）深入推进土地有偿使用制度改革。国土资源部要严格限定划拨用地范围，及时调整划拨用地目录。今后除军事、社会保障性住房和特殊用地等可以继续以划拨方式取得土地外，对国家机关办公和交通、能源、水利等基础设施（产业）、城市基础设施以及各类社会事业用地要积极探索实行有偿使用，对其中的经营性用地先行实行有偿使用。其他建设用地应严格实行市场配置，有偿使用。要加强建设用地税收征管，抓紧研究各类建设用地的财税政策。

（2）完善建设用地储备制度。储备建设用地必须符合规划、计划，并将现有未利用的建设用地优先纳入储备。储备土地出让前，应当处理好土地的产权、安置补偿等法律经济关系，完成必要的前期开发，缩短开发周期，防止形成新的闲置土地。土地前期开发要引入市场机制，按照有关规定，通过公开招标方式选择实施单位。经过前期开发的土地，依法由市、县人民政府国土资源部门统一组织出让。

（3）合理确定出让土地的宗地规模。土地出让前要制订控制性详细规划和土地供应方案，明确容积率、绿地率和建筑密度等规划条件。规划条件一经确定，不得擅自调整。合理确定出让土地的宗地规模，督促及时开发利用，形成有效供给，确保节约集约利用每宗土地。未按合同约定缴清全部土地价款的，不得发放土地证书，也不得按土地价款缴纳比例分割发放土地证书。

（4）严格落实工业和经营性用地招标拍卖挂牌出让制度。工业用地和商业、旅游、娱乐、商品住宅等经营性用地（包括配套的办公、科研、培训等用地），以及同一宗土地有两个以上意向用地者的，都必须实行招标拍卖挂牌等方式公开出让。国土资源部门要会同发展改革、城市规划、建设、水利、环保等部门制订工业用地招标拍卖挂牌出让计划，拟定出让地块的产业类型、项目建议、规划条件、环保要求等内容，作为工业用地出让的前置条件。工业和经营性用地出让必须以招标拍卖挂牌方式确定土地使用者和土地价格。严禁用地者与农村集体经济组织或个人签订协议圈占土地，通过补办用地手续规避招标拍卖挂牌出让。

（5）强化用地合同管理。土地出让合同和划拨决定书要严格约定建设项目投资额、开竣工时间、规划条件、价款、违约责任等内容。对非经营性用地改变为经营性用地的，应

第七章 土地资产开发与利用管理

当约定或明确政府可以收回土地使用权,重新依法出让。

(6) 优化住宅用地结构。合理安排住宅用地,继续停止别墅类房地产开发项目的土地供应。供应住宅用地要将最低容积率限制、单位土地面积的住房建设套数和住宅建设套型等规划条件写入土地出让合同或划拨决定书,确保不低于70%的住宅用地用于廉租房、经济适用房、限价房和90平方米以下中小套型普通商品房的建设,防止大套型商品房多占土地。

4. 强化农村土地管理,稳步推进农村集体建设用地节约集约利用

(1) 高度重视农村集体建设用地的规划管理。要按照统筹城乡发展、节约集约用地的原则,指导、督促编制好乡(镇)土地利用总体规划和镇规划、乡规划、村庄规划,划定村镇发展和撤并复垦范围。利用农民集体所有土地进行非农建设,必须符合规划,纳入年度计划,并依法审批。严格禁止擅自将农用地转为建设用地,严格禁止"以租代征"将农用地转为非农业用地。

(2) 鼓励提高农村建设用地的利用效率。要在坚持尊重农民意愿、保障农民权益的原则下,依法盘活利用农村集体建设用地。按规划稳妥开展农村集体建设用地整理,改善农民生产生活条件。农民住宅建设要符合镇规划、乡规划和村庄规划,住宅建设用地要先行安排利用村内空闲地、闲置宅基地。对村民自愿腾退宅基地或符合宅基地申请条件购买空闲住宅的,当地政府可给予奖励或补助。

(3) 严格执行农村一户一宅政策。各地要结合本地实际完善人均住宅面积等相关标准,控制农民超用地标准建房,逐步清理历史遗留的一户多宅问题,坚决防止产生超面积占用宅基地和新的一户多宅现象。

5. 加强监督检查,全面落实节约集约用地责任

(1) 建立健全土地市场动态监测制度。要对土地出让合同、划拨决定书的执行实施全程监管,及时向社会公开供地计划、结果及实际开发利用情况等动态信息。国土资源部门要对土地供应和开发利用情况进行定期评价分析,研究完善加强土地调控、促进节约集约用地的政策措施。

(2) 完善建设项目竣工验收制度。要将建设项目依法用地和履行土地出让合同、划拨决定书的情况,作为建设项目竣工验收的一项内容。没有国土资源部门的检查核验意见,或者检查核验不合格的,不得通过竣工验收。

(3) 加强各类土地变化状况的监测。运用遥感等现代技术手段,做好年度土地变更调查,建立土地利用现状数据库,全面掌握各类土地变化状况。国家每年选择若干个省级行政区,进行全行政区域的土地利用状况监测。重点监测各地新增建设用地、耕地减少和违法用地等情况,监测结果要向社会公开。

(4) 加强对节约集约用地工作的监管。国土资源部要会同监察部等有关部门持续开展用地情况的执法检查,重点查处严重破坏、浪费、闲置土地资源的违法违规案件,依法依纪追究有关人员的责任。要将企业违法用地、闲置土地等信息纳入有关部门信用信息基础数据库。金融机构对房地产项目超过土地出让合同约定的动工开发日期满一年,完成土地开发面积不足1/3或投资不足1/4的企业,应审慎贷款和核准融资,从严控制展期贷款或滚动授信;对违法用地项目不得提供贷款和上市融资,违规提供贷款和核准融资的,要追

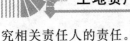
土地资产管理

究相关责任人的责任。

（5）建立节约集约用地考核制度。制定单位 GDP 和固定资产投资规模增长的新增建设用地消耗考核办法。实行上一级人民政府对下一级人民政府分级考核，考核结果由国土资源部门定期公布，作为下达土地利用年度计划的依据。

要充分认识节约集约用地的重要性和紧迫性，增强节约集约用地的责任感，切实转变用地观念，转变经济发展方式，调整优化经济结构，将节约集约用地的要求落实在政府决策中，落实到各项建设中，科学规划用地，着力内涵挖潜，以节约集约用地的实际行动全面落实科学发展观，实现经济社会的可持续发展。

第五节 开发区土地集约利用评价

一、开发区土地集约利用评价概述

（一）开发区土地集约利用评价的内涵与目的

开发区土地集约利用是以符合有关法规、政策、规划等为导向，通过增加对土地的投入，改善经营管理，挖掘土地利用潜力，不断提高开发区土地利用效率和经济效益的一种开发经营模式。

开发区土地集约利用评价旨在通过基础调查分析、评价土地集约利用程度、测算土地集约利用潜力，全面掌握土地集约利用状况，促进土地节约集约利用，为开发区扩区升级审核、动态监管、规划计划管理及有关政策制定提供依据。

（二）开发区土地集约利用评价的对象

开发区土地集约利用评价对象为经国务院或省、自治区、直辖市人民政府依法审批的开发区界线范围内的全部土地。

（三）开发区土地集约利用评价的原则

1. 政策导向性原则

评价工作应以符合有关法律、法规、规划为前提，贯彻国家对开发区管理的政策，充分体现开发区的定位和发展方向。

2. 综合性原则

评价工作应从开发区土地利用状况、用地效益和管理绩效等方面，评价土地集约利用程度，测算土地集约利用潜力，综合评价土地集约利用状况。

3. 因地制宜原则

评价工作应充分考虑开发区自然条件、经济社会发展的差异，因地制宜地确定土地集约利用程度评价标准。

（四）开发区土地集约利用评价工作体系

开发区土地集约利用评价工作体系包括土地利用状况调查、土地集约利用程度评价和土地集约利用潜力测算三个方面。

第七章 土地资产开发与利用管理

1. 开发区土地利用状况调查

开发区土地利用状况调查（简称"用地调查"）是指依照《开发区土地集约利用评价规程》的要求，开展开发区土地集约利用状况基础调查，并对调查结果进行汇总分析的过程。

2. 开发区土地集约利用程度评价

开发区土地集约利用程度评价（简称"程度评价"）是指在用地调查的基础上，按照开发区土地集约利用评价指标体系，计算评价指标现状值，确定评价指标理想值，计算土地利用集约度分值，评价开发区土地集约利用状况的过程。

3. 开发区土地集约利用潜力测算

开发区土地集约利用潜力测算（简称"潜力测算"）是指在用地调查和程度评价的基础上，测算土地集约利用扩展潜力、结构潜力、强度潜力和管理潜力，推算尚可供地年数的过程。

（五）评价工作程序与方法

1. 工作程序

（1）工作准备；

（2）土地利用状况调查；

（3）土地集约利用程度评价；

（4）土地集约利用潜力测算；

（5）成果编制；

（6）成果验收与存档；

（7）成果公示。

2. 技术步骤

（1）开展土地利用状况调查；

（2）确定评价指标，计算现状值；

（3）确定评价指标权重；

（4）确定评价指标理想值；

（5）进行指标标准化处理；

（6）计算土地利用集约度分值；

（7）测算土地集约利用潜力，推算尚可供地年数；

（8）编制相关成果。

开发区土地集约利用评价的工作程序和技术步骤如图7-2所示。

3. 技术方法

（1）开发区土地集约利用评价应采用定量评价与定性分析相结合、整体评价与典型分析相结合、实地调查与资料收集相结合的方法。

（2）用地调查可采用实地踏勘、遥感影像或航片判识、座谈、问卷调查等方式。

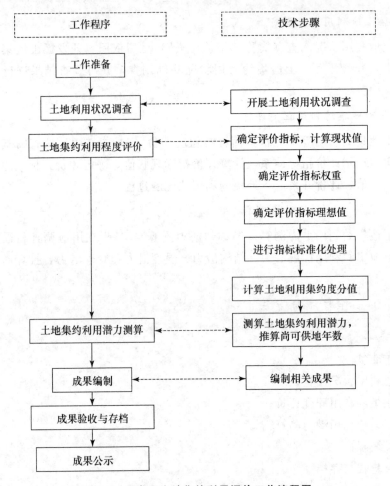

图 7-2　开发区土地集约利用评价工作流程图

(3) 程度评价应采用多因素综合评价法。其中，评价指标权重值的确定可采用特尔斐法，理想值确定可采用目标值法、经验借鉴法、专家咨询法等方法，指标标准化处理应采用理想值比例推算法。

4. 技术约定

(1) 开发区土地集约利用评价应设定评价时点。

(2) 评价数据采用要求如下：

① 评价时点为年末时，对应数据应采用所在年份的年末数据或全年数据；

② 评价时点不为年末时，经济数据应采用上年份的年末数据或全年数据，其他数据采用评价时点数据；

③ 评价工作中涉及评价时点所在年份之前数据的，宜采用相应年份年末数据或全年数据。

(3) 评价工作中采用的数据应与评价范围相对应。各类数据口径、来源、处理方式等情况应在成果中予以说明。

(4) 评价工作中涉及数据剥离的，可参照《开发区土地集约利用评价规程》（以下简称《评价规程》附录 B 进行。

(5) 数据应使用符合《评价规程》要求的计量单位。

（六）评价成果

评价成果包括报告、图件和基础资料汇编，形成相应的数据库。

成果报告和基础资料汇编应提交纸质报告及相应电子文件；成果图件应提交纸质图件以及 E00 格式或其他可相互转换的通用数据格式的矢量电子图件、JPG 格式的电子图件。

二、开发区土地集约利用评价工作准备

（一）工作任务书的编写

开发区土地集约利用评价应编写工作任务书，主要内容包括：

(1) 评价范围；

(2) 评价任务与工作内容；

(3) 评价技术思路；

(4) 工作进度安排；

(5) 预期成果；

(6) 经费预算；

(7) 工作组织与人员安排。

（二）基础资料的准备

1. 工作表格准备

根据评价工作需要和《评价规程》附录 C、附录 D 的要求，按照附录 E、附录 F 准备工作表格。

2. 工作图件准备

评价工作应按照《评价规程》8.2 条款的要求，准备工作图件，其中工作底图应采用覆盖评价范围、反映评价时点开发区土地利用状况的地籍图、地形图、土地利用现状图、航空遥感影像图等。

三、开发区土地利用状况调查

用地调查是程度评价和潜力测算的基础性工作。用地调查应按照工作任务书的要求，开展基本信息调查、用地状况调查、用地效益调查、管理绩效调查和典型企业调查等。

根据评价需要，应收集经济社会发展、土地利用、相关规划、政策文件等各类资料，主要包括各类统计年鉴或报表、经济社会调查成果、土地利用调查成果，以及国民经济和社会发展规划、土地利用总体规划、城市规划等规划成果。用地调查中，应组织相关部门和企业按照《评价规程》的要求填报工作表格。填报结果应经相关主管机构或经相关主管机构认可的单位确认。

用地调查可采用实地踏勘、遥感影像或航片判识、座谈、问卷调查等方式。

调查工作中，应在资料整理、数据校核的基础上，开展汇总分析工作，填报相关表格，开展数据库建设。

（一）土地利用状况调查内容

1. 基本信息调查

开发区基本信息调查包括开发区名称、级别、类型、设立时间、审批单位、地址、管理机构、依法审批土地总面积、扩区或调整情况、土地开发程度、经济社会发展及相关规划资料等。

2. 用地状况调查

（1）调查土地建设状况

按照《评价规程》的要求，依建设状况分类，对已建成城镇建设用地、未建成城镇建设用地和不可建设土地的情况进行调查。

① 已建成城镇建设用地中，明确各类用地的位置、范围、面积、用途、建筑基底面积、建筑面积等，其中，工矿仓储用地应调查建筑物构筑物基底、露天堆场和露天操作场地的总面积。

② 未建成城镇建设用地中，明确已建成农村建设用地的位置、范围、面积、用途等，明确其他未建成城镇建设用地的位置、范围、面积、权属和开发状况等。

③ 明确不可建设土地中河湖及其蓄滞洪区土地，自然、生态保护区土地和其他不可建设土地的位置、范围、面积、权属等，并说明其确认依据。

（2）调查土地供应状况

按照《评价规程》的要求，依供应状况分类，对已供应国有建设用地、尚可供应土地和不可供应土地的情况进行调查。

① 已供应国有建设用地分为划拨土地和有偿使用土地。明确各类用地的位置、范围、面积、用途、供应时间、供应方式、招标拍卖挂牌情况、使用年限、土地使用者和规划用途等。

② 明确尚可供应土地的位置、范围、面积、权属和规划用途等。

③ 明确不可供应土地的位置、范围、面积和权属等，不可供应土地对应按建设状况划分的土地利用类型中的不可建设土地。

（3）调查闲置土地状况

按照《评价规程》附录C表C.3中开发区闲置土地分类，调查评价范围内闲置土地的位置、范围、面积及是否达到收回条件等情况，汇总相关数据。

（4）调查高新技术产业用地状况

按照《评价规程》附录C表C.4中高新技术产业用地分类，调查评价范围内高新技术产业用地的位置、范围、面积、类型等情况，汇总相关数据。

3. 用地效益调查

用地效益调查主要针对评价范围内已建成城镇建设用地中工矿仓储用地的投入产出情况开展调查，主要包括开发区工业（物流）企业总收入、工业（物流）企业固定资产投资

第七章 土地资产开发与利用管理

总额等。高新技术产业开发区和省级高新技术产业园区还应调查评价范围内高新技术产业总收入等。

用地效益调查中,只有工矿仓储用地上的物流企业的经济数据才可纳入数据统计范围,其他类型用地上的物流企业的经济数据不可纳入数据统计范围。

调查数据需进行剥离的,应符合《评价规程》附录 B 的相关要求,确保经济数据与评价范围内的生产用地空间相对应。

4. 管理绩效调查

管理绩效调查主要针对评价范围内已供应国有建设用地的土地利用监管绩效和土地供应市场化程度开展调查。

(1) 土地利用监管绩效调查

主要针对评价范围内累计有偿使用且已到期土地及其中已处置土地,累计闲置土地及其中已处置土地等情况开展调查。

(2) 土地供应市场化程度调查

主要针对评价范围内历年供应土地面积、历年供应工矿仓储用地面积,累计应有偿使用土地面积及其中实际有偿使用土地面积,累计应通过招标、拍卖、挂牌方式出让的土地面积及其中实际通过招标、拍卖、挂牌方式出让的土地面积等开展调查。

5. 典型企业调查

(1) 典型企业的选取

① 典型企业选取的原则:

a) 应结合开发区的定位和发展方向,从主导产业中优先选取企业;

b) 典型企业选取一般不得少于 10 家;

c) 选取的典型企业注册和生产均应在评价范围内。

② 典型企业的选取方法:

a) 应选取各主导产业总收入或总产值排名前三名的企业作为典型企业,当主导产业企业总数不足 10 家时,应从非主导产业中选取总收入或总产值靠前的企业进行补充;

b) 当评价范围内企业个数不足 10 家时,应将全部企业作为典型企业进行调查。

(2) 典型企业调查的内容

主要针对评价范围内典型企业的基本情况、投入产出状况、用地状况、建设情况等开展调查。

6. 其他调查

评价工作中,可根据实际需要开展其他相关调查。

(二) 开发区土地利用状况调查程序及数据处理

1. 用地状况调查程序

(1) 划定评价范围

依照《评价规程》3.2 条款评价对象定义,在工作底图上划定评价范围。

(2) 划定评价范围内的不可建设土地(不可供应土地)。

(3) 划定已建成城镇建设用地。

按照用途，将已建成城镇建设用地区分为住宅用地、工矿仓储用地、交通运输用地、商服用地、公共管理与公共服务用地和其他城镇建设用地。

按照用途，将交通运输用地区分为街巷用地和其他交通运输用地。

按照用途，将公共管理与公共服务用地区分为公园与绿地、其他公共管理与公共服务用地。

按照供应状况，将上述用地区分为划拨土地、有偿使用且未到期土地和有偿使用且已到期但未处置土地。

(4) 划定未建成城镇建设用地

将划定的未建成城镇建设用地区分为已建成农村建设用地和其他未建成城镇建设用地。

按照用途，将已建成农村建设用地区分为已建成农村工矿仓储用地和其他已建成农村建设用地。依据城市规划，按照供应状况，将上述用地区分为尚可划拨土地、尚可供应工矿仓储用地和其他尚可有偿使用土地。

将其他未建成城镇建设用地区分为已达到供地条件的其他土地和未达到供地条件的其他土地。

按照供应状况，将已达到供地条件的其他土地区分为已供应国有建设用地和尚可供应土地。将已供应国有建设用地区分为划拨土地、有偿使用且未到期土地和有偿使用且已到期但未处置土地；并确认应收回闲置土地和未达到收回条件的闲置土地。

依据城市规划，将尚可供应土地区分为尚可划拨土地、尚可供应工矿仓储用地和其他尚可有偿使用土地。

依据城市规划，按照供应状况，将未达到供地条件的其他土地区分为尚可划拨土地、尚可供应工矿仓储用地和其他尚可有偿使用土地。

(5) 在评价范围内，划定高新技术产业用地。

高新技术企业需依照高新技术企业名录确定，创新、创业环境建设用地需经当地负责高新技术企业认定的部门确认。据此划定高新技术产业用地。按照高新技术产业用地分类，将高新技术产业用地区分为一类和二类高新技术产业用地。

(6) 调查已建成城镇建设用地内的计算容积率和建筑系数所需的建筑面积、基底面积等。

调查已建成城镇建设用地内的总建筑面积和建筑基底总面积、工矿仓储用地的总建筑面积以及建筑物构筑物基底面积、露天堆场和露天操作场地的总面积等。工矿仓储用地上建筑物层高超过8米的，在计算容积率时该层建筑面积加倍计算。

(7) 实地调查，核实、修正调查数据。

在对相关地籍等资料进行整理分析的基础上，应进行实地调查，根据现状实际利用情况对以上调查数据进行核实、修正。

(8) 整理各用地单元的相关属性。

在上述调查的基础上，整理各用地单元的相关属性。

第七章　土地资产开发与利用管理

(9) 数据汇总。

进行有关数据整理汇总，填写开发区土地集约利用程度评价工作用表中的开发区土地利用状况统计表（Ⅰ）——按建设状况划分、开发区土地利用状况统计表（Ⅱ）——按供应状况划分、开发区闲置土地统计表、开发区高新技术产业用地统计表、开发区建筑工程状况统计表。

2. 管理绩效调查程序

管理绩效调查包括土地利用监管绩效调查和土地供应市场化程度调查。

(1) 土地利用监管绩效调查

土地利用监管绩效调查主要针对有偿使用且已到期土地处置情况，闲置土地处置情况开展调查。

调查评价范围内累计有偿使用且已到期土地，以及其中已处置土地的信息，填写《评价规程》附录E的表E.8、E.9。即开发区有偿使用且已到期土地处置情况统计表、开发区有偿使用土地到期及处置情况调查表。

调查评价范围内累计认定的闲置土地，以及其中已处置闲置土地的信息，填写《评价规程》附录E的表E.10、E.11。即开发区闲置土地处置情况统计表、开发区闲置土地处置情况调查表。

(2) 土地供应市场化程度调查

土地供应市场化程度调查主要针对评价范围内历年供应土地面积、历年供应工矿仓储用地面积，累计应有偿使用土地面积及其中实际有偿使用土地面积，累计应通过招标、拍卖、挂牌方式出让的土地面积及其中实际通过招标、拍卖、挂牌方式出让的土地面积等开展调查，填写《评价规程》附录E的表E.12、E.13，即开发区土地供应市场化情况统计表、开发区土地供应情况统计表。

3. 调查数据处理原则与方法

(1) 经济数据处理原则与方法

用地调查过程中获取的经济数据应符合空间对应原则，即确保经济数据与评价范围内的生产用地空间相对应。

对于总部经济或者评价范围内注册、评价范围外生产等情况，需要进行数据剥离，分离出评价范围内地块相应的投入和产出。

(2) 宗地被切割的数据处理原则与方法

如果存在宗地被开发区边界切割的情况，数据可遵循比例分配原则，按照界线内外用地比例进行剥离，即以宗地在开发区四至范围内的面积占宗地总面积的比例，乘以宗地总用地面积、经济数据、建筑数据，计算获得评价范围内该宗地的用地、经济、建筑数据。

若宗地在开发区评价范围内的用地比例在3/4以上时，该企业的经济、建筑数据允许全部计入，并在数据库该宗地的备注字段中予以注明。

(3) 高新技术产业用地处理原则与方法

二类高新技术产业用地应根据建筑面积分摊折算土地面积。

三、开发区土地集约利用程度评价

（一）评价指标确定与计算

1. 评价指标确定

开发区土地集约利用程度评价工作，应从土地利用状况、用地效益和管理绩效三个方面开展。程度评价指标体系包括目标、子目标和指标三个层次。

开发区土地集约利用程度评价指标体系见表 7-2 所示。

表 7-2　开发区土地集约利用程度评价指标体系

目标	子目标	指标	
		高新技术产业开发区、省级高新技术产业园区	经济技术开发区、保税区、出口加工区、边境经济合作区、其他类型的国家级开发区、省级经济开发区、省级特色工业园区
土地利用状况（A）	土地利用程度（A1）	土地供应率（A11）	土地供应率（A11）
		土地建成率（A12）	土地建成率（A12）
	用地结构状况（A2）	工业用地率（A21）	工业用地率（A21）
		高新技术产业用地率（A22）	—
	土地利用强度（A3）	综合容积率（A31）	综合容积率（A31）
		建筑密度（A32）	建筑密度（A32）
		工业用地综合容积率（A33）	工业用地综合容积率（A33）
		工业用地建筑系数（A34）	工业用地建筑系数（A34）
用地效益（B）	产业用地投入产出效益（B1）	工业用地固定资产投入强度（B11）	工业用地固定资产投入强度（B11）
		工业用地产出强度（B12）	工业用地产出强度（B12）
		高新技术产业用地产出强度（B13）	—
管理绩效（C）	土地利用监管绩效（C1）	到期项目用地处置率（C11）	到期项目用地处置率（C11）
		闲置土地处置率（C12）	闲置土地处置率（C12）
	土地供应市场化程度（C2）	土地有偿使用实现率（C21）	土地有偿使用实现率（C21）
		土地招拍挂实现率（C22）	土地招拍挂实现率（C22）

2. 评价指标计算

评价指标现状值的计算，应结合用地调查和评价指标确定开展。

在管理绩效目标下的有关指标现状值计算中，截至评价时点累计有偿使用且已到期土地面积、累计闲置土地面积、累计应有偿使用土地面积或累计应通过招标、拍卖、挂牌方式出让的土地面积为 0 时，有关指标现状值直接赋值为 100。

第七章 土地资产开发与利用管理

(二) 评价指标权重确定

1. 权重确定原则

(1) 评价指标的权重应依据评价的目标、子目标、指标对开发区土地集约利用的影响程度确定。

(2) 评价目标、子目标、指标的权重值在 0～1 之间,各目标权重值之和、同一目标下的各子目标权重值之和、同一子目标下的各指标权重值之和都应为 1。

(3) 评价目标、子目标的权重值应符合《评价规程》确定的评价指标权重区间的要求。

2. 权重确定方法

指标权重可以采用特尔斐法确定。

通过对评价目标、子目标、指标的权重进行多轮专家打分,并按式(7-1)计算权重值:

$$w_i = \frac{\sum_{j=1}^{n} E_{ij}}{n} \tag{7-1}$$

式中: w_i——第 i 个目标、子目标或指标的权重;

E_{ij}——专家 j 对于第 i 个目标、子目标或指标的打分;

n——专家总数。

实施要求:

(1) 参与打分的专家应熟悉城市、开发区经济社会发展和土地利用状况,人数一般为 10～40 人;

(2) 打分应根据评价工作背景材料和有关说明,在不相互协商的情况下独立进行;

(3) 从第 2 轮打分起,应参考上一轮打分结果进行;

(4) 打分一般进行 2～3 轮。

3. 权重区间要求

开发区土地集约利用评价指标权重区间要求见表 7-3 所示。

表 7-3 开发区土地集约利用评价指标权重区间表

目标	权重区间		子目标	权重区间	
	下限	上限		下限	上限
土地利用状况(A)	0.45	0.50	土地利用程度(A1)	0.25	0.30
			用地结构状况(A2)	0.24	0.31
			土地利用强度(A3)	0.41	0.48
用地效益(B)	0.28	0.35	产业用地投入产出效益(B1)	1.00	1.00
管理绩效(C)	0.19	0.23	土地利用监管绩效(C1)	0.47	0.53
			土地供应市场化程度(C2)	0.47	0.53

(三) 评价指标理想值确定

1. 理想值确定原则

理想值为开发区土地集约利用各评价指标在评价时点应达到的理想水平。

理想值应依照节约集约用地原则，在符合有关法律法规、国家和地方制定的技术标准、土地利用总体规划和城市规划等要求的前提下，结合开发区实际确定。

理想值原则上应不小于现状值。

理想值确定时，应保证其测算空间范围与指标现状值空间范围相一致。

采用相关技术标准作为理想值确定依据时，应保证指标理想值与相关技术标准在数据口径等方面相一致。

2. 理想值确定方法

理想值确定可采用以下方法。

(1) 目标值法

结合国民经济和社会发展规划、土地利用总体规划、城市规划等相关规划，以及有关用地标准、行业政策等，在分析土地利用现状的基础上，确定指标理想值。

(2) 经验借鉴法

参考其他开发区土地节约集约利用先进水平，确定指标理想值。

(3) 专家咨询法

选择一定数量（10~40人）熟悉城市、开发区经济社会发展和土地利用状况的专家，提供相关材料，咨询确定指标理想值。

各评价指标理想值可根据指标特点采用不同方法确定。各项指标理想值确定的方法和依据，应在成果中予以说明，并记录在《评价规程》附录E相应的表中。

(四) 指标标准化

1. 指标标准化方法

评价指标标准化应采用理想值比例推算法，以指标实现度分值进行度量，按照式（7-2）计算：

$$S_{ijk} = \frac{X_{ijk}}{T_{ijk}} \times 100 \tag{7-2}$$

式中：S_{ijk}——i目标j子目标k指标的实现度分值；

X_{ijk}——i目标j子目标k指标的现状值；

T_{ijk}——i目标j子目标k指标的理想值。

2. 指标实现度分值确定原则

评价指标实现度分值应在0~100之间，当大于100时，实现度分值记为100。

(五) 土地利用集约度分值计算

1. 子目标分值计算

开发区土地利用集约度各子目标分值按照式（7-3）计算：

$$F_{ij} = \sum_{k=1}^{n}(S_{ijk} \times w_{ijk}) \qquad (7\text{-}3)$$

式中：F_{ij}——i 目标 j 子目标的土地利用集约度分值；

S_{ijk}——i 目标 j 子目标 k 指标的实现度分值；

w_{ijk}——i 目标 j 子目标 k 指标相对 j 子目标的权重值；

n——指标个数。

2. 目标分值计算

开发区土地利用集约度目标分值按照式（7-4）计算：

$$F_i = \sum_{j=1}^{n}(F_{ij} \times w_{ij}) \qquad (7\text{-}4)$$

式中：F_i——i 目标的土地利用集约度分值；

F_{ij}——i 目标 j 子目标的土地利用集约度分值；

w_{ij}——i 目标 j 子目标相对 i 目标的权重值；

n——子目标个数。

3. 集约度综合分值计算

开发区土地利用集约度综合分值按照式（7-5）计算：

$$F = \sum_{i=1}^{n}(F_i \times w_i) \qquad (7\text{-}5)$$

式中：F——土地利用集约度综合分值；

F_i——i 目标的土地利用集约度分值；

w_i——i 目标的权重值；

n——目标个数。

四、开发区土地集约利用潜力测算

1. 开发区土地集约利用潜力的类型

开发区土地集约利用潜力分为扩展潜力、结构潜力、强度潜力和管理潜力四种类型。

（1）扩展潜力是指截至评价时点，开发区评价范围内尚可供应用于建设的土地面积，包括尚可供应土地面积和尚可供应工矿仓储用地面积。

（2）结构潜力是指开发区评价范围内已建成城镇建设用地中，通过用地结构调整可增加的工矿仓储用地面积。

（3）强度潜力是指开发区评价范围内已建成城镇建设用地中，某项土地利用强度指标（工业用地综合容积率、工业用地建筑系数、工业用地固定资产投入强度、工业用地产出强度）现状值与相应理想值的差距换算形成的用地面积。

（4）管理潜力是指通过处置有偿使用且已到期但未处置土地和应收回闲置土地，可增加的土地供应面积。

在扩展潜力测算的基础上，推算尚可供地年数。

2. 潜力测算

(1) 扩展潜力测算

① 尚可供应土地面积测算

尚可供应土地面积可根据式（7-6）计算：

$$Q_E = Q_Z - Q_D - Q_F \tag{7-6}$$

式中：Q_E——尚可供应土地面积，单位为 hm^2；

Q_Z——开发区土地总面积，单位为 hm^2；

Q_D——已供应国有建设用地面积，单位为 hm^2；

Q_F——不可供应土地面积，单位为 hm^2。

② 尚可供应工矿仓储用地面积测算

在尚可供应土地中，统计工矿仓储用途的土地面积 Q_{E21}，单位为 hm^2。

(2) 结构潜力测算

结构潜力根据式（7-7）计算：

$$Q_{SP} = Q_A \times (P_I - P_P) \tag{7-7}$$

式中：Q_{SP}——结构潜力，单位为 hm^2；

Q_A——已建成城镇建设用地面积，单位为 hm^2；

P_I——工业用地率的理想值；

P_P——工业用地率的现状值。

(3) 强度潜力测算

强度潜力根据式（7-8）计算：

$$Q_{IP} = Q_{A2} \times (I_I - I_P)/I_I \tag{7-8}$$

式中：Q_{IP}——强度潜力，单位为 hm^2；

Q_{A2}——已建成工矿仓储用地面积，单位为 hm^2；

I_I——工业用地综合容积率、工业用地建筑系数、工业用地固定资产投入强度、工业用地产出强度的理想值；

I_P——工业用地综合容积率、工业用地建筑系数、工业用地固定资产投入强度、工业用地产出强度的现状值。

(4) 管理潜力测算

管理潜力根据式（7-9）计算：

$$Q_{AP} = Q_{D22} + Q_{G1} \tag{7-9}$$

式中：Q_{AP}——管理潜力，单位为 hm^2；

Q_{D22}——有偿使用且已到期但未处置土地面积，单位为 hm^2；

Q_{G1}——应收回闲置土地面积，单位为 hm^2。

3. 尚可供地年数测算

(1) 开发区尚可供地年数类型

开发区尚可供地年数分为尚可供地年数 Ⅰ 和尚可供地年数 Ⅱ。

第七章　土地资产开发与利用管理

(2) 尚可供地年数Ⅰ计算

尚可供地年数Ⅰ应根据尚可供应土地面积、尚可供应工矿仓储用地面积、前三年年均供应土地面积、前三年年均供应工矿仓储用地面积测算得出。尚可供地年数Ⅰ根据式（7-10）计算：

$$Y_{Ii} = Q_i / S_i \tag{7-10}$$

式中：Y_{Ii}——i 类用地尚可供地年数Ⅰ，单位为年；

　　　Q_i——i 类用地扩展潜力，单位为 hm^2；

　　　S_i——前三年年均供应 i 类用地面积，开发区设立不足三年的，按照实际供地年份的年均供应 i 类用地面积计算，单位为 hm^2；

　　　i——供地类型，分别指尚可供应土地、尚可供应工矿仓储用地。

(3) 尚可供地年数Ⅱ计算

尚可供地年数Ⅱ应根据尚可供应土地面积、尚可供应工矿仓储用地面积、前五年年供应土地面积最大值、前五年年供应工矿仓储用地面积最大值测算得出。尚可供地年数Ⅱ根据式（7-11）计算：

$$Y_{IIi} = Q_i / E_i \tag{7-11}$$

式中：Y_{IIi}——i 类用地尚可供地年数Ⅱ，单位为年；

　　　Q_i——i 类用地扩展潜力，单位为 hm^2；

　　　E_i——前五年年供应 i 类用地面积最大值，单位为 hm^2；

　　　i——供地类型，分别指尚可供应土地、尚可供应工矿仓储用地。

五、成果编制

（一）成果报告编制

成果报告主要包括工作报告、技术报告和专题报告。

1. 工作报告

工作报告编写内容主要包括评价工作意义和目的、工作依据、任务与内容、技术思路、组织领导与人员构成、工作进展与经费使用情况、工作成果、成果检查情况、工作经验以及相关建议等。

2. 技术报告

技术报告编写内容主要包括开发区概况、评价范围、基础资料的有关说明、评价原则、技术路线与方法、用地调查分析、程度评价分析、潜力测算分析、综合结论分析、成果应用及政策建议、评价工作中有关特殊情况的说明等。

技术报告的编写应符合《评价规程》附录 G 的要求。

3. 专题报告

专题报告包括典型企业调查分析专题报告等。评价工作中，可根据需要编制其他相关专题报告。

（二）成果图件编制

1. 图件类型

成果图件主要包括土地利用状况图、闲置土地分布图、典型企业分布图、土地集约利用扩展潜力分布图、土地集约利用管理潜力分布图等。高新技术产业开发区和省级高新技术产业园区应编制高新技术产业用地分布图。

评价工作中，可根据需要编制其他成果图件。

2. 编制要求

成果图件包括矢量图件和纸质图件，矢量图件比例尺原则上应与地籍调查图件比例尺一致，一般采用1：500、1：1000或1：2000，纸质图件比例尺可根据开发区实际确定。

成果图廓整饰与图例应符合规程的要求。

（三）基础资料汇编与数据库

应将开发区土地集约利用评价工作中涉及的各类数据、影像图和相关文件等进行规范化整理，汇总成册。

有关指标数据表格格式应符合《评价规程》附录E、附录F的要求。数据采集与填报中需解释的内容，应提供相应说明。

开发区土地集约利用评价数据库建设应符合《开发区土地集约利用评价数据库标准》的要求。

六、成果验收与公示

（一）成果验收与存档

为保证评价成果质量，应建立工作成果检查制度，并将检查结果作为评价成果的重要内容。评价成果检查和验收应符合《评价规程》的各项规定。评价成果验收时，验收专家组应出具验收意见。经验收合格后的评价成果应存档保存。

（二）成果公示

开发区土地集约利用评价成果公示应按照有关规定执行。

七、成果应用与更新

（一）成果应用

各地应根据评价结果，结合实际工作，积极推动评价成果应用。

成果应用方向主要包括：为开发区扩区升级审核、动态监管提供依据；为编制和实施土地利用规划计划、城乡规划等提供依据；为制定用地挖潜计划、完善开发区土地管理制度提供依据。

（二）成果更新

为保证评价成果的现势性，应按照有关规定对开发区土地集约利用评价成果进行更新。成果更新应考虑评价工作的连续性，充分利用已有成果。

第七章　土地资产开发与利用管理

第六节　土地开发利用中闲置土地的处置

土地是最重要的稀缺资源之一，近年来，在城市土地资产开发利用过程中，随着经济社会的快速发展，我国工业化和城市化进程不断加快，土地市场日趋活跃，而土地资源利用却呈现日益紧张甚至供求失衡的状况。城市内部以及周边出现大量的圈地、占地现象，大面积的闲置土地、低效用地屡见不鲜。大量的土地闲置加剧了土地市场的混乱无序，给构建资源节约型、环境友好型社会带来了严峻挑战。现阶段，对闲置土地进行盘活清理已成为当务之急。

一、闲置土地的认定

闲置土地是指土地使用者依法取得土地使用权后，未经原批准用地的人民政府同意，超过规定的期限未动工开发建设的建设用地。

具有下列情形之一的，依据《闲置土地处置办法》第二条规定，也可以认定为闲置土地：① 国有土地有偿使用合同或者建设用地批准书未规定动工开发日期，自国有土地有偿使用合同生效或者土地行政主管部门建设用地批准书颁发之日起满一年未动工开发建设的；② 已动工开发建设但开发建设的面积占应动工开发建设总面积不足 1/3 或者已投资额占总投资额不足 25% 且未经批准中止开发建设连续满一年的；③ 法律、行政法规规定的其他情形。

根据国土资源部公布的全国闲置土地的最新数据。截至 2010 年 5 月底，全国闲置土地 2815 宗，闲置面积高达 16.95 万亩，约占每年房地产供应面积的 10% 左右，而事实上的闲置土地远高于该数据，这将严重影响房地产市场的土地供求状况。从闲置土地分布上看，东部地区所占比例较大。从闲置时间上看，闲置 5 年以下的地块 1354 宗，占闲置土地总数的 48%；闲置时间 5 年以上的地块共 875 宗，占比为 31%；闲置时间较长，但合同中未约定具体开工时间的地块 586 宗，占比为 21%。

二、造成闲置土地的原因分析

目前的土地供应制度以及巨大的土地增值空间是造成土地闲置的深层因素。土地闲置的直接原因主要有两类：一类是因开发商囤地投机造成；另一类是因政府及有关部门造成。

1. 因开发企业层面的原因造成土地闲置

（1）开发商投机钻营、囤积土地而造成的闲置。城市化进程的不断深化决定了我国土地市场价格呈刚性上涨趋势，未来升值空间巨大。据估算，近 10 年间，东部沿海城市土地市场价格平均上涨 20 倍，而同期征地成本平均仅上涨 2 倍，商品房价格平均上涨 3 倍。由于囤积土地投机的风险很小，相比开发房屋的投入也更少，却可能获得比开发销售房屋更高的利润率，这使得囤积土地已成为部分地产开发商牟取高额利润的重要手段。有些开发商在拿到土地后，为了获取由经济社会发展带来的土地增值效益，或不上项目、不是开发，或开发缓慢、待价而建。究其囤积土地的深层次原因，主要有以下三个方面：第一，土地资源稀缺且不可再生，地产开发商垄断土地就可以人为抬高地价，从而垄断房价、垄断市场。第二，一旦"良机"到来，可在短期内牟取暴利。与正常的房地产开发相比周期短、收益高，可坐享其成。第三，当前土地市场机制尚需完善，存在一定的不完全竞争性。开发商为了保持投资开发的连续性，就投机钻营进行变相的土地储备。据统计，1998年至2008年，全国范围内用于房地产开发的土地购置面积达到31.3亿平方米，而截至2008年年底，全国土地开发量仅为19.4亿平方米，占购置总量的62%，仍有近40%的土地闲置于开发商手中。出现如此多的闲置土地，根本原因是利益驱动。

（2）企业开发资金不足而导致的土地闲置。土地开发是一项复杂的系统工程，充足的资金是保证开发顺利进行的必备条件。近年来，土地成交价居高不下，且不时有"地王"出现。有些开发商不顾自身开发条件，为占先机强拍下土地后无力支付高额的土地出让金，有些在支付土地出让金后盲目扩大规模，致使资金链断裂，经营不善，无法在合同约定的期限内动工建设，导致土地闲置。

（3）开发商调整项目规划方案而造成的闲置。开发商追求资金平衡甚至利益最大化的本性促使其在拿到土地后，花费大量时间和精力调整规划，申请最大限度地增加容积率。规划方案往往几经修改，其提交的申请又需一定时间审批，这势必造成项目搁置，致使土地闲置。房地产开发商大规模圈地也造成大量土地闲置。在房地产开发过程中，由于土地闲置的成本不高，不少开发商通过圈地等待升值。有的开发商趁前几年土地价格便宜，大量吃进，但因为自身实力不足，造成土地闲置，另一部分开发商则在高峰时抢地，开发成本过高，只能等着市场好转再开发。

2．因政府层面的原因造成土地闲置

（1）城市建设规划调整而导致的土地闲置。随着经济的发展和城市建设的日新月异，城市建设规划需要与时俱进不断调整。因地方政府对政策和规划所作的一些调整变动，如调整用地功能与规划道路等市政设施项目等可能会使开发周期成倍增长。

（2）相关审批程序烦琐，政府各部门协作能力有待加强。开发商进场开工建设的前提是办理完毕《建筑工程施工许可证》，而办理此证的条件是依次办理好《建设用地规划许可证》、《国有土地使用证》、《建设工程规划许可证》等一系列手续，完成一环接一环的审批程序，中间任一手续办理的迟延都会造成开发商无法按时进场开工。经调查，由于审批程序较为烦琐，且政府相关部门缺乏必要的协作联动机制，开发商办理相关手续时需充分发挥主观能动性，反复联系规划、土地、房产等各个部门，所需时间至少为半年，有时就超出了约定的开工时间。

（3）供地、交地不及时而造成的闲置。政府征地拆迁难度加大，造成征地拆迁难的原因有很多，如当地农民往往对土地价格、拆迁标准、安置补偿费、利益再分配等问题存有异议，相关土地行政主管部门需耗大量时间与其协调谈判，在一定程度上影响了征地工作顺利进行，使政府无法如期供地。有的开发地块，特别是一些位于老城区的地块，拆迁期限一拖再拖，周期被一再拉长，使交地不及时，延迟了开发商进场开工的时间。

（4）闲置土地相关政策法规尚需完善。《闲置土地处置办法》规定闲置土地的认定情形之一："已动工开发建设但开发建设的面积占应动工开发建设总面积不足1/3或者已投资额占总投资额不足25%且未经批准中止开发满1年的……"部分企业钻法律条文的空子，一旦开发建设面积占总面积的比例大于1/3或投资额占总投资额大于25%即停止开

第七章　土地资产开发与利用管理

发,致使大面积土地相当长时间空闲,而相关土地行政主管部门只有待合同约定的竣工日期截止后才能对其进行调查处理。

(5) 出让后疏于监督管理造成土地闲置。在地方政府垄断土地供给模式和分税制体系下,出让土地是地方政府最主要的收入来源,所以地方政府总是在不断试图高价推地,以获得最优化的财政收入。在强大的利益驱动下,一些地方政府把主要精力用于廉价土地的取得上,而疏于土地出让后的管理和服务,客观上为闲置土地生成提供了宽松条件。原因主要包括:因地方政府调整规划而造成闲置,如调整用地功能与规划道路等市政设施项目而无法开发等;因基础设施不全、不具备开发条件而闲置,如周边未三通一平等;因拆迁难以进行而闲置。政府原因造成的闲置土地中,更改规划和拆迁困难各占一半左右。从整体上看,由于政府原因造成闲置的比例大、协商查处难度大,再加上较早出让的"毛地"拆迁难,以闲置土地为主的房地产违法违规用地查处结案率较低。

此外,也有部分是因司法部门介入而造成闲置,如因法院裁定过户等各种原因引起土地使用权变更而闲置的,或者不符合土地转让条件的土地被裁定过户、处于办理过户手续等程序中而引起的闲置。

三、闲置土地的危害

土地闲置造成大量土地资源的浪费,使有限的土地资源得不到合理、有效利用,危害显而易见。

(1) 土地闲置挤压了开发空间,导致房价不断上升,增加了群众的负担。相当数量的土地被故意囤积或倒卖,开发企业通过炒作房价、地价赚取暴利,导致开发的房地产价格上升;另外,土地闲置使得大量的房地产无法及时开发,造成已开发的房地产房源供应趋紧,已开发的企业趁势抬高价格。无论是上述哪种类型,最终为这些行为买单的是广大消费者,无疑加重了群众的负担。

(2) 土地闲置造成资源浪费,无法产生任何经济效益,同时占用了大量的建设用地指标,导致真正有开发实力的企业因没有土地而无法进驻,形成了无实力开发的企业占用土地,有实力开发的企业苦苦寻找土地这样一个恶性循环的局面。既造成了土地资源的浪费,又造成了开发企业财力、精力的浪费。

(3) 土地闲置影响了城市化进程和城市形象的提升。一是有显著区位优势的土地闲置未开发,容易给外来投资客商及当地群众造成城市规划混乱、城市建设无序的印象;二是闲置的土地往往是净地或待拆迁地,与周边已开发建设的地段极不协调,长期闲置会影响城市形象;三是土地闲置在政府推进城市化的过程中形成阻力,一定程度上影响了一个地区的城市化进程。

四、如何避免土地闲置

1. 摸清闲置土地底数,加大执法力度,建立灵活的土地配置机制

政府相关部门要进一步摸清现有闲置土地的底数,掌握其数量、类型、分布、成因等,在调查清理的基础上建立闲置土地清册,一地一卷。加大土地执法力度,严格依照《闲置土地处置办法》等相关法律法规,对土地闲置超过1年的用地单位征收土地闲置费;

土地资产管理

对开发面积不足 1/3 或者已投资额占总投资额不足 25%的单位,除征收土地闲置费外,对其经营状况、经济实力、土地实际需求量等进行重新评估;可由土地部门为其寻找合作者,进行牵线搭桥,简化程序,促成合作开发。对闲置超过 2 年的建设用地,应无偿收回,并建立健全收回闲置土地的长效机制。相关部门应根据清查的情况,执法必严,违法必究,建立灵活的城市土地配置机制,逐宗研究具体处置方案,实行一地一策,因地制宜,分类处置好闲置土地。

2. 严格用地审批,加强批后监管

要严格审查用地单位的用地效益和用地定额,合理确定土地供应量。坚决执行经营性用地招拍挂出让制度,不断规范土地出让行为,从源头控制土地闲置现象。杜绝以往土地管理中普遍存在的"重审批、轻管理"思想,进一步加大批后监管力度。针对城市闲置土地隐蔽性、变动性等特点,建立健全动态巡查监测机制,及时掌握土地利用态势和流转状况,督促开发商按合同履行开、竣工时间和建设标准,加快已供土地的开发建设进度,不断提高土地总体利用率。健全完善长效的土地开发利用监管机制,政府和公众共同监督土地开发利用行为。政府通过土地开发利用信息平台,接受群众关于闲置土地的举报,并对闲置土地者进行通报。此外,还可以通过将企业用地信用纳入市场诚信体系中,促进节约集约用地制度的落实。

3. 加强行政管理部门配合协作,使入市宗地达到开发建设条件

《城市房地产管理法》等法律明确规定,土地出让前,土地部门会同规划、建设、环保、发展改革、财政和交通等相关行政管理部门,共同拟订土地出让方案,报市、县人民政府批准。各部门参与制订出让方案,要尽职尽责、严格把关,避免出现出让土地后需要改规划、变用途的情形,防止出现开工后遇见管线、挖到文物的情况。计划出让宗地应当统一纳入政府储备,完成土地征收、收回及房屋拆迁工作,权属明确,界址清晰,场地达到通平条件。

4. 规范简化相关审批程序,建立健全部门协作机制

相关审批程序烦琐,开发商办理各种手续耗时过长是导致无法按时开工、土地闲置的重要原因之一。鉴于此情况,建议从以下几方面入手:第一,进一步规范、简化相关申报审批程序,提高务实性和易操作性,缩短审批时间;第二,通过业务培训、讲座等方式提高相关工作人员的业务水平和办事能力,加强其为民服务的责任意识;第三,建立健全规划、土地、房产等部门的信息共享平台和协作联动机制,提高开发商办理开发前期各项手续的效率,尽可能缩短从交地到开工的时间。

五、闲置土地的处置

1. 适时征收土地增值税

土地闲置的根本性动机之一在于企业进行土地投机,试图获得自然增值,而税收手段可以剥夺企业这种不劳而获的收益,从根本上消除土地闲置的动力。实际上,采用税收手段抑制土地投机、处置闲置土地已经是国际惯例,税收手段处置闲置土地不但能够有效抑制土地闲置,而且对经济发展的负面作用也可大大降低。

第七章 土地资产开发与利用管理

2. 依法征收土地闲置费

根据《闲置土地处置办法》及《国务院关于促进节约集约用地的通知》的规定对土地闲置满一年不满两年的,按出让或划拨土地价款的20%征收土地闲置费。这样开发企业将不得不考虑闲置土地成本,如果土地超过一年不开发,开发企业就必须为此支付一笔数额不小的土地闲置费。这将迫使开发企业因巨额的土地闲置费而放弃囤地。

3. 坚决收回闲置土地使用权

根据《闲置土地处置办法》及《国务院关于促进节约集约用地的通知》的规定对土地闲置满两年、依法应当无偿收回的,坚决无偿收回,重新安排使用;不符合法定收回条件的,也应采取改变用途、等价置换、安排临时使用、纳入政府储备等途径及时处置、充分利用。通过这项措施,可以有效处理那些长期闲置的土地。政府收回土地后,可以通过挂牌、招标、拍卖等方式将土地重新出让给更有实力的土地开发企业。

4. 鼓励优先开发闲置土地

各项建设项目要优先开发利用空闲、废弃、闲置和低效利用的土地,努力提高建设用地利用效率,而不是盲目扩大城市用地范围,任意出让土地。

复习思考题

1. 简述土地资产开发、利用的含义及其应注意的问题。
2. 城市地产开发的类型有哪些?
3. 简述城市地产一级开发概念、主体、程序及成本构成。
4. 简述城市地产二级开发的概念、主体和程序。
5. 简述城市土地利用原理及经济运行规律。
6. 简述我国城市土地利用存在的问题及土地利用结构优化措施。
7. 简述城市土地功能分区的概念及类型。
8. 简述促进土地集约利用的措施有哪些。
9. 简述开发区土地集约利用评价的程序。
10. 简述开发区土地集约利用评价指标体系。
11. 开发区土地集约利用评价成果应用的方向有哪些?
12. 简述闲置土地的认定及处置。

强化练习题

一、填空题

1. 土地资产利用具有 _____、_____、_____、_____ 的特点。
2. 城市地产开发根据开发规模不同,可以分为 _____、_____、_____;根据开发对象不同,分为 _____ 和 _____;根据开发方式不同,分为 _____ 和 _____;根据开发者不同,分为 _____ 和 _____;根据开发层次不同,分为 _____

土地资产管理

和_____。

3. 土地一级开发的主体是_____；土地二级开发的主体是_____。

4. 城市土地利用的原理有_____、_____、_____、_____。

5. 城市土地利用经济运行规律有_____、_____、_____。

6. 开发区土地集约利用评价对象为_____。

7. 开发区土地集约利用评价工作体系包括_____、_____和_____三个方面。

8. 开发区土地集约利用评价中，用地调查可采用_____、_____、座谈、问卷调查等方式。

9. 开发区土地集约利用评价中，土地利用状况调查的内容包括_____、_____、_____、_____、_____及其他调查。

10. 开发区土地集约利用潜力分为_____潜力、_____潜力、_____潜力和_____潜力四种类型。

11. 管理绩效调查包括_____调查和_____调查。

12. 土地利用监管绩效调查主要针对_____，_____开展调查。

二、判断题

1. 土地资产开发就是指对未利用土地的开发利用。（   ）

2. 城市土地新开发属于外延型开发，再开发属于内涵型开发。（   ）

3. 土地一级开发的实施主体只有政府授权的一级开发公司。（   ）

4. 土地一级开发后的土地可以进入政府储备库后进行出让，也可以直接转让。（   ）

5. 土地一级开发费用根据《土地一级开发合同》支付，不需要审计部门审计确认。（   ）

6. 土地二级开发的主体是政府或政府授权的土地储备机构。（   ）

三、单选题

1. 在土地一级开发中，（   ）编制土地一级开发实施方案。

   A. 国土资源管理部门
   B. 国土资源管理部门委托的土地储备机构
   C. 土地一级开发公司
   D. 土地中介机构

2. 土地一级开发成本构成中，不包含（   ）。

   A. 市政基础设施建设有关费用   B. 贷款利息
   C. 征地拆迁补偿费及有关税费   D. 土地开发主体所得利润

3. 开发区土地集约利用评价中，典型企业至少应选（   ）家。
   A. 5   B. 7   C. 10   D. 15

4. 国有土地有偿使用合同或者建设用地批准书未规定动工开发日期，自国有土地有偿使用合同生效或者土地行政主管部门建设用地批准书颁发之日起满（   ）未动工开发建设的，可以认定为闲置土地。

第七章 土地资产开发与利用管理

  A. 0.5 年   B. 1 年   C. 1.5 年   D. 2 年

5. 已动工开发建设但开发建设的面积占应动工开发建设总面积不足（　　）或者已投资额不足（　　）且未经批准中止开发建设连续满一年的，也可以认定为闲置土地。

  A. 1/3，20%   B. 1/3，25%
  C. 1/2，20%   D. 1/2，25%

6. 土地闲置满一年不满两年的，按出让或划拨土地价款的（　　）征收土地闲置费。

  A. 10%   B. 15%   C. 20%   D. 25%

6. 对于土地闲置满两年的，应依法（　　）。

  A. 征收相当于出让或划拨土地价款 10% 的土地闲置费
  B. 征收相当于出让或划拨土地价款 15% 的土地闲置费
  C. 征收相当于出让或划拨土地价款 20% 的土地闲置费
  D. 无偿收回

7. 某房地产公司 1999 年 10 月以 2000 万取得一宗出让土地使用权进行房地产开发，到 2001 年 5 月尚未按出让合同约定的土地用途动工开发，按照《城市房地产经营管理条例》的规定，应征收（　　）以下的土地闲置费。

  A. 500 万元   B. 700 万元   C. 400 万元   D. 600 万元

8. 以出让方式取得土地使用权进行房地产开发，超过合同约定的动工开发日期（　　）未动工开发的，可以无偿收回土地使用权。

  A. 满 1 年   B. 满 2 年   C. 满 3 年   D. 满 4 年

9. 开发区土地集约利用评价中，工矿仓储用地上建筑物层高超过（　　）的，在计算容积率时该层建筑面积加倍计算。

  A. 6 米   B. 8 米   C. 10 米   D. 12 米

10. 开发区集约利用评价，评价指标权重值确定的方法是（　　）。

  A. 层次分析法   B. 变异系数法
  C. 排序法   D. 特尔斐法

四、多选题

1. 编制土地一级开发计划主要根据有（　　）。

  A. 国民经济和社会发展规划   B. 土地供应计划
  C. 土地利用总体规划   D. 城市总体规划
  E. 土地开发整理规划   F. 土地利用年度计划
  G. 土地储备开发计划

2. 土地一级开发监管，监管的主要目的是（　　）。

  A. 控制开发主体的利润   B. 控制开发成本
  C. 控制开发质量   D. 控制开发公司财务变动状况
  E. 控制开发进度

3. 土地一级开发成本构成包括（　　）。

  A. 征地拆迁补偿费及有关税费
  B. 开发商利润

C. 市政基础设施建设有关费用
D. 招标、拍卖和挂牌交易中发生的费用
E. 贷款利息

4. 土地一级开发活动主要内容包括（　　）等。
   A. 市政基础设施建设　　　　　　B. 地上建筑物拆除及土地平整
   C. 征地补偿、拆迁安置　　　　　D. 地上建筑物及其附属物的建设
   E. 公共配套设施建设

5. 开发区土地集约利用评价，评价指标理想值确定的方法有（　　）。
   A. 目标值法　　　　　　　　　　B. 现状值平均法
   C. 专家咨询法　　　　　　　　　D. 经验借鉴法

6. 开发区土地集约利用评价工作体系包括（　　）方面。
   A. 土地利用状况调查　　　　　　B. 土地权属调查登记
   C. 土地集约利用潜力测算　　　　D. 土地集约利用程度评价

7. 开发区土地集约利用评价的成果有（　　）。
   A. 开发区土地集约利用评价工作报告、技术报告和专题报告
   B. 开发区土地集约利用评价成果图件
   C. 开发区土地利用规划资料
   D. 开发区土地集约利用评价基础资料汇编

8. 开发区土地集约利用评价的成果图件主要有（　　）。
   A. 土地利用状况图　　　　　　　B. 土地集约利用扩展潜力分布图
   C. 土地集约利用管理潜力分布图　D. 闲置土地分布图
   E. 典型企业分布图

第八章 土地资产金融管理

内容提要

　　土地资产金融是以土地作为信用保证,通过各种金融工具而进行的资金筹集、融通、清算等金融活动。土地资产金融根据土地资产的用途不同,分为市地金融和农地金融,其主要活动包括发生在土地开发、利用、经营过程中的贷款、存款、投资、信托、租赁、抵押、贴现、保险、证券发行与交易,以及土地金融机构所办理的各种中间业务等信用活动。土地资产金融可以推动地产业的发展,同时带动金融业发展,有利于推行国家土地政策及相关政策,促进产业结构的优化。

　　土地资产金融具有一般金融活动所具有的共性,同时也具有自身的特点。一是地产金融是有担保的金融,以抵押权为基础;二是地产融资金额巨大,偿还期长;三是地产金融安全性高、债权可靠。四是地产金融一般实行证券化,增强其流动性;五是地产金融具有较强的政策性;六是地产金融业务成本较高,但收益较好。

　　地产金融市场是指以土地作为信用担保而获得资金融通的交易活动关系的总和。地产金融市场的主体即地产市场资金供求者,主要有地产开发公司、中央银行、政府部门、开展地产金融活动的商业金融机构、个人投资者等。地产金融市场中还存在证券公司、交易商、经纪人、地产金融的资信评估机构以及抵押贷款保险机构等市场中介。

　　地产金融市场的金融工具是指可以在地产金融市场上同货币相交易的各种金融契约。地产金融市场中的金融工具主要有地产债券、地产股票、地产抵押贷款、土地开发基金存款等。

　　地产金融一级市场是与地产开发经营相联系的首次货币资金的融通市场,市场中的主要活动是地产抵押贷款、发行地产金融股票或债券等筹集资金用于地产的开发与经营。地产金融二级市场是地产信用的再交易、再流通市场。主要活动是在地产金融一级市场上金融机构取得的地产抵押债权,在二级市场上金融机构以此作担保向社会发行抵押证券,或者在地产金融一级市场上投资者购买地产股票、债券在二级市场上的再流通、再交易。

　　地产证券化是将对地产的投资以证券投资的形式表现,从而使投资者与投资标的物之间的物权关系,转化为债权性质的有价证券形式。通过地产证券化,使地产价值由固定资本形式转化为具有流动性的资本化证券,将不动产转化为动产,以证券的流动实现和促进产权流动,使小额投资者可以通过购买金融机构的证券间接投资于地产。地产证券化是地产融资手段的创新,是当代经济、金融证券化的典型代表,我国目前对于地产证券化还处于研讨和摸索阶段,但地产证券化是地产金融的必然趋势。

土地资产管理

 教学要求

　　了解：土地资产金融的分类、内容，我国地产金融市场存在的问题及完善措施，地产证券化的动因，我国地产证券化的发展现状，实施地产证券化的可行性。

　　熟悉：土地资产金融的作用，土地资产金融市场的主体、市场中介，土地资产金融市场的分类及地产金融一、二级市场的运行。

　　掌握：土地资产金融的概念、特点，土地资产金融市场的概念，土地资产金融市场的金融工具的概念、分类，地产证券化的概念。

 重点难点

1. 土地资产金融市场的金融工具
2. 地产金融市场的运行
3. 我国地产金融市场完善的措施
4. 地产证券化的含义、动因

 关键术语

　　土地资产金融　　地产金融市场　　地产金融市场的金融工具　　地产证券化

第一节　土地资产金融概述

一、土地资产金融的概念

　　金融就是资金的融通，是货币流通和信用活动以及与之相联系的经济活动的总称，广义的金融泛指一切与信用货币的发行、保管、兑换、结算、融通有关的经济活动，甚至包括金银的买卖，狭义的金融专指信用货币的融通。

　　土地资产金融（简称地产金融）是以土地作为信用保证，通过各种金融工具而进行的资金筹集、融通、清算等金融活动。地产金融是以土地开发经营为目的的资金融通活动。地产金融的主要内容包括发生在土地开发、利用、经营过程中的贷款、存款、投资、信托、租赁、抵押、贴现、保险、证券发行与交易，以及土地金融机构所办理的各种中间业务等信用活动。

二、土地资产金融的分类

　　土地资产金融根据土地资产的用途不同，可以分为市地金融和农地金融。

　　市地金融就是围绕城市土地及其建筑物的开发、经营和消费所进行的资金融通，主要包括：① 房地产取得金融，是对购买土地或建筑物（包括住宅）所进行的资金融通；②

第八章 土地资产金融管理

房地产改良金融,是对土地及建筑物开发、建造所进行的资金融通;③ 房地产经营金融,是对土地及建筑物的经营,如租赁经营进行的资金融通。

农地金融是围绕农地开发、生产、经营所进行的资金融通,主要包括:① 农地取得金融,是对购买或租赁农地进行的资金融通;② 农地改良金融,是对农地的开垦、整治、农田水利、土壤改良等所进行的资金融通;③ 农地经营金融,是指对购买牲畜、肥料、农机具以及进行农业经营活动进行的资金融通。

农地金融与市地金融相比,期限较长,营利性较差,风险较大,政策性较强,所以通常由政策性专业银行经营,并需国家以信贷的途径提供补贴。本章以市地金融为主要对象。

在美国,根据资金融通对象的不同可将房地产金融分为购屋金融、收益性房地产金融、土地开发金融和建筑金融四种。

(1) 购屋金融是指围绕居民购买住房所进行的资金融通,也称个人住房抵押贷款,是房地产金融的重要内容。

(2) 收益性房地产金融是围绕投资者购买经营性房地产(也称非住宅类房地产),如商场、写字楼、厂房等所进行的资金融通。投资者购买收益性房地产不是用于消费,而是作为投资,在买入和卖出之间获得差价利润,或用于出租经营获得租金收入,或作为固定资产用于生产经营活动。这类房地产融资因其偿还贷款的资金来源主要为经营收益,因此,对其偿还能力的考察与个人住房贷款不同,应更为谨慎。

(3) 土地开发金融是围绕土地开发,如七通一平、三通一平等所进行的资金融通。其现金量具有根据工程进度分期投入、一次收回的特点,期限通常在1~2年,但大面积成片开发的期限有时较长。

(4) 建筑金融是围绕房地产开发、建设所进行的资金融通。其现金流量也有分期投入、一次收回的特点。有时建筑物和土地开发融资是不可分的,在我国称房地产开发企业融资。另外,因后三种房地产金融形式贷款时间较短,营利性强,并多由商业银行给予贷款,所以也常归为商业信贷一类。

根据有无中介机构的参与,可将地产金融分为地产间接金融和直接金融。间接金融是指借款人通过金融机构(如银行)获得资金融通。金融机构并非真正的资金供给者,而是资金供需双方的桥梁。直接金融是指借款人直接通过有价证券,从投资者手中筹集资金的活动。借款人包括个人和法人。个人为了购买、建造或修葺自用住房而向银行申请贷款;法人主要包括房地产开发公司及其他购买房地产的非房地产企业客户。房地产开发公司通常是为了获得房地产取得、开发或经营资金而向银行申请贷款或通过资本市场进行融资,非房地产企业的客户主要是为了购置用于生产经营的固定资产或出于投资的目的而向银行申请贷款或通过资本市场融资。以上的融资行为构成了房地产金融一级市场。当个人住房贷款在使银行的信贷资产可能面临流动性风险时,银行有可能将个人住房贷款从其资产负债表中移出,以证券的形式出售给二级市场的投资人,通常为机构投资者,以便迅速收回资金,改善其信贷资产的流动状况;而法人通过资本市场融资发行的有价证券也可在投资人之间进行转移。以上构成了房地产金融的二级市场。

土地资产管理

三、土地资产金融的作用

(一) 土地资产金融对地产业的推动作用

地产金融通过运用多种金融工具，开办抵押、保险、贴现、承兑和信托业务，买卖地产有价证券等，拓宽筹资渠道，搞活地产金融市场，促进地产开发经营的资金良性循环。具体来说有以下几个方面的作用。

1. 筹集资金以解决地产业资金不足的问题

地产开发经营所需资金量大，单靠自有资金无法满足投资需要。由于金融机构特别是商业银行，是专门从事货币经营、蓄积资金、调节资金和货币结算的信用中介机构，地产金融机构能够运用各种金融工具，吸引社会闲散资金，然后通过抵押贷款和投资等多种形式，满足地产开发对货币资金的需求。金融机构还可以为地产公司代理发行地产有价证券，在资本市场上筹资，为地产开发经营创造必要条件。

2. 可以搞活地产市场，优化土地资产配置

地产与一般有价值的财务不同，黄金、白银等用作抵押品，不仅可以交给债权人保管，而且便于分割，为大多数人所接受，灵活性大，所以在市场上流通速度较快。而地产不仅位置具有固定性，而且难于分割，灵活性差，在市场上流通速度慢。通过地产金融市场，将地产证券化，即以地产权利为担保，发行股票、债券，将不能分割的不动产转化为可以分割的动产，这样可以加速地产产权在市场上的流通，优化土地资产配置，提高土地资产运营效率。

3. 可以调控地产业发展速度和规模，保持地产业健康发展

鉴于金融业与地产业的密切联系以及金融杠杆特有的调控作用，因此可以通过地产金融对地产开发速度、规模进行宏观调控。如通过制定相应的利率政策、贷款政策调控地产业的发展速度和规模。在地产开发投资规模过大时，可以相应地提高贷款利率，严格贷款条件等，减少信贷支持，适当控制地产过度开发，以保持地产业健康发展和良性循环。反之，则可以利用上述金融杠杆，增加信贷支持，促进地产开发，保持适度发展速度和规模。

除银行金融机构外，随着地产业的发展，各种非银行金融机构如信托投资公司、证券公司、保险公司等也纷纷为地产开发服务。许多地产开发公司利用金融机构中介，搞活资金流通，为开发土地聚集资金，增强地产开发企业的经济实力，极大地推动地产业的发展。

(二) 土地资产金融带动金融业发展

金融业要为其蓄积的资金寻找出路，希望取得最佳的使用效果，地产业就是较为理想的目标，这是由于土地资产的良好信用基础所决定的。地产作为不动产，具有物质担保性强、风险小的特点，是一种理想的担保标的物，金融业参与地产开发经营可以增加资金积累，提高自身在社会上的信誉，从而有利于吸收存款、开拓业务、增加竞争力。土地资产金融极大地拓宽了金融渠道，促进了金融业的发展，所以世界各国金融业都十分青睐地产业。

第八章 土地资产金融管理

（三）有利于推行国家土地政策及相关政策

土地资产金融也是国家或政府推行土地政策及相关政策的重要手段。通过改变土地抵押贷款利率、期限以及对抵押过程中土地产权流动的相应限制或鼓励措施，引导土地使用者的土地利用行为，从而实现政府的土地结构政策、土地规模政策、土地开发、整理和保护政策以及相应的产业政策。

（四）有利于促进产业结构的优化

从地产开发和流通的过程看，尽管要占用大量的资金，但如果地产开发决策科学、选择时机正确，可以加快资金周转，及早收回投资。通过地产金融投资的导向作用，可以促进与地产开发建设相关产业的发展。当资金流向地产开发领域时，开发产品会经生产环节进入流通领域，通过"投入—产出—再投入"实现价值的增值。这种良性循环，势必带动建筑业的发展，并促进建材、建筑设备、建筑机械、冶金、化工以及其他与地产业相关的产业的发展。地产金融还有助于促进金融业、商业服务业等第三产业的发展，从而使国民经济结构的比例更趋合理。

四、土地资产金融的特点

土地资产金融作为一种资金融通活动，具有一般金融活动所具有的共性，同时也具有作为服务于地产经济活动而产生的与其他部门金融不同的特性，可以归纳为以下几个特点。

1. 地产金融是有担保的金融，以抵押权为基础

土地资产金融属于长期信用，因此要以土地进行抵押为融资提供担保。担保包括人的担保（即信誉担保，具法律效力）和物的担保。人的担保，通常是由信誉卓著或资本雄厚的第三人（可以是个人或企业）为债务人的债务清偿提供担保，当债务人不能履行贷款合同时，该第三人具有代为履行偿还贷款的责任。物的担保，就是以特定的财物为借款人债务的履行作担保，当债务不能履行时，债权人有权行使该担保物权，无论债务人是否还负有其他债务或是否将该担保物转让他人，都能从该担保物权的执行中获得债权的优先清偿。其中，人的担保较为方便，物的担保比较安全。两种担保可选择其一，也可同时采用。土地商品的特殊性决定了地产金融是有担保的金融。土地金融的债权必须以物，即以土地及其定着物作担保。通常，出于土地金融的安全性考虑，往往是二者同时采用，如英国的房地产抵押贷款，除考察抵押物的价值外（即物的担保），还非常重视对债务人偿还能力（即人的信用）的考察；而美国大部分的抵押除了要求房地产的担保外，还须有政府担保机构的担保。当人的担保和物的担保同时并存时，原则上应先行使担保物权，因为人的担保属债权范畴，而物的担保属物权范畴。

地产金融以土地抵押为前提，以土地抵押权的设立为开始，并以抵押权的注销（债权如期清偿时）或执行（债权不能清偿时）为结束。中国台湾学者黄通强调："抵押权实为不动产金融之基础。"所谓抵押权，就是抵押权人对抵押财产享有的优先受偿权，即债务人或第三人不转移对其财产的占有，将该财产作为债权的担保，当债务人不能履行债务时，债权人拥有从其抵押财产折价或者拍卖、变卖该财产的价款中优先受偿的权利。

在我国，可以抵押的房地产有：① 依法获得的出让土地使用权；② 依法获得的房屋所有权及其土地使用权；③ 依法获得的期房所有权；④ 依法可抵押的其他房地产。以出让土地使用权抵押的，抵押前原有的地上房屋及其他附属物应当同时抵押；以出让土地使用权地上的全部房屋抵押的，该房屋占有范围内的土地使用权也随之抵押；以出让土地使用权地上的部分房屋抵押的，该房屋相应比率的土地使用权随之抵押；期房所有权抵押时，必须符合房屋预售和建筑承包管理的有关规定。

不能抵押的房地产包括：① 权属有争议的房地产；② 用于教育、医疗、市政等公共福利事业的房地产；③ 列入文物保护范围的建筑物和有重要纪念意义的其他建筑物；④ 已依法公告列入拆迁范围的房地产；⑤ 被依法查封、扣押、监管或者其他形式限制的房地产；⑥ 未依法登记领取权属证书的房地产；⑦ 未经中国注册会计师确认已缴足出资额的外商投资企业的房地产；⑧ 行政机构所有的房地产，政府所有、代管的房地产；⑨ 耕地、宅基地、自留地、自留山等集体所有的土地使用权，但法律允许抵押的除外。

2．地产融资金额巨大，偿还期长

由于地产本身价值量大，地产开发经营所需资金数额巨大，同时开发周期较长，一般至少要开发2～3年，所以地产融资金额巨大，偿还周期较长。

3．地产金融安全性高、债权可靠

由于土地房屋等商品的价值巨大，土地位置固定，具有不可移动性，并能够被永续利用，其地上的建筑物存续周期较长，而且随着经济的发展，土地还具有保值增值的趋势，因此，土地是金融机构最为优良的抵押担保物，能最大限度地保障债权的安全。

4．地产金融一般实行证券化，增强其流动性

一般地说，地产金融和其他金融一样，其负债大多为期限较短、流动性较强的短期负债，但其资产则具有期限较长、额度较大的特点，当该项信贷资产规模占银行信贷资产总量的比重达到一定比例，通常为25％～30％时，银行便可能面临资金的流动性风险。为了使这部分长期资产短期化，即使资产具有流动性，有必要对房地产抵押贷款进行证券化。

地产的证券化包括：① 土地使用权的证券化，就是将地产本身的价值或产权进行小额分割，并以证券的形式表示，使大额的不易流动的土地具有了较好的流动性；② 地产抵押债权证券化，是将期长额大的抵押债权进行小额分割，以有价证券的形式，通过资本市场进行融资，使得长期的抵押贷款资产具有了很好的流动性。

5．地产金融具有较强的政策性

地产金融是受政府政策干预较强、获得政府补贴较多的金融部门。一方面，农业土地利用、城市规划、都市发展计划、产业政策等对土地金融有诸多限制；另一方面，城市居民住房问题的解决，关系到社会的安定团结和政局的稳定，因此政府通常要透过房地产金融部门，通过各种奖励、补贴或税收优惠等手段，来支持购房贷款的发展，从而实现居民的安居乐业。

6．地产金融业务成本较高，但收益较好

一般地讲，地产金融业务一般要经历较为复杂的过程。例如，房地产抵押贷款一般需

第八章 土地资产金融管理

要经历借款人资信调查、房地产抵押物估价、抵押物保险、抵押权的设立到注销,有时还需执行抵押权(当债务不能履行时)等一系列过程。在这一过程中,需要和土地管理部门、产权登记机关、保险机构、评估机构等部门进行联系;需要有相关知识的专业人员协作,如土地估价师、资信评估人员、律师、会计师、经纪人等。因此,操作较为复杂,这使得地产金融的经营成本较高。但另一方面,因其涉及的步骤较多,使得房地产金融的业务派生性较强,即可带动一些银行中间业务的发展,金融部门带来了可观的手续费收入。

第二节　土地资产金融市场概述

一、土地资产金融市场的概念

狭义上的地产金融市场是指地产资金供求双方运用金融工具进行各类地产资金交易的场所。它可以是一个固定的场所,也可以是无形的交易方式,交易的方式可以是直接的也可以是间接的。广义上的地产金融市场则是指以土地作为信用担保而获得资金融通的交易活动关系的总和。

在现代经济社会中,地产业广泛而活跃的融资活动,必须通过地产金融机构才能实现,即必须通过市场关系才能进行地产开发经营活动所需资本金的筹集和融通。地产金融市场融通的资本金来源广泛、渠道多元,在我国大力发展地产业但常受到资金供应制约的前提下,只有发展地产金融市场,才能扩大融资渠道,满足地产业对资金的大量需求。

二、土地资产金融市场的主体

地产金融市场的主体即地产市场资金供求者,是指资金商品的买卖双方。地产金融市场的主体主要包括地产开发公司、中央银行、政府部门、开展地产金融活动的商业金融机构、个人投资者等。地产开发公司是最大的资金需求者,通过抵押土地使用权在金融市场上获得贷款;政府通过发放债券筹集建设项目所需资金并对地产金融市场实施监督和调控;中央银行在金融市场上向地产金融机构提供再贴现、再贷款、买卖地产金融机构发行的金融工具,其目的不是为了赢利,而是为了实施宏观调控,执行既定的货币政策和产业调控目标;地产金融机构作为资金供给者,提供、发放地产贷款并购进金融工具;作为资金需求者,广泛吸收存款、发放金融工具,筹措信贷资金。投资者在地产金融市场是资金的供给者,发达的地产金融市场,离不开投资者的参与。投资者的参与对地产金融市场发展具有十分重要的意义。第一,能够增强银行金融部门资产的流动性,并为地产金融机构提供较为充足的中长期资金来源;第二,能够降低银行贷款的风险,对于额度大,不确定性因素多的土地开发贷款,投资者的社会化参与可分散和降低银行贷款风险;第三,能够促使地产信贷的规范化,使地产市场具有开放性,便于同国际接轨。

三、土地资产金融市场中介

地产金融市场中介包括证券公司、交易商、经纪人、地产金融的资信评估机构以及抵押贷款保险机构等。

由于地产具有保值增值功能，发行城市地产股票或债券，对于手中握有闲置资金的投资者而言，具有很大的诱惑力。证券公司可以为委托人代理多种代理业务，包括代理发行地产公司的股票、债权、发放股息、红利；代理客户买卖城市地产有价证券；代理地产股票、股息或红利的过户、入账。经纪人和交易商主要是代理客户进行地产证券买卖。通过证券公司、交易商和经纪人进行地产金融业务代理，可以起到以下作用。一是可以规范证券市场秩序，节省投资者时间，便于投资者进行交易；二是可以扩大交易主体的范围，使更多资金注入证券市场，活跃证券市场。

资信评估机构站在投资者的角度对地产证券的质量和投资者将承担的投资风险进行评估，使投资者的利益得到较好的保障。抵押贷款保险机构的存在使投资者所面临的风险进一步降低，从而引导更多投资者进入地产金融市场。

当前构建我国地产金融市场，必须规范和完善地产金融市场中介。与地产市场运行的有关中介有价格评估机构、产权登记机构、地产代理机构、地产专业律师服务与地产专业咨询机构等。抵押贷款的发放、转让等必须经过资信评估机构的评估。由于资信评估机构是独立于银行和借款人之外的第三人，在"诚实信用"原则前提下开展评估，能够为信贷部门提供科学的评估结论，减少贷款的盲目性，增强贷款的透明度，防止欺诈行为，促进地产金融市场健康发展。

构建地产金融市场中介组织，应坚持以下原则。一是要维护中介组织的独立性，中介组织应与政府部门脱钩，减少"官办"色彩；二是建立健全中介组织的执业标准，加强中介组织的质量管理；三是强化中介组织行业协会建设，加大行业自律力度；四是采取有力措施，提高中介组织执业队伍的整体素质。通过促进我国地产金融市场中介组织健康发展，充分发挥其对地产市场发展"服务、沟通、公证、监督"的作用。

四、土地资产金融市场的金融工具

地产金融市场上的资金交易不同于一般商品交易，它是通过签订各种金融契约形式来进行交易的。这是由于资金供应者与资金需求者之间，必须借助某种手段通过市场而形成资金借贷关系，这种借贷关系最终必须变成书面形式并通过法定程序予以保证。

（一）地产金融市场的金融工具的含义

地产金融市场的金融工具是指可以在地产金融市场上同货币相交易的各种金融契约。如商业票据、地产金融债券、地产抵押贷款债券、地产开发企业和地产金融机构发行的股票等。金融市场的金融工具也称信用工具，其发行与流通，实现了资金交易，对出售者或发行者，它是一种债务；对于购买者和持有者，它是债权、是资产。没有金融工具作为媒介，金融市场就没有交易的对象，也就无法运转。随着金融市场的发展和完善，金融工具的种类和形式也越来越多。

（二）地产金融市场的金融工具分类

地产金融市场中的金融工具主要有两大类：一类是一般金融市场中共有的，如股票、债券、票据等；另一类是地产金融市场特有的，如地产抵押债券、地产金融债券等。

第八章 土地资产金融管理

1. 地产债券

地产债券是土地债务人交给土地债权人约期索还债款权利的表明债权债务关系的凭证。

有关金融机构和开发企业等发行地产债券，目的是筹集地产开发建设资金。发行地产债券的方式有多种，一种是政府提供保证，由银行发行的地产债券，包括市政债券和地价指数债券；另一种是由开发商或金融机构发行的，以地产抵押权为担保的地产抵押债券。

(1) 市政债券

市政债券是一种承担还款责任的债务凭证，债务的条件、债券的票面价格、债务期限和利息等都在债券上一一载明。按照还款方式和筹款目的，市政债券可以分为总义务债券和收入债券。总义务债券是一种最常见的市政债券，它的资信级别最高但收益率最低，由政府的税收作担保；收入债券则是以某项工程所得的税收、收入或租金等收益作担保，并还本付息。短期市政债券的最初发行期或投资者的投资期在3年以下，长期市政债券则在3年以上。

(2) 地价指数债券

地价指数债券是一种还债金额和地价连动的债券。购买土地机构与土地产权人缔结购买契约后，将购买土地的资金交给专门管理机构，并接受等额的"地价指数债券"。购买土地的机构不付现金，而是把接受的等额地价指数债券交给土地产权人，以此购入土地产权。地价指数债券的持有者可随时要求管理机构偿付现金，但不支付利息，从管理机构那里接受了地价指数债券的土地购入者，一般是为公共目的而购买土地的国家或地方公共团体。债券的面额即为土地交易额，但偿还金额则根据地价而变化。

(3) 地产抵押债券

地产抵押债券是由开发商或金融机构以抵押地产的抵押权作为抵押品发行，并由信托机构充当委托人控制着抵押品的债券。抵押债券到期，若发行单位不能清偿债务，经法院裁决后，由受托人将抵押品转交债权人或拍卖后抵债。

抵押债券与由国家提供担保的债券相比，易于做到信贷平衡。首先，抵押债券的发行以金融机构提供的二级抵押贷款额为基础，其发行量是有限的，而由国家提供担保发行的债券则缺乏这种基础，其发行量可以是无限的；其次，由于抵押债券是在金融机构提供一级抵押贷款后发行的，具有事后性的特点，其主要目的是为了增加资金的流动性，而由国家提供担保所发行的债券，因不存在一级抵押，且在提供贷款之前发行，具有事前性的特点，其目的是为了筹集资金。因此，采用抵押债券的发行办法，易于做到信贷平衡，而采用由国家提供保证发行债券的办法，则易引起信用货币供应量增加，导致信贷膨胀。

2. 地产股票

地产开发企业通过发行地产股票，实现融资的社会化，能有效地为地产企业筹集巨额货币资金，改善依靠银行贷款的单一融资结构，减少融资风险。发行股票融资具有负担较轻、资金使用时间长、筹资风险较小、资金使用灵活、企业经营灵活性增强等优点。

3. 地产抵押贷款

地产抵押贷款是指借款人以自己拥有的地产作为归还借款的保证物抵押而从地产金融

机构取得的贷款。在我国土地实行公有制，地产抵押贷款是土地使用权抵押贷款，是指土地使用权人作为债务人（抵押人），在法律许可的范围内不转移土地的占有，而将其土地使用权作为债权的担保，在债务人不履行债务时，债权人（抵押权人）有权依法将该土地使用权变价并从所得价款中优先受偿的法律行为。这类贷款投放是当发展商购得一定年限的土地使用权后，进行土地开发和各类物业建设时，因资金不足向银行申请贷款。申请这类贷款，一般要求达到下列条件。一是开发商有不少于10%~30%的自有资金；二是提供抵押或担保，一般以土地使用权为抵押；三是土地使用权连同地上建筑物及其附属物一同抵押。

4. 土地开发基金存款

政府出让土地使用权所得的收入，作为土地开发基金存入银行，专款专用。

第三节 土地资产金融市场体系的构建和运行

一、土地资产金融市场的分类

1. 按市场层次的不同，地产金融市场可分为一级市场和二级市场

(1) 地产金融一级市场

一级市场也称初级市场，是地产资金初始的交易市场，是与地产开发经营相联系的首次货币资金的融通市场，是地产金融市场的基础部分，主要包括金融机构对地产资金需求者的各种信贷业务、地产证券的发行交易以及上述信贷和证券业务的附属的金融业务，如政府机构、信托机构和保险机构等对地产信贷和证券发行的保证、保险和信托等交易活动。地产信贷资金运用主要是各项贷款、委托贷款，购买债券、缴存存款准备金、上缴利税等。为降低信贷风险，地产金融一级市场一般以抵押方式作为通常采用的信贷方式。除此以外，发行地产证券也是一级市场常使用的信贷金融工具，主要用于政府。

(2) 地产金融二级市场

二级市场是地产信用的再交易、再流通市场，是地产金融市场的核心部分。二级市场是为适应地产信用资金的流动性，均衡各金融机构的存贷结构而产生的。通常为区域性市场，主要为地产证券交易。在初级市场上，金融机构贷放出大量资金，为了满足新的资金需求者的要求，金融机构往往会对原有的地产信用进行再交易，把原来作为抵押的地产或债券售卖出去，取得资金，再向资金需求者放贷。对于地产股票、债券的投资者来说，二级市场是他们出售地产股票、债券的场所，可满足他们对资金流动性的需要。二级市场上，大部分交易是在银行之间进行的。

2. 按业务种类分为地产抵押贷款市场、地产资金拆借市场、地产债券市场、地产信托市场

(1) 地产抵押贷款市场

地产抵押贷款是银行或其他金融机构以借款人提供地产作为还款的物质保证的抵押贷款。它是地产信贷业务的主要形式，在融资业务中占据了重要地位。地产抵押贷款市场是

指通过地产抵押贷款进行地产开发经营所需资金的资金融通而产生的交易活动关系的总和。

(2) 地产资金拆借市场

资金拆借是银行或其他金融机构之间在经营过程中相互调剂头寸资金的信用活动。这是一种临时调剂性借贷业务，是缺头寸的向多头寸的银行或其他金融机构拆借资金。拆借期限一般很短，有的只需要一二天。地产资金拆借市场是指通过资金拆借进行地产开发经营所需资金的资金融通而产生的交易活动关系的总和。

(3) 地产债券市场

地产债券市场是指通过发行地产债券进行地产开发经营所需资金的资金融通而产生的交易活动关系的总和。

(4) 地产信托市场

地产信托是指地产所有者基于对金融机构的信任，将该地产委托给信托公司，委托其代理运用与管理地产的经济行为。

二、土地资产金融市场运行

(一) 地产金融一级市场的运行

地产金融一级市场是与地产开发经营相联系的首次货币资金的融通市场，市场中的主要活动是地产抵押贷款、发行地产金融股票或债券等筹集资金用于地产的开发与经营。目前我国地产金融一级市场中的主要活动是土地使用权抵押贷款，即土地使用权人作为债务人（抵押人），在法律许可的范围内不转移土地的占有，而将其土地使用权作为债权的担保，在债务人不履行债务时，债权人（抵押权人）有权依法将该土地使用权变价并从所得价款中优先受偿的法律行为。

(二) 地产金融二级市场的运行

地产金融二级市场是地产信用的再交易、再流通市场。主要活动是在地产金融一级市场上金融机构取得的地产抵押债权，在二级市场上金融机构以此作担保向社会发行抵押证券，或者在地产金融一级市场上投资者购买地产股票、债券在二级市场上的再流通再交易。二级市场作为一级市场与投资者之间的桥梁，提高了抵押贷款的流动性和灵活性；同时，通过发行证券，又把资本市场的资金引入了抵押贷款市场，广泛吸收社会闲散资金，从而扩大了一级市场的资金供给。地产抵押贷款证券化的程序如下。

1. 银行出售抵押贷款

由于类似"抵押贷款证券公司"的中介组织在发行销售抵押贷款证券方面具有明显的优势，银行可以将土地使用权抵押贷款出售给中介组织并由其发行贷款证券。银行出售抵押贷款是一种债权的卖断，只要银行贷款合同合法有效，且出售土地使用权抵押贷款时不存在欺诈行为，则抵押贷款证券公司等中介组织买入贷款后，将承担一切风险，并同时享受其收益。

2. 中介组织发行抵押债券

中介组织为了能源源不断的购买新抵押贷款，必须有充分的资金支持，其资金来源主要是向投资者发行抵押贷款证券。通过发行抵押贷款证券获得资金融通，尽快收回投资。

3. 抵押证券的交易

投资者购买了地产抵押贷款证券后，可以在证券市场进行证券的再交易。

三、我国土地资产金融市场存在的问题

1. 地产金融市场发展滞后，融资渠道单一

我国地产金融市场发展滞后于房地产业发展、住房制度改革发展，资金来源渠道单一，主要是银行金融没有充分利用社会资金和外资，使房地产企业超过70%的资金来自银行。国际成熟的房地产业，开发商的主要资金来源不是银行信贷，也不是上市发行股票，而主要是通过债券、房地产基金和互助会等形式来自行筹资。只有金融市场发展，房地产业的资金市场开放了，形成良性循环，才能减少银行的信贷风险。

2. 地产抵押贷款市场缺乏二级市场，抵押贷款风险大

一个完整的地产抵押贷款市场包括地产抵押贷款一级市场和地产抵押贷款二级市场。地产抵押贷款一级市场是指地产开发商以地产作抵押向金融机构申请贷款，银行对其进行严格审查后发放贷款的市场；地产抵押贷款二级市场即地产抵押债权转让市场，是指金融机构将地产贷款转售给其他投资者，或者以抵押贷款为担保，发行抵押贷款证券的市场。

抵押贷款一级市场涉及银行的安全性、营利性和流动性。一是银行贷给抵押人的资金是银行对储蓄者的负债。储蓄期限一般较短，而抵押贷款的还款期限较长，银行长期资产与短期负债不匹配，就不能化解未来不确定性带来的风险；二是资产的流动性和期限呈反方向变动，期限越长，流动性越低，地产抵押贷款本身的特性决定了其流动性较差，因此目前各银行都严格限制贷款期限。为了解决银行资产、负债之间的矛盾，增强地产抵押贷款的流动性，应努力推动地产抵押贷款证券化，发展地产抵押贷款二级市场。

地产抵押贷款二级市场可分为证券化市场和非证券化市场两部分。地产抵押贷款证券化即抵押债权证券化，是地产证券化的一种，它是指地产抵押贷款机构将其所持有的抵押债权汇集重组为抵押组群，经过政府机构或私人机构的担保和信用加强，以证券的形式出售给投资者的融资过程，由此而形成的资金流通市场，称抵押贷款二级市场。非证券化市场是指由投资者直接买断地产抵押贷款，从而实现相关债权主体的直接转换。

目前我国地产抵押贷款市场主要是地产抵押一级市场，地产抵押二级市场不完善，今后应促进地产抵押二级市场的发展，促进地产抵押贷款的流动，降低银行的贷款风险。

四、完善地产金融市场的措施

1. 培育和完善地产市场

地产市场是地产金融市场的基础，为了完善地产金融市场，必须加大土地使用制度改革力度。我国城市土地长期无偿无期限使用制度，致使大量城市土地资产流动不起来。随着土地使用制度的改革，今后对新增城市建设用地，应尽量采用招标、拍卖、挂牌出让方

式，以提高土地市场化水平。对因旧城改造或房屋买卖涉及的用途和使用者改变的土地，应通过补交出让金的方式，纳入土地使用权转让市场，对于企业改制中涉及的土地资产，尽可能采用出让、租赁、作价出资（入股）等有偿使用方式处置，使土地资产成为可流通的资产。

2．建立严格的地产金融市场管理体制

地产金融市场是现代市场经济的重要组成部分，对地产金融市场的管理，必须有一套严格的管理制度。首先，应建立完善的产权管理制度。由于地产金融涉及多方面的权益，包括土地所有者、使用者及他项权利人的权益，难免产生各种权属纠纷，因此必须制定一系列的措施，进行产权登记、发放土地使用权证书和他项权利证书，明晰产权，以防各种侵权行为，保证各方的合法权益。其次，切实保障抵押权的实现。

3．创新地产金融市场的金融工具，拓宽地产融资渠道

在现有的筹资体制下，地产业所需资金，主要是依靠一般的银行贷款，其他筹资形式很少，因此很难满足地产业的发展需要。地产开发经营企业除了向银行贷款外，应积极开辟筹资渠道，如选择一部分资金实力雄厚、开发经营管理好的地产公司向社会公开发行证券筹集资金，有条件的可以考虑向海外募股，或发行债券。作为地产融资机构，也应扩大资金来源，如争取向社会和企业发行地产债券，借助多种融资工具和渠道，提供长期稳定的资金，既有利于进一步发展证券市场，又可丰富市民的投资方式。

4．金融机构加强风险防范

以地产抵押贷款为例，为使一级市场良性运行，金融机构为了提高抵押贷款质量，应加强对抵押贷款申请人的资格审查及对抵押物的抵押可能性进行确认，同时建立风险防范机制。因此，应建立健全土地使用权抵押估价、登记、拍卖处置等机构，专门负责抵押物的估价、抵押权登记及抵押物的处置事务。同时，为了降低风险，应建立一种政府监控、全社会参与、有保障基础的抵押贷款风险担保系统。如增加抵押加保险业务，除现有的财产保险外，增加借款人不能履约的保险，当借款人因不可抗的坏账等因素不能如期偿还贷款时，保险保证机构负连带责任，由保证人负责偿还保险或由承保人按承保金额偿还银行的贷款损失。

5．大力发展地产金融二级市场，促进地产抵押贷款证券化

地产抵押贷款证券化实际上等于把不能分割的地产变成可分割的财产，把不可移动的地产转化为可流通转让的有价证券。一方面为一般投资者提供了共享地产开发和经营收益的机会，另一方面通过把社会短期货币资金转化为长期稳定的资本金，也有利于社会的投资渠道以及地产抵押贷款的运作和退出。

第四节　地产证券化

长期以来，我国地产开发一直面临资金短缺的局面，金融业的介入给地产市场带来了生机。然而，由于地产具有不可移动性、不可分割性、价值量大等特点，使得地产投资容易造成投资风险的过度集中，而地产证券化将不动产转化为动产，为众多的小额投资者开

拓新的融资渠道，分享投资地产利润的同时，又分散了地产巨额投资的风险。地产的证券化作为一种国际性趋势，在一些国家已有较大发展，并正在成为全球的金融业务。

一、地产证券化的含义

证券化是一个含义甚广的概念，凡是通过在金融市场上发行证券来筹资的行为都可以归于证券化之列。同时，证券化又是一个不断创新的过程，与初级证券化即直接证券融资不同的资产证券化近30年来越来越为多方面所关注。一般地说，它指的是通过不能立即变现，但却能有稳定的预期收益的资产进行重组，将其转换成可以公开买卖的证券的过程，这是证券化的高级阶段。现今资产支持证券化资产的标已高度多样化：住房按揭贷款的还款、信用卡应收款、汽车游艇贷款的还款、保险公司的未来保费收入、计算机和其他产品的租赁费用、音乐家版权、电视传播权等知识产权带来的未来收益、足球队的未来门票收入、市政工程项目（如路、桥）的未来收入等，凡是未来可以产生稳定的较大量现金收入流的资产均属此列，地产包括房地产无疑被包括在内。

地产证券化是将对地产的投资以证券投资的形式表现，从而使投资者与投资标的物之间的物权关系，转化为债权性质的有价证券形式。通过地产证券化，使地产价值由固定资本形式转化为具有流动性的资本化证券，将不动产转化为动产，以证券的流动实现和促进产权流动，使小额投资者可以通过购买金融机构的证券间接投资于地产。

地产证券化有广义和狭义之分。狭义的地产证券化是专指贷出机构将其拥有的不动产贷款债权转化为可转让的有价证券并出售给投资者，从而在资本市场融通资金的过程。这一意义的地产证券化可以成为地产抵押债权证券化、地产资产证券化。广义的地产证券化是指将不动产的价值由固定的资本形态转化为具有流动功能的证券形式，使投资者与投资标的物之间的物权关系转变为拥有有价证券的债权关系。广义的地产证券化是地产证券化的一般含义，它除指狭义上的地产证券化外，还包括房地产企业的债权、股票、土地信托、不动产所有权证券、受益凭证、共同投资基金等。这后一层次的含义又被称为房地产项目融资证券化、房地产投资权益证券化、商业不动产证券化等。

二、地产证券化的动因

地产证券化是地产融资手段的创新，是随着全球房地产金融业的发展而衍生出来的。资产证券化源于20世纪70年代美国的住房抵押证券，随后证券化技术被广泛应用于抵押债权以外的非抵押债权资产，并于20世纪80年代在欧美市场获得蓬勃发展。20世纪90年代起，资产证券化开始出现在亚洲市场上，特别是东南亚金融危机爆发以后，在一些亚洲国家得到迅速发展。资产证券化（包括不良资产证券化和房地产证券化）是近30年来世界金融领域最重大和发展最快的金融创新和金融工具，是衍生证券技术和金融工程技术相结合的产物。

20世纪70年代以来，西方国家金融业发生了重大变化，一直占据金融业主导地位的银行业面临挑战，而证券化却在竞争中得到了迅速的发展，成了国际金融创新的三大主要趋势之一。在金融证券化的浪潮中，房地产抵押债权的证券化成了金融银行业实践结构变化和新的国际金融工具创新的主要内容之一。据美国联邦储备银行的统计显示：1974年，

第八章 土地资产金融管理

美国的银行占金融业务资产的55%,而共同基金、养老基金、金融公司、证券公司等占有其余额的45%,据金融业的次要地位。而到了1989年,在美国的10万亿美元的金融资产中,前者所占比重下降到了34%,后者所占比重上升到60%,逐步占据了金融业的主导地位。美国证券化的资产主要是房产抵押贷款、信用卡放款和汽车放款三种,其中,美国住宅抵押贷款证券化占住宅抵押贷款的比重,已由1981年的15%上升到了1985年的50%,到1987年末,美国住宅抵押债券余额已达到21795亿美元,占全国负债市场的1/4,1979—1989年的10年间,政府抵押信贷协会、联邦抵押信贷社和联邦住房抵押信贷公司的抵押贷款证券从不足1000亿美元增长到了10000亿美元,占全部抵押信贷规模的35%左右。这些数据都表明了房地产证券化迅速发展的趋势。

地产证券化之所以能成为金融证券化的重要内容,并成为金融和地产结合发展的重要方式,主要由于以下几方面的原因。

1. 地产抵押贷款易于实现证券化

并非所有的资产都适宜证券化。一种资产是否实现证券化,主要取决于证券化的成本与收益的关系。而决定一种资产证券化成本高低的关键因素是这种资产的信用、还款条件及期限等方面的情况。信用特征简单、还款条件明确、期限相对较长的资产,证券化时评估费用低,资产证券担保者的担保费用也较低,因此成本较低,易于证券化。地产抵押贷款信用担保性强、还款条件明确、期限相对较长,是易于证券化资产的典型。

2. 地产证券化是银行调整资产负债结构、资本结构以及顺应资本管制的需要

由于地产金融的特殊性,其信贷业务存在资金来源的短期性与资本运用的长期性之间的矛盾。金融机构的负债基本上储蓄存款,最长的也只有几年,而其抵押贷款资产大都在15年乃至20年以上,为了解决资产与负债期限结构上不协调的矛盾,银行只有开展地产证券化业务,通过地产证券化买卖,使银行的长期债权得以流动。

3. 地产证券化是银行适应强烈竞争的需要

20世纪80年代以来,在金融自由化、全球化的热潮中,许多非银行金融机构不断推陈出新,开发了许多完善的现金管理服务项目,从而使公众在银行的存款流向收益率和流动性更有吸引力的其他金融资产和有价证券。严酷的现实迫使银行寻求一种成本较低又稳定的资金来源,资产证券化则正好顺应了这一要求,它使银行的资金运用转变为资金来源,从而在与非银行金融机构的竞争中保有一席之地。

4. 地产证券化有利于减少投资风险,带动金融工具的创新

由于地产具有不可移动性,不可分割性及价值量大等特点,使得地产投资容易造成投资风险的过度集中,而地产的证券化可将巨额价值进行分割,并转化为可转让的有价证券出售给投资者,从而分散投资风险。同时,地产证券化作为地产融资手段的一种创新,通过证券形式将地产市场与资本市场联系起来,对于积累社会闲散资金,引导个人储蓄向地产投资,促进资本流动,实现资源的合理配置具有深远的意义。另外,地产证券化的推行,将促进地产市场与金融市场在高层次的有机结合,实现资本大众化,投资专业化与产权股份化。

三、我国地产证券化的发展现状

地产证券化是当代经济、金融证券化的典型代表，是一国经济发展到较高阶段的必然趋势。在金融证券化浪潮中，房地产证券化成了金融银行业实践结构变化和新的国际金融工具创新的主要内容之一。从我国经济发展来看，地产证券化的发展是必然的选择。我国地产融资证券化的发展经历了一个多种形式、从不够规范到逐渐成熟的过程。我国地产证券化在房地产金融创新与产权流动的大背景下开始萌芽，这种萌芽状态最初是从房地产融资领域开始的，在房地产销售领域得以创新，随后又发展到广泛意义上的以土地开发为主的收益证券化，我国目前对于地产证券化还处于研讨和摸索阶段。

1. 地产抵押债权证券化的发展现状

地产证券化从银行金融机构的角度看，表现为金融机构出于单纯的融资目的，将其拥有的地产抵押权即债权分割成小单位的有价证券面向公众出售以筹集资金的方式。由此形成的资金流通市场，称为地产抵押二级市场。从我国目前的实际情况来看，抵押债权证券化的发展尚为一片空白。

2. 地产投资权益证券化的发展现状

我国改革开放以来，伴随着资本证券市场的不断形成和发育，地产投资权益证券化也得到了一定程度的发展，并成为我国当前地产证券化发展的主体格局。主要表现在以下两个方面。

（1）地产股票市场的发展

我国目前股票市场的上市公司中，几乎80%左右的企业，其从股票市场上发行股票筹集来的资金均有一部分流入房地产业。有条件的房地产企业，除了可以在深交所和上交所办理一定的手续上市外，还可以在 NET 和 STAQ 两个场外交易所系统上市。这都为房地产融资业务的进一步扩展创造了极为有利的条件。

（2）地产债券市场的发展

我国目前的债券市场上，为房地产开发而发行的债券已有两种：第一种是房地产投资券；第二种是受益债券。如农业银行宁波市信托投资公司于1991年1月20日向社会公开发行的"信托投资收益证券"，总额达1000万人民币，期限为10年。主要投资于房地产和工商业等项目。

四、我国实施地产证券化的可行性

（一）实施地产证券化的宏观环境日趋成熟

1. 国际上房地产证券化的成功经验

自从1930年美国政府二级抵押贷款市场开拓以来，各市场经济国家均推出了多样化且富有弹性的房地产证券化产品。发达国家成熟的经验对我国地产证券化的推行有着重要的借鉴意义。

2. 土地产权和房地产产权改革提供了前提条件

随着土地使用制度改革的不断深入，城市土地使用权出让转让市场形成并逐渐完善，

第八章 土地资产金融管理

地产的价值量在地产交易活动中显化出来，用地单位或居民逐步拥有了房地产产权，通过承租国有土地，补交土地出让金的方式拥有了土地使用权。同时，住房制度的改革使居民通过购买公有住房、微利房、商品房、自建、合建等方式逐步拥有了住房的所有权，为土地和房屋的抵押开辟了道路，也为房地产权益的分割提供了条件，为推广地产证券化做了积极的准备。

3. 快速发展的地产市场和金融市场是经济基础

从整个国家的宏观经济基础看，我国金融体制改革不断深化，经济运行状况良好，发展势头强劲。国民经济连续几年保持了7.5%以上的增长率，为地产证券化创造了一个稳定的宏观经济环境。2003年以来，我国房地产投资增速快速下降，但房地产投资额一直处于上升趋势，总体上呈现出与经济发展相对应的快速增长特征。同时，国家针对房地产金融领域的违规操作现象，自2001年以来连续出台了一系列促进金融市场健康发展的房地产金融政策，繁荣房地产市场和规范发展的金融市场为房地产证券化提供了经济基础。

（二）初步具备实施地产证券化的微观基础

1. 地产市场存在巨大资金缺口

1998年住房制度市场化改革以后，城镇居民长期被抑制的住房需求逐步释放，投资性的需求在增长。但从房地产市场供给上看，现在我国大多数开发企业不具备雄厚的开发资本，银行贷款、信托融资、发行企业债券、发行股票并上市、股权投资、产业基金等融资方式均有一定局限性，只有推行地产证券化，在金融市场上直接向社会大众融资，才能较好地解决房地产开发资金短缺的矛盾。地产证券化将不动产转化为动产，为众多的小额投资者开拓新的融资渠道，分享投资地产利润，有利于吸收更多的社会闲散资金，以解决地产开发经营的资金不足，因此，推行地产证券化成为一种必然。

2. 抵押贷款证券化业务基本成熟

抵押贷款是最容易进行证券化的优质资产之一，其原始债务人信用较高，资金流动性稳定，安全性高，各国的资产证券化无不起源于抵押贷款证券化。

3. 庞大的地产证券化投资需求群体

我国居民拥有大量储蓄，2005年3月末，我国人民币储蓄存款余额12.9万亿元，同比增长15.5%，这样一个拥有大量结余资金的群体，将为地产证券化及其上市创造一个必要的市场环境。首先，证券可以根据需要以一定的面额等额分割，可以用较小的数额表现，地产证券化的实施将大大降低资金进入的"门槛"。其次，地产证券不仅可以使投资者享受资金在地产领域运动所产生的增值回报，还在有价证券代表有关房地产产权（如持有房地产产权收益凭证）的情况下，这笔资金可以根据需要转化为房地产的实物消费。

4. 走向规范的资本和证券市场

以买卖发行各种债券和股票的资本市场在我国已形成基本框架，资本市场的发展不仅为地产证券提供了市场规模，也因资本市场证券品种丰富而使地产融资形式有多样化的选择。我国的证券市场也已初具规模，形成了以众多证券公司组成的证券发行市场和上海、深圳两地证券交易所、STAQ系统和NET系统为代表的证券交易市场，并且交易的容量

和辐射范围不断地扩大,硬件和软件均达到国际先进水平,这就为地产证券的交易提供了良好的发展空间。

（三）政府提供了实施地产证券化的推动力

证券化是一种市场行为,但也离不开政府的有力支持。在房地产证券化发展的初期,我国政府也极力推动住房抵押证券化的发展。例如,2005 年 3 月,由中国人民银行牵头,发展改革委、财政部、建设部、税务总局等十部门负责人共同组成了信贷资产证券化业务试点工作协调小组,在国务院直接领导下,具体组织和协调信贷资产证券化的试点工作,分析研究试点工作进展情况,讨论有关难点问题并商议解决方案。国家也制定了《城市房地产抵押管理办法》等规范地产抵押贷款,同时一些地方政府积极探索推动地产股票、债券发行,极大地推动了地产证券化的发展。

复习思考题

1. 简述土地资产金融的概念、作用和特点。
2. 简述土地资产金融市场的概念、分类。
3. 土地资产金融市场中的金融工具有哪些?
4. 简述我国土地资产金融市场存在的问题和完善的措施。
5. 简述地产金融机构如何加强地产金融风险防范。
6. 简述地产证券化的含义和动因。

强化练习题

一、填空题

1. 土地资产金融是以_____作为信用保证,通过各种_____而进行的资金筹集、融通、清算等金融活动。土地资产金融根据土地资产的用途不同,分为_____、_____。

2. 地产金融是有担保的金融,以_____为基础。

3. 通过制定相应的利率政策、贷款政策可以调控地产业的发展速度和规模。在地产开发投资规模过大时,可以相应地提高_____,严格_____等,减少信贷支持,适当控制地产过度开发,以保持地产业健康发展和良性循环。

4. 地产金融市场中的金融工具主要有_____、_____、_____、_____。

5. 地产金融市场中介包括_____、_____、_____、_____以及_____等。

6. 地产债券包括_____、_____、_____。

7. 按市场层次的不同,地产金融市场可分为_____和_____。

二、判断题

1. 地产金融资金额巨大,安全性较高,偿还期长,债权不安全。(　　)
2. 地产金融业业务成本低、收益较好。(　　)
3. 通过制定相应的利率政策、贷款政策可以调控地产业的发展速度和规模。在地产市场活跃，地产开发投资规模过大时，可以相应地降低贷款利率，放宽贷款条件等，增加信贷支持，以促进地产更快速的发展。（　　）

4. 地价指数债券的面额即为土地交易额，但偿还金额则根据地价而变化。地价指数债券的持有者可随时要求管理机构偿付现金并支付利息。（　　）

5. 抵押债券与由国家提供担保的债券相比，易于做到信贷平衡。（　　）

三、单选题

1. 地产金融资金额（　　），偿还周期（　　）。
   A. 巨大，短　　　B. 巨大，长　　　C. 较小，短　　　D. 较小，长

2. 地产抵押贷款要求地产开发商不少于（　　）的自有资金。
   A. 10%　　　B. 20%　　　C. 10～30%　　　D. 30%

3. 地价指数债券是一种还债金额和（　　）连动的债券。
   A. 土地评估价格　　　　　　　B. 地价
   C. 物价指数　　　　　　　　　D. 地价指数

4. 发行地产股票与发行地产债券相比，发行股票融资负担较轻、资金使用时间（　　）、筹资风险（　　）。
   A. 短、较大　　　B. 短、较小　　　C. 长、较大　　　D. 长、较小

四、多选题

1. 地产金融市场的主体有（　　）。
   A. 地产开发公司　　　　　　　B. 中央银行
   C. 金融机构　　　　　　　　　D. 个人投资者
   E. 政府部门

2. 地产金融市场中的金融工具有（　　）。
   A. 地产债券　　　　　　　　　B. 地产股票
   C. 地产抵押贷款　　　　　　　D. 土地出让金

3. 地产金融市场中介有（　　）。
   A. 抵押贷款保险机构　　　　　B.．地产经纪人
   C. 地产投资者　　　　　　　　D. 地产金融资信评估机构
   E. 证券公司

4. 下列哪些房地产可以抵押（　　）。
   A. 依法获得的出让土地使用权
   B. 耕地、宅基地、自留地、自留山等集体所有的土地使用权
   C. 权属有争议的房地产
   D. 未依法登记领取权属证书的房地产
   E. 依法获得的房屋所有权及其土地使用权

第九章 土地资产收益分配管理

内容提要

土地资产的权利及土地资产开发经营活动最终都要体现在土地的收益分配上,土地资产收益分配是否合理和健全,关系到土地权利主体及他项权利的经济利益,搞好土地资产收益分配管理具有重要意义。土地资产收益分配,是在科学界定土地资产收益的基础上,理顺收益分配关系,规范收益分配方式,促进资产投资良性循环的管理过程。

土地资产收益分配的形式有四种,一是城市土地所有者取得的土地资产收益——地租;二是国家凭借政治权力取得的土地资产收益——地税;三是政府凭借管理权力收取的土地资产收益——地费;四是城市土地经营者取得的土地资产收益——折旧和利息。

我国土地资产收益分配中存在国有土地收益分配主体分散、下移,收益流失问题严重;土地收益分配形式不规范,形式上存在偏差、错位;地方政府和官员的土地寻租欲望强烈,非规范的土地租费膨胀;土地税制度设计不当,税负结构不合理;土地收益分配缺乏刚性预算管理机制;政府应获得的土地收益流失严重等问题。必须采取有效措施进行规范。一是实行"三权分离"模式下的城市土地资产收益分配制度,合理分配中央和地方政府的土地资产收益;二是改革农村土地集体所有制,建立城乡统一的土地使用权转让市场;三是改革土地税费制度,建立宽税基、少税种、弹性税率,从严减免的统一土地税制;四是加快推进政府预算制度改革,强化政府土地收益分配的预算约束,严格预算收支管理;五是深化土地使用制度改革,加强政府对土地市场的宏观调控,防止土地资产收益流失。

税收是国家为了实现其职能,按照法律规定的标准,强制地、无偿地取得财政收入的一种手段。土地税收是国家凭借政治权力,以土地为课税对象无偿征收货币,而取得的财政收入。在国家现行税收体系中,涉及土地税收的课税项目主要有:土地增值税、耕地占用税、城镇土地使用税等。与土地税收相关的税种还有:房产税、契税、固定资产投资方向调节税、营业税、所得税和印花税等。

教学要求

了解:土地资产收益分配的原则、税收的概念、特征、职能、分类,土地相关税种。

熟悉:土地资产收益的概念,土地资产收益分配中存在的问题和规范措施,税收制度的构成要素,我国现行税制体系,土地税收的概念、特点、功能,土地增值税、耕地占用

第九章 土地资产收益分配管理

税、城镇土地使用税的概念及土地相关税种。

掌握：土地资产收益分配的概念、形式，土地增值税、耕地占用税、城镇土地使用税的计税依据、税率及优惠政策。

重点难点

1. 土地资产收益分配形式
2. 土地资产收益分配存在的问题及规范措施
3. 土地增值税、耕地占用税、城镇土地使用税的计税依据、税率及优惠政策

土地资产收益　土地资产收益分配　土地税收　耕地占用税
城镇土地使用税　土地增值税

第一节　土地资产收益分配制度概述

在社会主义市场经济条件下，土地作为重要的资产，各项土地权利都可以获取相应的收益。从理论上讲，土地收益分配体现的是地租关系，即各项土地权利在经济上的实现，因而本质上属于社会剩余价值的分配范畴。但是它对于生产乃至整个经济社会的发展，都有不可忽视的反作用，如国家通过收取土地税费等形式，集中一部分土地收益，使土地开发、基础设施建设和其他公共事业有稳定的资金来源，也可抑制土地投机。土地所有者或使用者通过出让或转让开发后的土地，可以得到一部分因投资而引起的土地级差收益，有助于调动各方在土地投资的积极性，使土地充分利用、减少闲置浪费。

土地资产的权利及土地资产开发经营活动最终都要体现在土地的收益分配上，土地资产收益分配是否合理和健全，关系到土地权利主体及他项权利的经济利益，土地资产收益分配制度的建立具有十分重要的实践意义。

一、土地资产收益分配的含义

（一）土地资产收益的含义

土地资产收益是指土地资产在开发经营和利用过程中所形成的全部价值量，是土地所有者和使用者利用其对土地资产的权利而获得的收益。土地所有者获得收益的前提条件是对土地的独占，剩余劳动或剩余产品的出现。土地所有者获得收益的形式有两种，一是土地所有者通过自己直接经营而获得收益；二是通过出让部分权利，从他人经营收益中获得部分收益。

（二）土地资产收益分配的含义

土地资产收益分配是在科学界定土地资产收益的基础上，理顺收益分配关系，规范收益分配方式，促进资产投资良性循环的管理过程。土地资产收益分配是国民收入分配的基

础和重要组成部分，是土地资产管理中的重要内容。保障其收益分配的公平性和合理性对于促进国民经济的可持续发展，实现土地的可持续利用具有重要的理论和现实意义。

二、土地资产收益分配的原则

1. 统筹兼顾与所有权收益优先的原则

统筹兼顾与所有权收益优先的原则是指在进行土地资产收益分配时，必须兼顾土地所有者、土地经营开发者和土地使用者等各方面的利益，同时优先实现土地所有者的经济收益。

2. 效率优先与兼顾公平原则

效率优先与兼顾公平原则是指在制定用地单位土地资产收益分配政策上，要把是否有利于优化土地资产配置，提高土地利用效率和促进国有土地不断增值放在首位。在此前提下，实现土地收益的公平分配。

3. 增加收益总量和规范收益分配方式原则

土地资产收益分配是以土地资产保值增值为基础的，只有提高土地利用效益水平，确保国有土地资产的保值增值，才能从根本上保证国家和土地使用者土地收益的实现。通过推进土地有偿使用制度改革和全面优化土地利用结构，实现地尽其用，来增加国有土地资产的收益总量，这是进行土地资产收益合理分配的一个前提条件；同时建立全国统一规范的土地收益分配方式应是实现国有土地资产收益公平合理分配的一个重要基础。

4. 收支有度与良性循环原则

土地是一种特殊的生产要素，可以反复利用，这就意味着在一定的地区和一定的期限内土地资产收益也是相对固定的。因此，从有利于国民经济稳步增长的角度，土地收益应成为一种持续稳定的收入，以充分发挥土地资产收益在促进当地社会经济发展中的作用。同时，国家土地收益和用地单位土地收益的分配要有利于不断提高土地资产收益水平，做到收支有度，形成一种国有土地资产不断增值增收的良性发展道路。

三、土地资产收益分配的形式

马克思在谈到国家权力时指出"在我们面前有两种权力：一种是财产权力，也就是所有者的权力；另一种是政治权力即国家的权力。"国家关于土地资产收益的实现主要依靠这两种权力。国家依靠其政治权力获得的土地上的收益称为"税"，它具有强制性、无偿性和固定性，而不体现任何对等的交换关系。财产权力，即所有者的权力，在我国是指城镇国有土地所有者的国家和农村土地所有者的集体的权力，这种权力在经济上的实现，即获得地租的权利。地租是土地所有权在经济上的实现。所以，土地所有者通过地租获得土地收益。我国城市土地属于国家所有，我们这里重点谈论城市土地的收益分配。

（一）城市土地所有者取得的土地资产收益——地租

马克思指出，地租是土地所有权在经济上的实现，在不同的社会中，土地所有权的社会形式不同，地租的性质和特点也不同，它所体现的生产关系也不同。资本主义地租是资

第九章 土地资产收益分配管理

本主义土地所有权在经济上的实现形式,而社会主义地租则是社会主义土地所有权在经济上的实现形式。社会主义与资本主义同是社会化大生产,所不同的只是土地所有权的具体形式不同。按照马克思的观点,资本主义有级差地租、绝对地租和垄断地租之分,社会主义也应该有级差地租、绝对地租和垄断地租之分。各种地租产生的原因和条件不相同,但无论是哪一种地租,都是土地所有权在经济上的实现,都应该归土地所有者所有。

在所有权与使用权相分离的前提下,土地所有权要在经济上实现,必须采取有偿使用的方式,这是形成地租的客观基础。在有偿使用土地的条件下,社会主义城市地租的产生成为可能。目前,我国地租的主要形式是土地使用权出让金或土地所有者收益。我国各城市公布的基准地价中规定了不同用途不同地段的出让金标准。

1. 所有权的实现形式——绝对地租

按照马克思的观点,由于土地所有权的垄断,土地所有者绝不会把土地白白地交给别人使用。农业资本家不管租用什么样的土地,都要向土地所有者缴纳一定数量的地租,这种地租就是绝对地租。可见,绝对地租产生的原因是资本主义农业中存在的土地所有权的垄断。在我国土地所有权的归属经历了一系列的变化。1949年以前,我国土地基本上实行的是私有制。从1949年到1982年,中央人民政府着力推行城市土地国有化政策,使我国城市土地所有权制度发生了根本性变化,最终形成了单一的城市土地国家所有制模式。这就是说,我国城市土地属于国家所有是早已明确了的。因此,在我国社会主义市场经济条件下,由于城市土地所有权属于国家,所有权与使用权相分离,所以任何以有偿方式取得城市土地使用权的经济主体都必须交纳绝对地租,绝对地租是国家对城市土地所有权在经济上的实现形式。也就是说,使用城市土地的使用者,必须向城市土地所有者(国家)支付绝对地租。

2. 经营管理权的实现形式——级差地租、垄断地租

按照马克思的观点,在资本主义农业中,农业资本家向土地所有者缴纳地租,面积相等、质量不同的土地,缴纳地租的数量是不同的。优等地要高于中等地,中等地要多于劣等地,地租是有级差性的。级差地租是由于耕种较好土地所获得的归土地所有者占有的超额利润。级差地租产生的原因是,农业中存在着土地的资本主义经营垄断。我国由于实行社会主义市场经济体制,级差地租作为地租存在的客观经济条件仍然存在。虽然我国实行城市土地国有,但不同的企业或单位以及居民还须以有偿方式从代表国家的所有者那里取得对土地的使用权,形成城市土地所有权和使用权的分离。城市土地,就其经营权垄断上讲,同农业用地一样,有不可再生性、经营的排他性。土地使用者一旦取得了对某块土地的使用权,就会形成对土地经营权的垄断。其中经营较好地段的土地就会取得超额利润,这部分超额利润也应作为级差地租上缴给土地的所有者。在城市中,级差地租也由于其形成条件不同而区分为两种。

(1) 级差地租 I

级差地租 I 是等量资本投在等量面积的各类土地上,由于土地的肥力和位置不同而形成的级差地租。城市中,土地的收益主要不是来自于土地的直接生产品,所以土地的肥沃程度不同不直接产生影响。在城市中,经营者的超额利润主要与土地的地理位置及土地上

的城市基础设施有关,从城市工业看,占有较好土地进行生产可以节省交通运输费用。运用较便利的城市基础设施,获得较多的级差收益;从城市商业看,占有较好的地段,可以实现较多的营业额,并且降低各项商业流通费用,实现较多的超额利润。这种超额利润,应该作为级差地租上缴给土地的所有者。

(2) 级差地租Ⅱ

级差地租Ⅱ是指由于对同一块土地连续追加等量投资而具有不同生产率所产生的。在资本主义农业中,对于较肥沃的土地,采用集约经营的方式,把大量资本连续投在同一块土地上,采用先进技术,可以提高单位面积产量。在城市土地上,连续追加投资,也可以取得超额利润,这种连续追加投资主要体现在土地上的高层建筑物上。在地理位置较好的地段追加投资形成高层建筑,可以给土地经营者带来超额利润,而在地理位置较差的地段修建高层建筑,则未必能给土地经营者带来超额利润。因此,这部分超额利润源自于经营者对土地经营权的垄断,应作为级差地租Ⅱ上缴给土地所有者。

(3) 垄断地租

马克思指出,除了级差地租和绝对地租两种基本的地租形式外,资本主义农业经营中还存在着垄断地租。所谓垄断地租,是由于某些地块具有特殊的自然条件,在这种地块上能够生产出特殊的产品,这些产品以垄断价格销售给经营者带来垄断利润,由垄断利润转化为垄断地租。马克思所说的垄断地租不仅在资本主义农业经营中存在,在社会主义城市中依然存在。城市垄断地租是由于在城市特别好的地段上经营,带来特别高的超额利润,产生特别高的经济效益的结果。这种大大超过其他地段的超额利润,是建筑在其上的建筑物取得了垄断价格的形态。也就是说,以有偿方式取得这个地段土地的使用权,必须从超额利润中取出相应的部分作为垄断地租上缴给土地所有者。

(二) 国家凭借政治权力取得的土地资产收益——地税

税收是国家凭借政治权力参与国民收入分配的主要形式。土地税收是国家以土地为课税对象,凭借政治权力参与国民收入分配所取得的一种财政收入。与地租相比,土地税收具有强制性、经常性和固定性等特征。改革开放以来,我国的土地税收基本上形成了土地使用权取得、保有、流转为主要环节的土地税收体系。目前我国对于土地资产征收的税主要有城镇土地使用税、耕地占用税、土地增值税、契税、营业税等。

(三) 政府凭借管理权力收取的土地资产收益——地费

地费是土地收益分配的一个重要组成部分。按照政府的收费管理部门的分类方法,土地费可分为三类:① 行政、事业性收费。即政府为弥补人员经费不足、筹集事业发展资金或强化土地管理的收费。如征地管理费、新菜地开发建设基金、土地闲置费等。② 服务性收费。如土地证书工本费、土地登记费、土地权属和用途变更费等。③ 资源性收费。如耕地开垦费、土地复垦费。

(四) 城市土地经营者取得的土地资产收益——折旧和利息

与城市土地的所有权和管理权同时存在的是土地的使用权。企事业单位经国家批准以有偿的方式拥有城市土地的使用权,可以依法进行土地使用权的出租或转让。取得土地使用权的经济主体,依法进行经营,获取平均利润。在经营过程中,根据自己的经营

第九章 土地资产收益分配管理

所需,在土地上进行投资。在经营年限内,土地资本的折旧费用以及利息都归土地使用者所有。

四、我国土地资产收益分配中存在的问题

1. 国有土地收益分配主体分散、下移,收益流失问题严重

我国《土地管理法》第二条第二款规定,全民所有即国家所有土地的所有权由国务院代表国家行使。国务院即中央政府是国有土地所有权的确切代表。《城镇土地使用权出让和转让暂行条例》规定国家以土地所有者的身份将土地使用权在一定年限内让与土地使用者,并由土地使用者向国家支付土地使用权出让金,土地使用权的出让,由市、县人民政府负责,地方政府成为国有土地的实际占有者。

在我国分税制财政体制中,国有土地有偿使用收入纳入地方的固定收入。《中共中央、国务院关于进一步加强土地管理切实保护耕地的通知》(1997中发11号)已明确将原建设用地的土地收益全部留给地方,1998年修订后的《土地管理法》规定新增建设用地的有偿使用费,中央政府与有关地方政府三七分成。在实际征收过程中,这种分成形式的收入尤其是应当上缴中央的部分受到地方截流和规避,征收部门过多地考虑地方利益,减免、缓缴、漏缴、欠缴以及少缴新增建设用地有偿使用费的问题相当严重。作为国有土地出让方式补充的国有土地租赁,其土地租金亦纳入当地国有土地有偿使用收入。鉴于出让收入和租赁收入占据国有土地收益的大头,形成事实上地方政府对国有土地收益的控制。在部门和地方利益的驱动下,国有土地收益分配向地方倾斜,土地收益流失严重。

2. 土地收益分配形式不规范,形式上存在偏差、错位

土地收益分配形式包括地价、地租、地费和地税,其中地价和地租是土地所有权在经济上的实现形式,归属土地所有者占有。地税和地费则体现政府作为社会管理者要合理配置土地资源、调节收入分配,为提供公共服务等筹措资金成本的要求。然而,在我国现实经济生活中,税费错位,本应属于土地管理成本的收费过多、过滥,以费挤税现象严重。如政府性基金中的土地复垦基金、新菜地开发基金、农业重点开发基金等都具有税的性质。因为其设立的依据一不是土地的经济价值,二不是土地的一般管理费用,都是从筹集财政收入、弥补经费不足的角度来收取,理应做为税收。再如土地闲置费本来就属于不当行为惩罚税,却以费的形式存在。而在性质上属于租或费的却收成税,表现比较突出的城镇土地使用税应当归属于租,也即现在的"年租";耕地占用税本来就是占用耕地的补偿费用也变成了税。在我国的政府土地收益中,地税仅是其中很小的一部分,税收构成预算内收入,由于中央政府与地方政府税权分布不均衡,地方缺乏税收立法权,难以根据本地特点、状况开征土地税,地方政府的土地收益更多地以各种费的形式取得。土地费的收取既无统一标准,也无法定程序和要求,制定收费的方法随意性很大,缺乏相应的法律责任。如对行政性收费、事业性收费、经营性收费没有区分征收的内涵,在地方、部门利益驱动下,收费名目繁多,数额急剧膨胀,城市土地相关的收费少至十几项,多至七十二项,正常的土地税收受到冲击,土地收益分配失衡,助长了土地过度开发,不利于土地资源的可持续利用。

3. 二元分割土地管理制度形成的利益级差，极大地诱发了地方政府和官员的土地寻租欲望，造成非规范的土地租费膨胀

在我国，城镇的土地所有权属于国家，农村农用土地所有权属于农村集体经济组织，城镇建设用地和农村土地之间不可以自由转化，两类土地的转化需要经过政府土地管理部门的审批，形成二元分割的土地管理制度。农用土地和城镇建设用地的使用价值和投资增值能力有明显的区别。农用土地直接作用于农业生产，作为弱质产业，农业投资的收益水平低于社会平均利润率；而城镇建设用地提供工商业的生产经营空间，满足城市基础设施建设和居民住宅等需求，具有强烈的聚集效应和投资增值潜力。不仅如此，农业用地还承载着农民的社会保障、劳动就业以及维护国家粮食安全等社会功能。虽然农业劳动力供给大大超过需求，但农民没有失业一说，只能称其为剩余劳动力。正是由于农用地对农村剩余劳动力的粘连效应，才不致于对城市就业造成更大压力。可以说，农村土地承担了更多具有外部性的社会功能负担，形成农用土地使用中过高的负外部成本，使得农用土地使用中内部成本大大高于城镇建设用地，必然导致城镇建设用地使用的内部收益大大高于农用土地，形成两类土地使用的利益极差。在土地转换审批权力分散的条件下，地方享有更大的土地收益控制权，各级地方政府都是各级地方利益的代表，全国劳动力市场的稳定和国家粮食安全都属于外部成本，可以转化给国家。这导致各级地方政府在追求地方发展的过程中，都有着极大地激励以扩大农用地向建设用地转化。同时，土地审批提供的利益攫取空间过大，极大地诱发了地方政府和官员的土地寻租欲望，造成非规范的土地租费膨胀，既加大了土地开发成本，也损害了国家和全社会的利益。

4. 土地税制度设计不当，税负结构不合理，有碍公平竞争和土地市场完善

我国的土地税制度已经形成了土地使用权的取得、保有、流转为主要环节的土地税体系。属于土地使用权取得税类的有耕地占用税，属于土地使用权保有税类的有城镇土地使用税、房产税，还包括原来的农业税；属于土地使用权流转税类的有土地增值税、契税、印花税、营业税、企业所得税、外商投资企业和外国企业所得税、个人所得税。

土地税制存在的问题有：一是税种体系不合理、税种过多、存在重复征税。如土地增值税与所得税都是对所得征税，土地增值税与营业税、契税均对转让土地使用权征税。二是税负结构不合理。表现在对土地使用权流转征税过多，征收过高，主要征收土地增值税、营业税、契税、印花税、所得税等，土地税在房地产税费占20％。土地保有期间税负偏低，主要有城镇土地使用税、房产税或城市房地产税，对于个人占用几乎不征税。同时内外资税收政策也不一致。现行税制对外资企业和外籍人员适用的仍是1951年颁布的《城市房地产税暂行条例》，对房产和土地只征一种房产税。对外资企业还有其他许多优惠政策。而对内资企业适用的是《房产税暂行条例》、《城镇土地使用税暂行条例》。税负结构不合理对土地市场的构建带来不利影响，重流转导致房地产业税种多、负担重，地方政府出于地产业谋利动机，与开发商、商业银行达成共识，制造趋涨的价格预期，加大开发成本，向消费者转嫁负担；轻保有又使得土地不能有效集约利用，由于内外资企业税负不一，不利于它们间的公平竞争。三是计税依据不合理、缺乏弹性机制。由于我国尚未建立

起房地产评估制度，使得房地产的占有、使用和转让交易等诸多方面计税依据难以合理确定。例如，对房产税和土地使用税均只能按静止价值计税，城镇土地使用税、耕地占用税按面积实行定额征税且定额标准几十年一贯制，滞后于经济增长和物价上涨水平，税收增长缺乏弹性。

5. 政府土地收益分配缺乏刚性预算管理机制

政府土地收益，除土地税纳入一般预算管理外，国有土地使用权出让收入要纳入政府基金预算，专项用于城市土地开发建设、耕地开发复垦等支出，实行专款专用；而大量的政府性土地收费等非规范收入并没有纳入预算体系，在预算之外运行，绝大部分掌握在地方政府手中。以基金预算为例，虽然纳入政府基金预算的政府土地有偿使用收入占绝对比重，如某市2003年实现政府土地收益4.3亿元，占财政总收入和基金预算总收入的27.32%和96.34%，土地有偿使用支出4.3亿元，占财政总支出和基金预算总支出的20.78%和94.75%。但支出中用于基本建设，下岗职工补助等非基金预算支出比例高达90%以上。支出违规违纪现象严重，国土部门征收的耕地开垦费、土地复垦费、土地闲置费等被挪用于部门经费上的现象也较普遍。没有纳入政府一般预算收支管理的土地出让金流失严重，主要表现为企业在改建过程中以减免土地出让金为条件，换取投资开发商的资金注入，直接导致财政收入流失。

6. 政府应获得的土地收益流失严重

第一，大量国有土地资产的无偿使用、土地隐形交易的活跃以及产权交易市场的不规范等也造成土地资产收益流失。第二，以招拍挂方式出让城市土地的比例不高，土地出让审批权违规下放造成违法批地用地，或是借用其他名义以协议用地为名，而行经营性开发之实，令政府应得的城市土地收益大量流失。第三，土地使用权转让中，土地用途发生变更的，补交的土地出让金低于变更土地用途应有的土地增值。同时，按照现有规定，开发商初次获得土地使用权后，如要变更土地用途，只需与原批准机关进行协议补交土地出让金即可，这种协议方式市场竞争低，补交的出让金远低于变更土地用途应有的土地增值。第四，原划拨国有土地发生转让时，只是一次性地与主管部分协商补交土地出让金，这与公开招标拍卖的价格相差甚远。

五、规范土地资产收益分配的措施

1. 实行"三权分离"模式下的城市土地资产收益分配制度，合理分配中央和地方政府的土地资产收益，保护土地资源可持续开发利用

中央和地方政府之间在土地收益上诸多问题的出现，很大程度上都在于二者对城市土地的权责不清，收入分配不明确。"三权分离"的模式，即将城市土地的所有权、使用权和管理权相分离。旨在明确各行为主体对城市土地的权利和责任，使土地的所有权、管理权和使用权既相互独立，又相互制约，中央政府（国家）凭借对土地的绝对所有权获得城市土地的绝对地租收入。地方人民政府依法代表国家行使土地经营管理权，一方面对城市

土地进行储备和开发，另一方面具体负责土地使用权的出让、转让、出租、抵押和终止等管理活动，通过有效的经营管理，使城市土地的级差收益不同，取得使用权的经济主体所支付的土地租金中与级差收益有关的级差地租和垄断地租归地方人民政府所有。各企事业单位以有偿方式可取得城市土地的使用权，在经营过程中，上缴各种地租之后的利润属城市土地使用者所有。

国有土地使用权有偿转让和集体农用地转非农用地，必须从有利于维护土地所有权经济利益出发，体现土地公有制性质和公共利益需求，保证中央政府在土地收益分配上的控制权，改变现行"大头在下"的收益格局。可将新增建设用地有偿使用费改为中央与地方五五分成，就地缴入中央国库，按中央与地方分享比例进行报解，实行先缴库，后批地；加大土地出让收入的征管力度，严格禁止地方政府随意减免应上缴中央的土地出让收入，赋予财政部派驻各地财政监察机构监督土地有偿使用费征收、使用的职权，中央支配的土地收益，应加大对中部粮食主产区的转移支付力度。

2. 改革农村土地集体所有制，建立城乡统一的土地使用权转让市场

二元分割的土地收益分配制度源于土地所有权公有制的两种形式。由于我国有关法律、法规的限定及产权制度上的缺陷，我国集体土地所有者在集体土地产权发生流转时，没有任何合法的名为地价的收入项目，在集体土地被征用转为国有时，集体土地所有者及其使用者得到的也仅仅是远低于市价的征地补偿费用，大部分土地收益在国有化过程中流向国家和私人。土地集体所有的属性已不能切实保护失地农民的合法权益，应该改革农村土地集体所有制，变集体所有为国家所有，向农村集体经济组织和农民支付一次性改制金，继续长期推行土地承包经营责任制。加快土地批租制度改革步伐，今后凡新增建设用地包括农用地转非农用地均要采取招标、拍卖方式进入土地产权市场交易，制定土地分区域的基准地价，为土地出让和批租提供收益分配的统一计算基础。

3. 改革土地税费制度，建立宽税基、少税种、弹性税率，从严减免的统一土地税制

统一土地税制的设计，一要体现对任何土地使用者使用土地这一稀缺资源普遍征税，合理配置土地资源；二要体现国家作为土地所有者对土地级差收益的调节，防止对土地的过度投机炒作。应将现行城镇土地使用税、耕地占用税、土地增值税合并，征收统一的土地使用税，将征（拨、使）用地管理费、城乡居民建房用地管理费、土地出让业务费、耕地开垦费、土地复垦费、土地闲置费等一并纳入土地使用税征收。统一后的土地使用税划为中央税，由各地国税局统一征收。全国范围内，凡使用土地均纳入征税范围，对农用土地、国防军事用地，社会福利事业用地以及城乡居民已居住房产用地等免税。改革当前土地使用税率中的固定税率为依照土地市场价格的累进税率（土地市场价格按土地管理部门进行动态评估的土地价格或由国税机关参照周边土地交易价格加权计算得出）。改外资企业和外籍人员交纳城市房地产税为与内资企业一样交纳房地产税和土地使用税。

4. 加快推进政府预算制度改革，强化政府土地收益分配的预算约束，严格预算收支管理

鉴于政府土地收益专项资金已经成为财政收入的一项重要收入来源，收入组织过程中人为因素造成的应收未收、拖欠等问题相当严重，支出违规使用比较普遍等问题，必须从

第九章　土地资产收益分配管理

完善政府预算制度、强化预算管理角度，规范政府土地收益分配。一是要把作为政府基金预算管理的土地有偿使用收支、新菜地开发基金收支等纳入政府一般预算统筹安排，按照全国性和区域性土地利用空间规划和城市规划分年度落实安排使用，加强各级人民代表大会和各级政府审计机关对土地收益分配的监督、检查，制止随意减免、缓缴、欠缴、少缴土地税费和出让金的行为。二是在政府一般预算的安排上，中央和地方两级政府都要加大支持农业土地开发，建设高标准基本农田，提高粮食综合生产能力的力度，还应该安排专项资金，支持农村社会保障制度的构建。

5. 深化土地使用制度改革，加强政府对土地市场的宏观调控，防止土地资产收益流失

随着我国社会主义市场经济的确立，土地无偿使用制度本应该退出历史的舞台，但国家出于一些特殊领域用地的考虑，仍在一定范围保留了划拨供地方式。加之《土地管理法》中对"法律、行政法规规定的其他用地"也可以实行行政划拨这一条，使划拨用地外延有所扩大，因此必须大力缩小，严格控制、逐步取消划拨用地供地范围。严格执行关于"经营性用地一律实行招标、拍卖、挂牌出让方式"的法律法规，限制协议出让土地的范围。同时，加强政府对土地市场的宏观调控，维护正常的土地交易市场秩序，从而避免因土地投机和非法交易行为造成的国有土地资产的大量流失，促进土地资源合理有效地利用。合理评估土地价格，避免土地用途变更和划拨土地使用权转让时补交的出让金过低造成的土地增值收益流失。

第二节　税收制度概述

一、税收基本理论

（一）税收的概念

税收是国家为了实现其职能，按照法律规定的标准，强制地、无偿地取得财政收入的一种手段；它是国家参与国民收入分配和再分配的一种方式。其本质是国家凭借政治权力，按照法律规定程序和标准，无偿地取得财政收入的一种手段。税收在不同的历史时期，在各种不同的国家里，都普遍存在，并且在国家财政收入中占有重要地位。

税收是国家的经济基础。国家为了维持其正常活动，行使专政和管理经济的职能，需要耗费大量的物质资料，国家必须采取一定的方式来取得财政收入。国家取得财政收入的形式虽然多种多样，但税收是国家一种重要的财政收入，是由税收的自身特点决定的。

（二）税收的特征

税收的本质决定了它具有强制性、无偿性和固定性的特征。

1. 无偿性

税收的无偿性是指国家征税以后，其收入就成为国家所有，不再直接归还给纳税人，也不支付任何报酬。从税收的产生来看，国家为了行使其职能，需要大量的物质资料，而国家机器本身又不进行物质资料的生产，不能创造物质财富，只能通过征税来取得财政收

入，以保证国家机器的正常运转。这种支出只能是无偿的，国家拿不出任何东西来偿还公民交纳的税收。税收的无偿性，使得国家可以把分散的资金集中起来统一安排使用。

2. 强制性

税收强制性是指国家依据法律征税，而并非一种自愿交纳，纳税人必须依法纳税，否则就要受到法律的制裁。国家征税的方式之所以是强制的，就是由于税收的无偿性这种特殊分配形式决定的。国家征税就必须要发生社会产品所有权或支配权的单方面转移，国家得到这部分社会产品的所有权，纳税人失去了对这部分社会产品的所有权。特别是这种所有权或支配权的单方面的转移又是无偿的，国家征税以后，既不向纳税人支付任何报酬，也不直接归还纳税人，所以这一切就决定了国家征税只能凭借政治权力，把分散在不同所有者手里的一部分社会产品无偿集中起来，满足国家行使职能的需要。具体看来，国家是通过法律规定，依靠法律的强制作用来征税。法律是由国家机关制定或认可，并用国家权力保证执行的一种行为规则。税收的强制性表现为国家征收的直接依据是政治权力而不是生产资料的直接所有权，国家征税是按照国家意志依据法律来征收，而不是按照纳税人的意志自愿交纳。

3. 固定性

税收的固定性是指国家征税以法律形式预先规定征税范围和征收比例，便于征税双方共同遵守。这种固定性主要表现在国家通过法律，把对什么征税，对谁征和征多少，在征税之前就固定下来。税收的固定性既包括时间上的连续性，又包括征收比例的限度性。国家通过制定法律来征税，法律的特点是，一经制定就要保持它的相对稳定性，不能"朝令夕改"。国家通过法律形式，规定了征收范围和比例，在一定时期内相对稳定，纳税人就要依法履行纳税义务。

税收的固定性是国家财政收入的需要。国家的存在，国家机器的正常运转以及国家行使其职能，对于财政收入的需要是固定的，必须有稳定可靠的收入来源。国家财政需要这种固定性，必然要求国家取得财政收入的重要工具——税收也必须具有固定性的特征。国家依据法律征税，连续地、经常地取得财政收入，满足国家行使职能的需要。

税收的"三性"，如同税收本身一样，随着国家的产生而产生，由税收这种凭借国家政治权力征收的特殊分配形式而决定，它作为税收本身所固有的特性，是客观存在，不以人们意志为转移的。无偿性是税收这种特殊分配手段的本质体现，国家财政支出采取无偿拨付的特点，要求税收必须采取无偿征收的原则。征税的无偿性，必然要求征税方式的强制性。强制性是无偿性和固定性得以实现的保证。国家财政的固定需要，决定于税收必须具有固定性特征，税收的固定性也是强制性的必然结果。税收的三个特征相互依存，缺一不可。

(三) 税收的职能

税收职能是指税收所具有的内在功能，税收作用则是税收职能在一定条件下的具体体现。税收的职能作用主要表现在三个方面。

第九章 土地资产收益分配管理

1. 税收是财政收入的主要来源

组织财政收入是税收的基本职能。税收具有强制性、无偿性、固定性的特点，筹集财政收入稳定可靠。税收的这种特点，使其成为世界各国政府组织财政收入的基本形式。目前，我国税收收入已占国家财政收入的90%以上。

2. 税收是调控经济运行的重要手段

经济决定税收，税收反作用于经济。这既反映了经济是税收的来源，也体现了税收对经济的调控作用。税收作为经济杠杆，通过增税与减免税等手段来影响社会成员的经济利益，引导企业、个人的经济行为，对资源配置和社会经济发展产生影响，从而达到调控宏观经济运行的目的。政府运用税收手段，既可以调节宏观经济总量，也可以调节经济结构。

3. 税收是调节收入分配的重要工具

从总体来说，税收作为国家参与国民收入分配最主要、最规范的形式，规范政府、企业和个人之间的分配关系。从不同税种的功能来看，在分配领域发挥着不同的作用。如个人所得税实行超额累进税率，具有高收入者适用高税率、低收入者适用低税率或不征税的特点，有助于调节个人收入分配，促进社会公平。消费税对特定的消费品征税，能达到调节收入分配和引导消费的目的。

4. 税收还具有监督经济活动的作用

税收涉及社会生产、流通、分配、消费各个领域，能够综合反映国家经济运行的质量和效率。既可以通过税收收入的增减及税源的变化，及时掌握宏观经济的发展变化趋势，也可以在税收征管活动中了解微观经济状况，发现并纠正纳税人在生产经营及财务管理中存在的问题，从而促进国民经济持续健康发展。

（四）税收的分类

税法体系中按各税法的立法目的、征税对象、权限划分、适用范围、职能作用的不同，可分为不同的类别。

1. 按税赋能否转嫁分类

（1）直接税：由纳税人直接负担的税种，如所得税、财产税。

（2）间接税：纳税人能将税赋转嫁他人负担的税种，如流转税（消费税、增值税等）。

2. 按课税对象性质分类

（1）流转税：以商品或劳务买卖的流转额为课税对象课征的各种税，如增值税、消费税、营业税等。其特点是与商品生产、流通、消费有密切关系。

（2）所得税：以纳税人的所得额为课税对象课征的各种税，如企业所得税、个人所得税。其特点是可以调节纳税人收入，发挥其公平税负调整分配关系的作用。

（3）行为税：以纳税人所发生的某种行为为课税对象课征的各种税，如印花税、车船使用税等。

（4）财产税：以纳税人拥有或支配的财产为课税对象课征的各种税，如房产税等。

（5）资源税：是指对因开发和利用自然资源差异而形成级差收入所征收的一种税，如资源税、城镇土地使用税。

（6）特定目的税：是指为了达到特定目的，对特定对象和特定行为征收的一种税，如土地增值税、车辆购置税、耕地占用税等。

（7）关税：主要对进出我国国境的货物和行为征收。

3. 按税收收入的归属分类

（1）中央税：税收收入归中央一级政府的税种，如消费税。

（2）地方税：税收收入归地方各级政府的税种，如营业税。

（3）中央和地方共享税：该种税收的收入由中央和地方按一定的比例分成，如增值税。

4. 按税收与价格的关系分类

（1）价内税：将税收作为价格组成部分的税种，计税依据是含税价格。

（2）价外税：将税收作为价格外加部分的税种，计税依据是不含税价格。

5. 按税收计量标准分类

（1）从价税：以课税对象的价格为依据而计算征收的税种。

（2）从量税：以课税对象的数量、重量、容量、面积或体积等为依据而计算征收的税种。

6. 按现行预算科目和统计口径分类

（1）定率税：国家事先规定好课税对象的固定税率，然后依税计征的税种。

（2）配赋税：也称摊派税，国家事先规定一个应征税收总额，然后依一定的标准，将其分摊到纳税人或课税对象上去的税种。

二、税收制度及构成要素

（一）税收制度的概念

税收制度是国家各种税收法令和征收办法的总称，是国家向纳税单位和个人征税的法律依据和工作规程，是调整国家与纳税人之间税收征纳关系的法律规范。税收制度是以国家法律形式规定的，通常又称税法。

（二）税收制度的构成要素

税收制度由纳税义务人、课税对象、税基、税率、附加、加成和减免、违章处理等要素构成。其中，课税对象、纳税人和税率是税制的三个基本要素。

（1）纳税义务人

纳税义务人，简称纳税人，是税法规定的直接负有纳税义务的法人和自然人，也称纳税主体。

第九章 土地资产收益分配管理

（2）课税对象

课税对象又称征税对象，是指税法规定对什么征税（征税的目的物），是征税的客体。它是各个税种之间相互区别的主要标志，体现着征税范围的广度。

（3）税目

课税对象的具体项目。一般分为列举项目和概括项目。

（4）计税依据

又称税基，是指税法中规定的据以计算应征税款的依据或标准。

（5）税率

税率是应纳税额与征税对象之间的比例，是计算应纳税额的尺度，反映了征税的深度。

税率是税法的核心要素，是衡量国家税收负担是否适当的标志。税率主要有比例税率、累进税率（超额累进税率和超率累进税率）和定额税率三种基本形式。

（6）纳税环节

纳税环节是指商品在整个流转过程中按照税法规定应当缴纳税款的环节。

（7）纳税期限

纳税期限是指纳税人按税法规定缴纳税款的期限。现行的纳税期限有三种形式：① 按期纳税，如营业税、增值税等。② 按次纳税，如屠宰税、筵席税及临时经营者。③ 按年纳税，分期预缴。如企业所得税、房产税等。

（8）纳税地点

纳税地点是指税法规定的缴纳税款的场所。

（9）加成和附加

附加和加成是加重纳税人负担的措施。附加是地方附加的简称，是地方政府在正税之外附加征收的一部分税款。通常把按国家税法规定的税率征收的税款称为正税，把正税以外征收的附加称为副税；加成是加成征收的简称。对特定的纳税人实行加成征税，加一成等于加正税的10%，加二成等于加正税的20%，依此类推。

（10）减免税

减免税是对某些纳税人或征税对象的鼓励或照顾措施。可分为三种基本形式。第一，税基式减免，具体包括起征点、免征额、项目扣除以跨期结转等。起征点，即征税对象达到征税数额开始征税的界限。未达到起征点的不征税；达到或超过起征点的，就其全部数额征税。免征额，即征税对象总额中免予征税的数额。它按一定标准从征税对象总额中减除，免征部分不征税，只对超过免征额的部分征税。第二，税率式减免，零税率、确定其他税率等。第三，税额式减免，如全部免征、减半征收等。

（11）违章处理

违章处理是对有违反税法行为的纳税人采取的惩罚措施。违章处理是税收强制性在税收制度中的体现，纳税人必须按期足额地缴纳税款，凡有拖欠税款、逾期不缴税、偷税、逃税等违反税法行为的，都应受到制裁（包括法律制裁和行政处罚制裁等）。

违章行为有：违反税收征收管理制度，包括未办理税务登记、注册登记和使用税务登记证；未按规定办理纳税申报；未按规定建立、使用和保存账务、票证；未按规定提供纳税资料，拒绝接受税务机关监督检查等行为。欠税，即纳税人因故超过税务机关核定的纳税期限，少缴或未缴的违章行为。偷税，即纳税人使用欺骗、隐瞒等手段逃避纳税的违法行为。抗税，即纳税人公然拒绝履行国家税法规定的纳税义务的违法行为。对违章行为的处理：征收滞纳金、处以税务罚款、税收保全措施、追究刑事责任。

五、我国现行税制体系

（一）我国现行税制模式

我国现行税制模式是具有中国特色的、与市场机制相适应的、流转税与所得税并重的、中央税与地方税既自成体系又有机结合的、符合国际税收惯例的复合税制模式。

（二）我国现行的税种

我国现行的税种分为四大类有28个税种。

1. 流转税类

流转税类主要包括7个税种：增值税、消费税、营业税、关税、资源税、农业税（含农业特产税）、牧业税。这些税种是在生产、流通或服务领域，按纳税人取得的销售收入或营业收入征收的。

2. 所得税类

所得税类主要包括3个税种：企业所得税、外商投资企业和外国企业所得税、个人所得税。这些税种是按照纳税人取得的利润或纯收入征收的。

3. 财产税类

财产税类主要包括10个税种：房产税、城市房地产税、城镇土地使用税、车船使用税、车船使用牌照税、车辆购置税、契税、耕地占用税、船舶吨税、遗产税（未开征）。这些税种是对纳税人拥有或使用的财产征收的。

4. 行为税类

行为税类主要包括8个税种：城市维护建设税、印花税、固定资产投资方向调节税、土地增值税、屠宰税、筵席税、证券交易税、燃油税。这些税种是对特定行为或为达到特定目的而征收的。

第三节　土　地　税　收

一、土地税收的内涵、特点

土地税收是国家凭借政治权力，以土地为课税对象无偿征收货币，而取得的财政收入。土地税的概念有狭义和广义之分。狭义的土地税是指对土地资源的课税。广义的土地税是指对土地及地上建筑物和其他附属物的所有者或使用人就其取得、持有、使用或者转

第九章　土地资产收益分配管理

移土地及地上建筑物和其他附属物时所课征的一种税。目前就世界各国对土地的征税情况而言，大部分都是采用广义的征收范围，即不仅对土地资源征税，而且更多的是对土地的改良物进行征税。

土地税制以土地制度为基础。土地税的本质是财产税、收益税或所得税。所谓财产税，是指凡公民所有的财产，其价值达到某一数额以上，政府就要依法征收其中的一部分作为公用，不论所有人是否从利用这些财产中获得收益。

赋税的转嫁是指纳税人将税的负担全部或部分转嫁于他人。许多经济学家认为，土地税是不能转嫁的，因为土地是固定的资产，不像其他商品那样经常流动。生产者不能把产品加价出售，从而转嫁土地税。但对于许多生产用地，如矿业用地、农业用地、工商业用地以及用于出租房屋的基地等，它们所负担的土地税则可能转嫁。

土地所有者（地主）利用土地经营工商业，将地税负担的一部分在产品价格上转嫁于消费者，这称为旁转。土地税可以前转，新地主在购买土地时，将未来要负担的赋税全部在地价中扣除，这样，新地主就把土地税一次转嫁给旧地主；土地税也可以后转，如旧地主在出卖土地时通过提高卖价，把已支付的税收转嫁给购买土地的新地主。

二、土地税收的功能

土地税收主要有以下功能。

（1）保证国家财政收入。土地税收是一种长期、稳定而又最有保障的国家财政收入来源，因而各个国家都十分重视征收土地税。土地税收在一个国家里大都成为财政收入的重要组成部分。

（2）促进土地资源合理利用。合理的土地税收政策能够促进土地资源的合理利用。例如，对荒地和空地征收土地税，征税压力就会驱使土地占有者充分利用这些土地。我国台湾省就设有荒地税和空地税，其目的就在于减少荒芜土地，促进闲置土地的合理利用。

（3）调整土地利用方向。土地税收作为一种经济杠杆，具有调整土地利用方向的功能。例如，对不希望的土地利用方向征税或者课以重税，征税压力就会促使土地使用者改变土地利用方向。我国开征耕地占用税的目的，就是用税收这一经济手段保护耕地，促使建设项目不占或者少占耕地，尽量占用劣地、次地和非耕地。

（4）调整土地收益分配关系。世界上许多国家在土地发生转移时，都开征了土地转让税或者土地增值税，我国也开征了土地增值税，通过开征此税调节土地增值收益分配，抑制土地投机，维护国家权益。

三、我国现行土地税收体系

在国家现行税收体系中，涉及土地税收的课税项目主要有：土地增值税、耕地占用税、城镇土地使用税等。与土地税收相关的税种还有：房产税、契税、固定资产投资方向调节税、营业税、所得税和印花税等。我国现行土地税收制度见表9-1所示。

表 9-1　我国现行土地税收制度一览表

征税环节	税种	计税依据	税率	征税依据
土地占用环节	耕地占用税	占用耕地的面积	幅度定额税率 5～50元/m²	《中华人民共和国耕地占用税暂行条例》2007年12月1日中华人民共和国国务院令第511号
	固定资产投资方向调节税	实际完成的投资额	比例税率0%、5%、10%、15%、30%	《固定资产投资方向调节税暂行条例》1991年4月16日
土地流转环节	土地增值税	转让土地使用权收入增值额	30%、40%、50%、60%	《土地增值税暂行条例》1993年12月13日中华人民共和国国务院令第138号
	营业税	转让土地使用权收入	5%	《中华人民共和国营业税暂行条例》2008年11月10日中华人民共和国国务院令第540号
	城市维护建设税	实际缴纳的增值税、消费税、营业税额	1%、5%、7%	《中华人民共和国城市维护建设税暂行条例》1985年2月8日国发〔1985〕19号
	印花税	产权转移书据所载金额	1‰、5‰、3‰、0.5‰、0.3‰	《中华人民共和国印花税暂行条例》1988年8月6日国务院令〔1988〕第11号
	契税	转让土地使用权成交金额	3%～5%	《中华人民共和国契税暂行条例》1997年7月7日国务院令〔1997〕第224号
	企业所得税	转让土地使用权收益	25%	《中华人民共和国企业所得税法》2007年3月16日中华人民共和国主席令 第63号
	个人所得税	转让土地使用权收益	20%	《中华人民共和国个人所得税法》2007年12月29日第五次修正
	教育费附加	实际缴纳的增值税、营业税、消费税的税额	3%	《国务院关于修改〈征收教育费附加的暂行规定〉的决定》2005年8月2日中华人民共和国国务院令第448号
土地保有环节	城镇土地使用税	城镇使用土地面积	0.6～30元/m²	《城镇土地使用税暂行条例》1988年9月27日中华人民共和国国务院令第17号发布，2006年12月31日修订

四、耕地占用税

(一) 定义

耕地占用税是对占用耕地建房或者从事其他非农业建设用地的单位和个人征收的一种税。耕地占用税采用定额税率,其标准取决于人均占有耕地的数量和经济发达程度。

(二) 纳税人

凡占用耕地建房或从事其他非农业建设的单位和个人,都是耕地占用税的纳税人。纳税人包括国家机关、企事业单位、乡镇集体企业、事业单位、农村居民和其他居民。

具体可分为三类:

(1) 企业、行政单位、事业单位;

(2) 乡镇集体企业、事业单位;

(3) 农村居民和其他公民。

(三) 计税依据

耕地占用税以纳税人实际占用耕地面积为计税依据,按照规定税率一次性计算征收。耕地占用税实行据实征收原则,对于实际占用耕地超过批准占用耕地,以及未经批准而自行占用耕地的,经调查核实后,由财政部门按照实际占用耕地面积,依法征收耕地占用税,并由土地管理部门按有关规定处理。

(四) 税率和适用税额

耕地占用税实行定额税率,耕地占用税的税额规定如下。

(1) 人均耕地不超过1亩的地区(以县级行政区域为单位,下同),每平方米为10元至50元;

(2) 人均耕地超过1亩但不超过2亩的地区,每平方米为8元至40元;

(3) 人均耕地超过2亩但不超过3亩的地区,每平方米为6元至30元;

(4) 人均耕地超过3亩的地区,每平方米为5元至25元。

国务院财政、税务主管部门根据人均耕地面积和经济发展情况确定各省、自治区、直辖市的平均税额。

各地适用税额,由省、自治区、直辖市人民政府在本条第一款规定的税额幅度内,根据本地区情况核定。各省、自治区、直辖市人民政府核定的适用税额的平均水平,不得低于本条例第二款规定的平均税额。

经济特区、经济技术开发区和经济发达且人均耕地特别少的地区,适用税额可以适当提高,但是提高的部分最高不得超过本条例第三款规定的当地适用税额的50%。

占用基本农田的,适用税额应当在当地适用税额的基础上提高50%。

(五) 免税、减税

1. 免税范围

下列情形免征耕地占用税:

(1) 军事设施占用耕地;

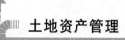

土地资产管理

(2) 学校、幼儿园、养老院、医院占用耕地。

2. 减税

(1) 铁路线路、公路线路、飞机场跑道、停机坪、港口、航道占用耕地,按每平方米2元的税额征收耕地占用税。

(2) 农村居民占用耕地新建住宅,按照当地适用税额减半征收耕地占用税。

(3) 农村烈士家属、残疾军人、鳏寡孤独以及革命老根据地、少数民族聚居区和边远贫困山区生活困难的农村居民,在规定用地标准以内新建住宅缴纳耕地占用税确有困难的,经所在地乡(镇)人民政府审核,报经县级人民政府批准后,可以免征或者减征耕地占用税。

根据实际需要,国务院财政、税务主管部门同国务院有关部门并报国务院批准后,可以对军事设施、学校、幼儿园、养老院、医院占用耕地按规定免征或者对铁路线路、公路线路、飞机场跑道、停机坪、港口、航道占用耕地按规定减征耕地占用税。

对于军事设施、学校、幼儿园、养老院、医院占用耕地规定免征或者铁路线路、公路线路、飞机场跑道、停机坪、港口、航道占用耕地规定减征耕地占用税后,纳税人改变原占地用途,不再属于免征或者减征耕地占用税情形的,应当按照当地适用税额补缴耕地占用税。耕地占用税由地方税务机关负责征收。

(六)纳税环节和期限

土地管理部门在通知单位或者个人办理占用耕地手续时,应当同时通知耕地所在地同级地方税务机关。获准占用耕地的单位或者个人应当在收到土地管理部门的通知之日起30日内缴纳耕地占用税。土地管理部门凭耕地占用税交税凭证或者免税凭证和其他有关文件发放建设用地批准书。

纳税人临时占用耕地,应当依照本条例的规定缴纳耕地占用税。纳税人在批准临时占用耕地的期限内恢复所占用耕地原状的,全额退还已经缴纳的耕地占用税。

五、城镇土地使用税

(一)定义

城镇土地使用税是以开征范围的土地为征税对象,以实际占用的土地面积为计税标准,按规定税额对拥有土地使用权的单位和个人征收的一种行为税。现行《中华人民共和国城镇土地使用税暂行条例》规定:在城市、县城、建制镇、工矿区范围内使用土地的单位和个人,为城镇土地使用税(以下简称土地使用税)的纳税义务人(以下简称纳税人),应当依照本条例的规定缴纳土地使用税。城镇土地使用税按税法类型划分属于资源税。

(二)纳税人

在城市、县城、建制镇、工矿区范围内使用土地的单位和个人,为城镇土地使用税的纳税人。单位,包括国有企业、集体企业、私营企业、股份制企业、外商投资企业、外国企业以及其他企业和事业单位、社会团体、国家机关、军队以及其他单位;个人,包括个体工商户以及其他个人。

城镇土地使用税的纳税人主要有四部分组成:

(1) 拥有土地使用权的单位和个人是纳税人；

(2) 拥有土地使用权的单位和个人不在土地所在地的，其土地的实际使用人和代管人为纳税人；

(3) 土地使用权未确定的或权属纠纷未解决的，其实际使用人为纳税人；

(4) 土地使用权共有的，共有各方都是纳税人，由共有各方分别纳税。

（三）计税依据

城镇土地使用税以实际占用的土地面积为计税依据，按照所在地省级人民政府确定的定额税率计算征收。土地占用面积的组织测量工作，由省、自治区、直辖市人民政府根据实际情况确定。

(1) 凡由省、自治区、直辖市人民政府确定的单位组织测定土地面积的，以测定的面积为准。

(2) 尚未组织测量，但纳税人持有政府部门核发的土地使用证书的，以证书确认的土地面积为准。

(3) 尚未核发土地使用证书的，应由纳税人申报土地面积，据以纳税，待核发土地使用证书以后再作调整。

（四）适用税率和应纳税额

城镇土地使用税实行分类分级的幅度定额税率。每平方米的年税额按城市大小分四个档次：

(1) 大城市为 1.5～30 元；

(2) 中等城市为 1.2～24 元；

(3) 小城市为 0.9～18 元；

(4) 县城、建制镇和工矿区为 0.6～12 元。

适用税额幅度，由省、自治区、直辖市人民政府，在上述所列税额幅度内，根据市政建设状况、经济繁荣程度等条件，确定所辖地区的适用税额幅度。应纳税额计算公式为：

$$应纳税额＝实际占用的土地面积×适用税率$$

（五）税收优惠

1. 政策性免税

法定免税部分包括以下情况。

(1) 国家机关、人民团体、军队自用的土地。但如果是对外出租、经营用地则还是要交土地使用税。

(2) 由国家财政部门拨付事业经费的单位自用的土地。

(3) 宗教寺庙、公园、名胜古迹自用的土地。经营用地则不免。

(4) 市政街道、广场、绿化地带等公共用地。

(5) 直接用于农、林、牧、渔业的生产用地。

(6) 经批准开山填海整治的土地和改造的废弃土地，从使用的月份起免缴城镇土地使用税 5 年至 10 年。

(7) 对非营利性医疗机构、疾病控制机构和妇幼保健机构等卫生机构自用的土地，免征城镇土地使用税。对营利性医疗机构自用的土地自 2000 年起免征城镇土地使用税 3 年。

(8) 企业办的学校、医院、托儿所、幼儿园，其用地能与企业其他用地明确区分的，免征城镇土地使用税。

(9) 免税单位无偿使用纳税单位的土地（如公安、海关等单位使用铁路、民航等单位的土地），免征城镇土地使用税。纳税单位无偿使用免税单位的土地，纳税单位应照章缴纳城镇土地使用税。纳税单位与免税单位共同使用、共有使用权的土地上的多层建筑，对纳税单位可按其占用的建筑面积占建筑总面积的比例计征城镇土地使用税。例如，一共是 15 层的大厦，一单位租用 5 层，另一单位租用 10 层，则并不是只占有一层的单位交税。

(10) 对行使国家行政管理职能的中国人民银行总行（含国家外汇管理局）所属分支机构自用的土地，免征城镇土地使用税。

2. 由地方确定的免税

由省、自治区、直辖市地方税务局确定免税部分：

(1) 个人所有的居住房屋及院落用地；

(2) 免税单位职工家属的宿舍用地；

(3) 民政部门举办的安置残疾人占一定比例的福利工厂用地；

(4) 集体和个人办的各类学校、医院、托儿所、幼儿园用地；

(5) 房地产开发公司建造商品房的用地，原则上应按规定计征城镇土地使用税。

(六) 征收管理与纳税申报

土地使用税按年计算、分期缴纳。缴纳期限由省、自治区、直辖市人民政府确定。

新征用的土地，依照下列规定缴纳土地使用税：

(1) 征用的耕地，自批准征用之日起满 1 年时开始缴纳土地使用税；

(2) 征用的非耕地，自批准征用次月起缴纳土地使用税。

土地使用税由土地所在地的税务机关征收。土地管理机关应当向土地所在地的税务机关提供土地使用权属资料。

六、土地增值税

(一) 定义

土地增值税是对有偿转让国有土地使用权及地上建筑物和其他附着物的单位和个人征收的一种税。土地价格增值额是指转让房地产取得的收入减除规定的房地产开发成本、费用等支出后的余额。土地增值税实行四级超额累进税率，例如，增值额未超过 50% 的部分，税率为 30%，增值额超过 200% 的部分，税率为 60%。

(二) 纳税人

凡有偿转让国有土地使用权、地上建筑物及其他附着物并取得收入的单位和个人为土地增值税的纳税人。各类企业单位、事业单位、国家机关、社会团体和其他组织，以及个体经营者、外商投资企业、外国企业及外国驻华机构、以及外国公民、华侨、港澳台同胞等均在土地增值税的纳税义务人范围内。

第九章 土地资产收益分配管理

（三）征税对象和计税依据

土地增值税的征税对象是有偿转让国有土地使用权、地上的建筑物及其附着物所取得的增值额。增值额为纳税人转让房地产的收入减除《土地增值税暂行条例》规定的扣除项目金额后的余额。

转让房地产的收入包括货币收入、实物收入和其他收入，即与转让房地产有关的经济收益。

扣除项目按《土地增值税暂行条例》及《土地增值税实施细则》规定有下列几项。

（1）取得土地使用权所支付的金额。包括纳税人为取得土地使用权所支付的地价款和按国家统一规定交纳的有关费用。具体为：以出让方式取得土地使用权的，为支付的土地出让金；以行政划拨方式取得土地使用权的，为转让土地使用权时按规定补交的出让金；以转让方式得到土地使用权的，为支付的地价款。

（2）开发土地和新建房及配套设施的成本（以下简称房地产开发成本）。包括土地征用及拆迁补偿费、前期工程费、建筑安装工程费、基础设施费、公共设施配套费、开发间接费用。这些成本允许按实际发生额扣除。

（3）开发土地和新建房及配套设施的费用（以下简称房地产开发费用）是指销售费用、管理费用、财务费用。根据新会计制度规定，与房地产开发有关的费用直接计入当年损益，不按房地产项目进行归集或分摊。为了便于计算操作，《土地增值税实施细则》规定，财务费用中的利息支出，凡能够按转让房地产项目计算分摊，并提供金融机构证明的，允许据实扣除，但最高不能超过按商业银行同类同期贷款利率计算的金额。房地产开发费用按取得土地使用权所支付的金额及房地产开发成本之和的5%以内予以扣除。凡不能提供金融机构证明的，利息不单独扣除，三项费用的扣除按取得土地使用权所支付的金额及房地产开发成本的10%以内计算扣除。

（4）旧房及建筑物的评估价格。是指在转让已使用的房屋及建筑物时，由政府批准设立的房地产评估机构评定的重置成本价乘以成新度折扣率后的价值，并由当地税务机关参考评估机构的评估而确认的价格。

（5）与转让房地产有关的税金。这是指在转让房地产时缴纳的营业税、城市维护建设税、印花税。因转让房地产交纳的教育费附加，也可视同税金予以扣除。

（6）加计扣除。对从事房地产开发的纳税人，可按取得土地使用权所支付的金额与房地产开发成本之和加计10%的扣除。

（四）税率及应纳税额计算

土地增值税是以转让房地产取得的收入，减除法定扣除项目金额后的增值额作为计税依据，并按照四级超率累进税率进行征收。

（1）增值额未超过扣除项目金额50%部分，税率为30%；

（2）增值额超过扣除项目金额50%，未超过扣除项目金额100%的部分，税率为40%；速算扣除系数为5%；

（3）增值额超过扣除项目金额100%，未超过扣除项目金额200%的部分，税率为50%；速算扣除系数为15%；

(4) 增值额超过扣除项目金额200％的部分，税率为60％；速算扣除系数为35％。

土地增值税税额计算公式为：

土地增值税税额＝增值额×税率－扣除项目金额×速算扣除系数

（五）征收方式

1. 核定征收，按照转让二手房交易价格全额的1％征收率征收，这种模式类似于目前的个人所得税征收方式。

2. 减除法定扣除项目金额后，按四级超率累进税率征收。其中又分两种情况，一是能够提供购房发票，二是不能够提供发票，但能够提供房地产评估机构的评估报告。

能够提供购房发票的，可减除以下项目金额：

(1) 取得房地产时有效发票所载的金额；

(2) 按发票所载金额从购买年度起至转让年度止每年加计5％的金额；

(3) 按国家规定统一交纳的与转让房地产有关的税金；

(4) 取得房地产时所缴纳的契税。

不能够提供购房发票，但能够提供房地产评估机构按照重置成本评估法，评定的房屋及建筑物价格评估报告的，扣除项目金额按以下标准确认：

(1) 取得国有土地使用权时所支付的金额证明；

(2) 中介机构评定的房屋及建筑物价格（不包括土地评估价值），需经地方主管税务机关对评定的房屋及建筑物价格进行确认；

(3) 按国家规定统一交纳的与转让房地产有关的税金和价格评估费用。

（六）减税、免税

下列情况免征土地增值税。

(1) 纳税人建造普通标准住宅出售，其土地增值额未超过扣除金额20％的。

(2) 因国家建设需要依法征用、收回的房地产。

(3) 个人转让自住住房，经税务机关申报核准，凡居住满5年或5年以上的，免征土地增值税；居住满3年未满5年的，减半征收土地增值税；居住未满3年的，按规定计征土地增值税。

其中，普通标准住宅是指按所在地一般民用住宅标准建造的居住用房。普通标准住宅与其他住宅的具体划分界限由各省、自治区、直辖市人民政府规定。纳税人建造普通标准住宅出售，增值额未超过《中华人民共和国土地增值税实施细则》第七条（一）、（二）、（三）、（四）、（五）、（六）项扣除项目金额之和20％的，免征土地增值税；增值额超过扣除项目之和20％的，应就其全部增值额按规定计税。

因国家建设需要依法征用、收回的房地产，是指因城市实施规划、国家建设需要而被政府批准征用的房产或土地使用权。因城市实施规划、国家建设的需要而搬迁，由纳税人自行转让原房地产的，免征土地增值税。符合上述免税规定的单位和个人，须向房地产所在地税务机关提出免税申请，经税务机关审核后，免征土地增值税。

第九章 土地资产收益分配管理

第四节 房产税收

一、房产税的定义

房产税是以房屋为征税对象，按房屋的计税余值或租金收入为计税依据，向产权所有人征收的一种财产税。现行的房产税是第二步利改税以后开征的，1986年9月15日，国务院正式发布了《中华人民共和国房产税暂行条例》，从当年10月1日开始实施。

二、纳税义务人

凡中国境内拥有房屋产权的单位和个人都是房产税的纳税人。

（1）产权属国家所有的，由经营管理单位纳税；产权属集体和个人所有的，由集体单位和个人纳税。

（2）产权出典的，由承典人纳税。

（3）产权所有人、承典人不在房屋所在地的，由房产代管人或者使用人纳税。

（4）产权未确定及租典纠纷未解决的，亦由房产代管人或者使用人纳税。

（5）无租使用其他房产的问题。纳税单位和个人无租使用房产管理部门、免税单位及纳税单位的房产，应由使用人代为缴纳房产税。

（6）外商投资企业和外国企业、外籍个人、海外华侨、港澳台同胞所拥有的房产不征收房产税。

三、征税对象

房产税的征税对象是房产。房产税在城市、县城、建制镇、工矿区征收，不包括农村的房屋。

四、计税依据

1. 从价计征

按照房产余值征税的，称为从价计征；房产税依照房产原值一次减除10%～30%后的余值计算缴纳。扣除比例由省、自治区、直辖市人民政府在税法规定的减除幅度内自行确定。

2. 从租计征

按照房产租金收入计征的，称为从租计征。房产出租的，以房产租金收入为房产税的计税依据。

五、税率

（1）按房产余值计征的，年税率为1.2%；

（2）按房产出租的租金收入计征的，税率为12%。但对个人按市场价格出租的居民住房,用于居住的,可暂减按4%的税率征收房产税。

① 从价计征的计算。从价计征是按房产的原值减除一定比例后的余值计征,其公式为:

$$应纳税额＝应税房产原值×（1－扣除比例）×年税率1.2\%$$

② 从租计征的计算。从租计征是按房产的租金收入计征,其公式为:

$$应纳税额＝租金收入×12\%$$

六、纳税期限与纳税地点

房产税实行按年计算、分期缴纳的征收方法,具体纳税期限由省、自治区、直辖市人民政府确定。

房产税在房产所在地缴纳。房产不在同一地方的纳税人,应按房产的坐落地点分别向房产所在地的税务机关纳税。

七、减税、免税

下列房产免征房产税。

（1）国家机关、人民团体、军队自用的房产免征房产税。但上述免税单位的出租房产不属于免税范围。

（2）由国家财政部门拨付事业经费的单位自用的房产免征房产税。但如学校的工厂、商店、招待所等应照章纳税。

（3）宗教寺庙、公园、名胜古迹自用的房产免征房产税。但其附属的经营用房及出租的房产,不属于免税范围。

（4）个人所有非营业用的房产免征房产税。但个人拥有的营业用房或出租的房产,应照章纳税。

（5）对行使国家行政管理职能的中国人民银行总行所属分支机构自用的房产,免征房产税。

（6）经财政部批准免税的其他房产,包括以下几种。

① 老年服务机构自用的房产免税。

② 损坏不堪使用的房屋和危险房屋,经有关部门鉴定,在停止使用后,可免征房产税。

③ 纳税人因房屋大修导致连续停用半年以上的,在房屋大修期间免征房产税,免征税额由纳税人在申报缴纳房产税时自行计算扣除,并在申报表附表或备注栏中做相应说明。

④ 在基建工地为基建工地服务的各种工棚、材料棚、休息棚和办公室、食堂、茶炉房、汽车房等临时性房屋,在施工期间,一律免征房产税。但工程结束后,施工企业将这种临时性房屋交还或估价转让给基建单位的,应从基建单位减收的次月起,照章纳税。

⑤ 为鼓励地下人防设施,暂不征收房产税。

⑥ 对非营利性的医疗机构、疾病控制机构和妇幼保健机构等卫生机构自用的房产,免征房产税。

⑦ 从2001年1月1日起，对按照政府规定价格出租的公有住房和廉租住房，包括企业和自收自支的事业单位向职工出租的单位自有住房，房管部门向居民出租的私有住房等，暂免征收房产税。

⑧ 对邮政部门坐落在城市、县城、建制镇、工矿区范围内的房产，应当依法征收房产税；对坐落在城市、县城、建制镇、工矿区范围以外的在县邮政局内核算的房产，在单位财务账中划分清楚的，从2001年1月1日起不再征收房产税。

⑨ 向居民供热并向居民收取采暖费的供热企业的生产用房，暂免征收房产税。这里的"供热企业"不包括从事热力生产但不直接向居民供热的企业。

⑩ 自2006年1月1日起至2008年12月31日，对为高校学生提供住宿服务并按高教系统收费标准收取租金的学生公寓，免征房产税。对从原高校后勤管理部门剥离出来而成立的进行独立和选并有法人资格的高校后勤经济实体自用的房产，免征房产税。

从2001年1月1日起，对个人按市场价格出租的居民住房，用于居住的，可暂减按4％的税率征收房产税。

第五节　土地相关税收

一、固定资产投资方向调节税

固定资产投资方向调节税是指国家对在我国境内进行固定资产投资的单位和个人，就其固定资产投资的各种资金征收的一种税。

固定资产投资方向调节税征税范围也称固定资产投资方向调节税"课税范围"。凡在我国境内用于固定资产投资的各种资金，均属固定资产投资方向调节税的征税范围。各种资金包括：国家预算资金、国内外贷款、借款、赠款、各种自有资金、自筹资金和其他资金。固定资产投资是指全社会的固定资产投资，包括：基本建设投资、更新改造投资、商品房投资和其他固定资产投资。

固定资产投资方向调节税纳税义务的承担者，包括在我国境内使用各种资金进行固定资产投资的各级政府、机关团体、部队、国有企事业单位、集体企事业单位、私营企业、个体工商户及其他单位和个人。外商投资企业和外国企业不纳此税。固定资产投资方向调节税由中国人民建设银行、中国工商银行、中国农业银行、中国银行、交通银行、其他金融机构和有关单位负责代扣代缴。

计算固定资产投资方向调节税应纳税额的根据。固定资产投资方向调节税计税依据为固定资产投资项目实际完成的投资额，其中更新改造投资项目为建筑工程实际完成的投资额。

计算固定资产投资方向调节税应纳税额的法定比例。固定资产投资方向调节税根据国家产业政策确定的产业发展序列和经济规模的要求，实行差别税率，具体适用税率为0％、5％、10％、15％、30％五个档次。差别税率是按两大类来设计的，一类是基本建设项目投资；一类是更新改造项目投资。

（1）对国家急需发展的项目投资，如农业、林业、水利、能源、交通、通信、原材料、科教。地质、勘探、矿山开采等基础产业和薄弱环节的部门项目投资，适用零税率，予以优惠扶持照顾的政策。

（2）对国家鼓励发展但受能源、交通等制约的项目投资，如钢铁、化工、石油化工、水泥等部分重要原材料，以及一些重要机械、电子、轻工工业和新型建材等项目投资，实行5％的轻税政策。

（3）对城乡个人修建住宅和职工住宅（包括商品房住宅的建设投资），分别实行从优化低政策。为了改善职工、农民居住条件，配合住房制度改革，对城乡个人修建、购买住宅的投资实行零税率；对单位修建、购买一般性住宅投资，实行5％的低税率；对单位用公款修建、购买高标准独门独院、别墅式住宅投资，实行30％的高税率。

（4）对楼堂馆所以及国家严格限制发展的项目投资，课以重税，税率为30％。

（5）对不属于上述四类的其他项目投资，实行中等税负政策，税率为15％。对基本建设投资项目按经济规模设置差别税率，主要是对符合经济合理规模的项目，在适用税率上予以鼓励。反之，则予以限制。例如，对某些单位为过多追求局部利益和本单位利益而盲目建设、规模小、技术水平低、耗能高、污染严重、效益差的项目，采取高税率加以限制。

二、营业税、城市维护建设税和教育费附加

1. 营业税

营业税是对在我国境内提供应税劳务、转让无形资产或销售不动产的单位和个人，就其所取得的营业额征收的一种税。营业税属于流转税制中的一个主要税种。营业税应纳税额＝营业额×税率，销售不动产的营业税税率为5％。

2. 城市维护建设税

城市维护建设税简称城建税，是我国为了加强城市的维护建设，扩大和稳定城市维护建设资金的来源，对有经营收入的单位和个人征收的一个税种。

按照现行税法的规定，城市维护建设税的纳税人是在征税范围内从事工商经营，缴纳"三税"（即增值税、消费税和营业税，下同）的单位和个人。任何单位或个人，只要缴纳"三税"中的一种，就必须同时缴纳城市维护建设税。施工企业从事建筑、安装、修缮、装饰等业务，是营业税的纳税人，而施工企业从事工业生产，其所属预制构件厂、车间将预制构件用于企业所承包的工程等，按规定应当缴纳增值税，为增值税的纳税人。自然，施工企业也是城市维护建设税的纳税人。另外，施工企业代扣代缴营业税、增值税的，也应当代扣代缴城市维护建设税。

计算城市维护建设税应纳税额的根据。原规定以纳税人实际缴纳的产品税、增值税、营业税三种税的税额为计税依据。1994年税制改革后，改为以纳税人实际缴纳的增值税、消费税、营业税税额为计税依据。城市维护建设税是以纳税人实际缴纳的流通转税额为计税依据征收的一种税，纳税环节确定在纳税人缴纳的增值税、消费税、营业税的环节上，从商品生产到消费流转过程中只要发生增值税、消费税、营业税的当中一种税的纳税行为，就要以这种税为依据计算缴纳城市维护建设税。其计算公式为：

第九章 土地资产收益分配管理

应纳税额＝（增值税＋消费税＋营业税）×适用税率

税率按纳税人所在地分别规定为：市区 7%，县城和镇 5%，乡村 1%。大中型工矿企业所在地不在城市市区、县城、建制镇的，税率为 5%。

3. 教育费附加

教育费附加是随增值税、消费税和营业税附征并专门用于教育的一种特别目的税。教育费附加以各单位和个人实际缴纳的增值税、消费税和营业税的税额为计税依据，教育费附加率为 3%，分别与增值税、消费税和营业税同时缴纳。

三、企业所得税

1. 定义

企业所得税是对我国内资企业和经营单位的生产经营所得和其他所得征收的一种税。纳税人范围比公司所得税大。《中华人民共和国企业所得税暂行条例》是 1994 年工商税制改革后实行的，它把原国营企业所得税、集体企业所得税和私营企业所得税统一起来，形成了现行的企业所得税。它克服了原来按企业经济性质的不同分设税种的种种弊端，真正地贯彻了"公平税负、促进竞争"的原则，实现了税制的简化和高效，并为进一步统一内外资企业所得税打下了良好的基础。

2. 纳税人

即所有实行独立经济核算的中华人民共和国境内的内资企业或其他组织，包括以下 6 类：

（1）国有企业；

（2）集体企业；

（3）私营企业；

（4）联营企业；

（5）股份制企业；

（6）有生产经营所得和其他所得的其他组织。

企业是指按国家规定注册、登记的企业。有生产经营所得和其他所得的其他组织，是指经国家有关部门批准，依法注册、登记的，有生产经营所得和其他所得的事业单位、社会团体等组织。独立经济核算是指同时具备在银行开设结算账户；独立建立账簿，编制财务会计报表；独立计算盈亏等条件。

特别需要说明的是，个人独资企业、合伙企业不使用本法，这两类企业征收个人所得税即可，这样能消除重复征税。

3. 征税对象

企业所得税的征税对象是纳税人取得的所得。包括销售货物所得、提供劳务所得、转让财产所得、股息红利所得、利息所得、租金所得、特许权使用费所得、接受捐赠所得和其他所得。

居民企业应当就其来源于中国境内、境外的所得缴纳企业所得税；非居民企业在中国境内设立机构、场所的，应当就其所设机构、场所取得的来源于中国境内的所得，以及发生在中国境外但与其所设机构、场所有实际联系的所得,缴纳企业所得税;对非居民企业在中国境内未设立机构、场所的,或者虽设立机构、场所但取得的所得与其所设机构、场所没有实际联系的,应当就其来源于中国境内的所得缴纳企业所得税。

4. 税率

现行《中华人民共和国企业所得税法》规定:"在中华人民共和国境内,企业和其他取得收入的组织(以下统称企业)为企业所得税的纳税人,依照本法的规定缴纳企业所得税。"

企业所得税的税率为25%的比例税率。

原《企业所得税暂行条例》规定,企业所得税税率是33%,另有两档优惠税率,全年应纳税所得额3～10万元的,税率为27%,应纳税所得额3万元以下的,税率为18%;特区和高新技术开发区的高新技术企业的税率为15%。外资企业所得税税率为30%,另有3%的地方所得税。新《企业所得税法》规定,法定税率为25%,内资企业和外资企业一致,国家需要重点扶持的高新技术企业为15%,小型微利企业为20%,非居民企业为20%。

企业应纳所得税额=当期应纳税所得额×适用税率

应纳税所得额=收入总额-准予扣除项目金额

企业所得税的税率即以计算企业所得税应纳税额的法定比率。根据《中华人民共和国企业所得税暂行条例》的规定,2008年新的《中华人民共和国所得税法》规定一般企业所得税的税率为25%。

非居民企业在中国境内设立机构、场所的,应当就其所设机构、场所取得的来源于中国境内的所得,以及发生在中国境外但与其所设机构、场所有实际联系的所得,缴纳企业所得税。

非居民企业在中国境内未设立机构、场所的,或者虽设立机构、场所但取得的所得与其所设机构、场所没有实际联系的,应当就其来源于中国境内的所得缴纳企业所得税。适用税率为20%,现在减按10%的税率征收。

5. 企业所得税减免

企业所得税减免是指国家运用税收经济杠杆,为鼓励和扶持企业或某些特殊行业的发展而采取的一项灵活调节措施。企业所得税条例原则规定了两项减免税优惠,一是民族区域自治地方的企业需要照顾和鼓励的,经省级人民政府批准,可以实行定期减税或免税;二是法律、行政法规和国务院有关规定给予减税免税的企业,依照规定执行。对税制改革以前的所得税优惠政策中,属于政策性强,影响面大,有利于经济发展和维护社会安定的,经国务院同意,可以继续执行。

主要包括以下内容。

(1) 经国务院批准的高新技术产业开发区内的高新技术企业,减按15%的税率征收所得税;新办的高新技术企业自投产年度起,免征所得税2年。

(2) 对农村的为农业生产的产前、产中、产后服务的行业,即乡村的农技推广站、植保站、水管站、林业站、畜牧兽医站、水产站。生机站、气象站,以及农民专业技术协

第九章 土地资产收益分配管理

会、专业合作社,对其提供的技术服务或劳务所取得的收入,以及城镇其他各类事业单位开展的技术服务或劳务所取得的收入暂免征收所得税;对科研单位和大专院校服务于各业的技术成果转让、技术培训、技术咨询。技术服务、技术承包所取得的技术性服务收入暂免征收所得税;对新办的独立核算的从事咨询业(包括科技、法律、会计、审计、税务等咨询业)、信息业、技术服务业的企业或经营单位,自开业之日起,免征所得税2年;对新办的独立核算的从事交通运输业、邮电通信业的企业或经营单位,自开业之日起,第一年免征所得税,第二年减半征收所得税;对新办的独立该算的从事公用事业、商业、物资业、对外贸易业、旅游业、仓储业、居民服务业、饮食业、教育文化事业。卫生事业的企业或经营单位,自开业之日起,报经主管税务机关批准,可减征或免征所得税2年。

(3) 企业在原设计规定的产品以外,综合利用本企业生产过程中产生的,在《资源综合利用目录》内的资源作主要原料生产的产品的所得,以及企业利用本企业外的大宗煤矸石、炉渣、粉煤灰作主要原料生产建材产品的所得,自生产经营之日起,免征所得税5年;为处理利用其他企业废弃的,在《资源综合利用目录》内的资源而兴办的企业,经主管税务机关批准,可减征或免征所得税1年。

(4) 在国家确定的"老、少、边、穷"地区新办的企业,经主管税务机关批准后可减征或免征所得税3年。

(5) 企业事业单位进行技术转让,以及在技术转让过程中发生的与技术转让有关的技术咨询、技术服务、技术培训的所得,年净收入在30万元以下的,暂免征收所得税。

(6) 企业遇有风、火、水、震等严重自然灾害,经主管税务机关批准,可减征或免征所得税1年。

(7) 新办的城镇劳动就业服务企业,当年安置城镇待业人员超过企业从业人员总数的60%的,经主管税务机关审查批准,可免征所得税3年;劳动就业服务企业免税期满后,当年新安置待业人员占企业原从业人员总数30%以上的,经主管税务机关审核批准,可减半征收所得税2年。

(8) 高等学校和中小学校办工厂,暂免征收所得税。

(9) 对民政部门举办的福利工厂和街道的非中途转办的社会福利生产单位,凡安置"四残"人员占生产人员总数35%以上的,暂免征收所得税;凡安置"四残"人员占生产人员总数的比例超过10%未达到35%的,减半征收所得税。

(10) 乡镇企业可按应缴税款减征10%,用于补助社会性开支的费用。

四、个人所得税

1. 定义

个人所得税是调整征税机关与自然人(居民、非居民人)之间在个人所得税的征纳与管理过程中所发生的社会关系的法律规范的总称。凡在中国境内有住所,或者无住所而在中国境内居住满一年的个人,从中国境内和境外取得的所得,以及在中国境内无住所又不居住或者无住所而在境内居住不满一年的个人,从中国境内取得的所得,均为个人所得税的纳税人。

2. 纳税对象

我国个人所得税纳税义务人是在中国境内居住有所得的人，以及不在中国境内居住而从中国境内取得所得的个人，包括中国国内公民，在华取得所得的外籍人员和港、澳、台同胞。

(1) 居民纳税义务人

在中国境内有住所，或者无住所而在境内居住满1年的个人，是居民纳税义务人，应当承担无限纳税义务，即就其在中国境内和境外取得的所得，依法缴纳个人所得税。

(2) 非居民纳税义务人

在中国境内无住所又不居住或者无住所而在境内居住不满一年的个人，是非居民纳税义务人，承担有限纳税义务，仅就其从中国境内取得的所得，依法缴纳个人所得税。

3. 征税内容

(1) 工资、薪金所得

工资、薪金所得是指个人因任职或受雇而取得的工资、薪金、奖金、年终加薪、劳动分红、津贴、补贴以及与任职或受雇有关的其他所得。这就是说，个人取得的所得，只要是与任职、受雇有关，不管其单位的资金开支渠道或以现金、实物、有价证券等形式支付的，都是工资、薪金所得项目的课税对象。

(2) 个体工商户的生产、经营所得

个体工商户的生产、经营所得包括四个方面。

① 经工商行政管理部门批准开业并领取营业执照的城乡个体工商户，从事工业、手工业、建筑业、交通运输业、商业、饮食业、服务业、修理业及其他行业的生产、经营取得的所得。

② 个人经政府有关部门批准，取得营业执照，从事办学、医疗、咨询以及其他有偿服务活动取得的所得。

③ 其他个人从事个体工商业生产、经营取得的所得，既个人临时从事生产、经营活动取得的所得。

④ 上述个体工商户和个人取得的生产、经营有关的各项应税所得。

(3) 对企事业单位的承包经营、承租经营所得

对企事业单位的承包经营、承租经营所得是指个人承包经营、承租经营以及转包、转租取得的所得，包括个人按月或者按次取得的工资、薪金性质的所得。

(4) 劳务报酬所得

劳物报酬所得是指个人从事设计、装潢、安装、制图、化验、测试、医疗、法律、会计、咨询、讲学、新闻、广播、翻译、审稿、书画、雕刻、影视、录音、录象、演出、表演、广告、展览、技术服务、介绍服务、经济服务、代办服务以及其他劳务取得的所得。

(5) 稿酬所得

稿酬所得是指个人因其作品以图书、报纸形式出版、发表而取得的所得。这里所说的"作品"，是指包括中外文字、图片、乐谱等能以图书、报刊方式出版、发表的作品；"个人作品"，包括本人的著作、翻译的作品等。个人取得遗作稿酬，应按稿酬所得项目计税。

第九章 土地资产收益分配管理

(6) 特许权使用费所得

特许权使用费所得是指个人提供专利权、著作权、商标权、非专利技术以及其他特许权的使用权取得的所得。提供著作权的使用权取得的所得，不包括稿酬所得。作者将自己文字作品手稿原件或复印件公开拍卖（竞价）取得的所得，应按特许权使用费所得项目计税。

(7) 利息、股息、红利所得

利息、股息、红利所得是指个人拥有债权、股权而取得的利息、股息、红利所得。利息是指个人的存款利息（国家宣布 2008 年 10 月 8 日次日开始取消利息税）、贷款利息和购买各种债券的利息。股息也称股利，是指股票持有人根据股份制公司章程规定，凭股票定期从股份公司取得的投资利益。红利也称公司（企业）分红，是指股份公司或企业根据应分配的利润按股份分配超过股息部分的利润。股份制企业以股票形式向股东个人支付股息、红利即派发红股，应以派发的股票面额为收入额计税。

(8) 财产租赁所得

财产租赁所得是指个人出租建筑物，土地使用权、机器设备车船以及其他财产取得的所得。财产包括动产和不动产。

(9) 财产转让所得

财产转让所得是指个人转让有价证券、股权、建筑物、土地使用权、机器设备、车船以及其他自有财产给他人或单位而取得的所得，包括转让不动产和动产而取得的所得。对个人股票买卖取得的所得暂不征税。

(10) 偶然所得

偶然所得是指个人取得的所得是非经常性的，属于各种机遇性所得，包括得奖、中奖、中彩以及其他偶然性质的所得（含奖金、实物和有价证券）。个人购买社会福利有奖募捐奖券、中国体育彩票，一次中奖收入不超过 10000 元的，免征个人所得税，超过 10000 元的，应以全额按偶然所得项目计税。

4. 与房地产相关的个人所得税税率

财产租赁所得，财产转让所得，适用比例税率，税率为 20%。

5. 与转让住房有关的征收个人所得税具体规定

《中华人民共和国个人所得税法》及其实施条例规定，个人转让住房，以其转让收入额减除财产原值和合理费用后的余额为应纳税所得额，按照"财产转让所得"项目缴纳个人所得税。之后，根据我国经济形势发展需要，《财政部国家税务总局建设部关于个人出售住房所得征收个人所得税有关问题的通知》（财税字〔1999〕278 号）对个人转让住房的个人所得税应纳税所得额计算和换购住房的个人所得税有关问题做了具体规定。目前，在征收个人转让住房的个人所得税中，各地又反映出一些需要进一步明确的问题。为完善制度，加强征管，根据个人所得税法和税收征收管理法的有关规定精神，国家税务总局 2006 年 7 月 18 日就有关问题通知如下：

(1) 对住房转让所得征收个人所得税时，以实际成交价格为转让收入。纳税人申报的住房成交价格明显低于市场价格且无正当理由的，征收机关依法有权根据有关信息核定其转让收入，但必须保证各税种计税价格一致。

（2）对转让住房收入计算个人所得税应纳税所得额时，纳税人可凭原购房合同、发票等有效凭证，经税务机关审核后，允许从其转让收入中减除房屋原值、转让住房过程中缴纳的税金及有关合理费用。

房屋原值具体有以下几种。

① 商品房：购置该房屋时实际支付的房价款及交纳的相关税费。

② 自建住房：实际发生的建造费用及建造和取得产权时实际交纳的相关税费。

③ 经济适用房（含集资合作建房、安居工程住房）：原购房人实际支付的房价款及相关税费，以及按规定交纳的土地出让金。

④ 已购公有住房：原购公有住房标准面积按当地经济适用房价格计算的房价款，加上原购公有住房超标准面积实际支付的房价款以及按规定向财政部门（或原产权单位）交纳的所得收益及相关税费。

已购公有住房是指城镇职工根据国家和县级（含县级）以上人民政府有关城镇住房制度改革政策规定，按照成本价（或标准价）购买的公有住房。

经济适用房价格按县级（含县级）以上地方人民政府规定的标准确定。

⑤ 城镇拆迁安置住房：根据《城市房屋拆迁管理条例》（国务院令第305号）和《建设部关于印发〈城市房屋拆迁估价指导意见〉的通知》（建住房〔2003〕234号）等有关规定，其原值分别为：房屋拆迁取得货币补偿后购置房屋的，为购置该房屋实际支付的房价款及交纳的相关税费；房屋拆迁采取产权调换方式的，所调换房屋原值为《房屋拆迁补偿安置协议》注明的价款及交纳的相关税费；房屋拆迁采取产权调换方式，被拆迁人除取得所调换房屋，又取得部分货币补偿的，所调换房屋原值为《房屋拆迁补偿安置协议》注明的价款和交纳的相关税费，减去货币补偿后的余额；房屋拆迁采取产权调换方式，被拆迁人取得所调换房屋，又支付部分货币的，所调换房屋原值为《房屋拆迁补偿安置协议》注明的价款，加上所支付的货币及交纳的相关税费。

转让住房过程中缴纳的税金是指纳税人在转让住房时实际缴纳的营业税、城市维护建设税、教育费附加、土地增值税、印花税等税金。

合理费用是指纳税人按照规定实际支付的住房装修费用、住房贷款利息、手续费、公证费等费用。

支付的住房装修费用。纳税人能提供实际支付装修费用的税务统一发票，并且发票上所列付款人姓名与转让房屋产权人一致的，经税务机关审核，其转让的住房在转让前实际发生的装修费用，可在以下规定比例内扣除：已购公有住房、经济适用房，最高扣除限额为房屋原值的15%；商品房及其他住房，最高扣除限额为房屋原值的10%。

纳税人原购房为装修房，即合同注明房价款中含有装修费（铺装了地板，装配了洁具、厨具等）的，不得再重复扣除装修费用。

支付的住房贷款利息。纳税人出售以按揭贷款方式购置的住房，其向贷款银行实际支付的住房贷款利息，凭贷款银行出具的有效证明据实扣除。

纳税人按照有关规定实际支付的手续费、公证费等，凭有关部门出具的有效证明据实扣除。

第九章 土地资产收益分配管理

(3) 纳税人未提供完整、准确的房屋原值凭证，不能正确计算房屋原值和应纳税额的，税务机关可根据《中华人民共和国税收征收管理法》第35条的规定，对其实行核定征税，即按纳税人住房转让收入的一定比例核定应纳个人所得税额。具体比例由省级地方税务局或者省级地方税务局授权的地市级地方税务局根据纳税人出售住房的所处区域、地理位置、建造时间、房屋类型、住房平均价格水平等因素，在住房转让收入1‰～3‰的幅度内确定。

(4) 各级税务机关要严格执行《国家税务总局关于进一步加强房地产税收管理的通知》(国税发〔2005〕82号) 和《国家税务总局关于实施房地产税收一体化管理若干具体问题的通知》(国税发〔2005〕156号) 的规定。为方便出售住房的个人依法履行纳税义务，加强税收征管，主管税务机关要在房地产交易场所设置税收征收窗口，个人转让住房应缴纳的个人所得税，应与转让环节应缴纳的营业税、契税、土地增值税等税收一并办理；地方税务机关暂没有条件在房地产交易场所设置税收征收窗口的，应委托契税征收部门一并征收个人所得税等税收。

(5) 各级税务机关要认真落实有关住房转让个人所得税优惠政策。按照《财政部 国家税务总局 建设部关于个人出售住房所得征收个人所得税有关问题的通知》(财税字〔1999〕278号) 的规定，对出售自有住房并拟在现住房出售1年内按市场价重新购房的纳税人，其出售现住房所缴纳的个人所得税，先以纳税保证金形式缴纳，再视其重新购房的金额与原住房销售额的关系，全部或部分退还纳税保证金；对个人转让自用5年以上，并且是家庭唯一生活用房取得的所得，免征个人所得税。

五、契税

1. 定义

契税是土地、房屋权属转移时向其承受者征收的一种税收，现行的《中华人民共和国契税暂行条例》于1997年10月1日起施行。

2. 纳税人

在中华人民共和国境内取得土地、房屋权属的企业和个人，应当依法缴纳契税。

上述取得土地、房屋权属包括下列方式：国有土地使用权出让，土地使用权转让（包括出售、赠与和交换），房屋买卖、赠与和交换。

以下列方式转移土地房屋权属的，视同土地使用权转让、房屋买卖或者房屋赠与征收契税：以土地、房屋权属作价投资、入股，以土地、房屋权属抵偿债务，以获奖的方式承受土地、房屋权属，以预购方式或者预付集资建房款的方式承受土地、房屋权属。

对于《继承法》规定的法定继承人，包括配偶、子女、父母、兄弟姐妹、祖父母、外祖父母，继承土地、房屋权属，不征收契税。非法定继承人根据遗嘱承受死者生前的土地、房屋权属，属于赠与行为，应征收契税。

3. 课税对象

契税的征收对象是发生产权转移变动的土地、房屋，契税由承让方缴纳。

4. 计税依据

契税的计税依据为不动产的价格。

由于土地、房屋权属转移方式不同，定价方法不同，因而具体计税依据视不同情况而决定。

(1) 国有土地使用权出让、土地使用权出售、房屋买卖，以成交价格为计税依据。成交价格是指土地、房屋权属转移合同确定的价格，包括承受者应交付的货币、实物、无形资产或者其他经济利益。

(2) 土地使用权赠与、房屋赠与，由征收机关参照土地使用权出售、房屋买卖的市场价格核定。

(3) 土地使用权交换、房屋交换，为所交换的土地使用权、房屋的价格差额。就是说，交换价格相等时，免征契税；交换价格不等时，由多交付的货币、实物、无形资产或者其他经济利益的一方交纳契税。

(4) 以划拨方式取得土地使用权，经批准转让房地产时，由房地产转让者补交契税。计税依据为补交的土地使用权出让费用或者土地收益。

为了避免偷、逃税款，税法规定，成交价格明显低于市场价格并且无正当理由的，或者所交换土地使用权、房屋的价格的差额明显不合理并且无正当理由的，征收机关可以参照市场价格核定计税依据。

5. 税率

契税的税率为3‰~5‰，各地适用税率，由省、自治区、直辖市人民政府按照本地区的实际情况，在规定的幅度内确定，并报财政部和国家税务局备案。

6. 契税优惠的一般规定

有下列行为之一的，减征、免征契税。

(1) 国家机关、事业单位、社会团体、军事单位承受土地、房屋用于办公、教学、医疗、科研和军事设施的，免征契税。

(2) 城镇职工按规定第一次购买公有住房，免征契税。

(3) 因不可抗力灭失住房而重新购买住房的，酌情减免。

(4) 土地、房屋被县级以上人民政府征用、占用后，重新承受土地、房屋权属的，由省级人民政府确定是否减免。

(5) 承受荒山、荒沟、荒丘、荒滩土地使用权，并用于农、林、牧、渔业生产的，免征契税。

(6) 经外交部确认，依照我国有关法律规定以及我国缔结或参加的双边和多边条约或协定，应当予以免税的外国驻华使馆、领事馆、联合国驻华机构及其外交代表、领事官员和其他外交人员承受土地、房屋权属，可以免征。

六、印花税

印花税是以经济活动中签立的各种合同、产权转移书据、营业账簿、权利许可证照等应税凭证文件为对象所征的税。

第九章 土地资产收益分配管理

1. 印花税的纳税人

中华人民共和国境内书立、领受《印花税暂行条例》所列举凭证的单位和个人,都是印花税的纳税义务人。具体有:立合同人、立账簿人、立据人、领受人。

印花税的征收范围主要是经济活动中最普遍、最大量的各种商事和产权凭证,具体包括以下几项:

(1) 购销、加工承揽、建设工程承包、财产租赁、货物运输、仓储保管、借款、财产保险、技术合同或者具有合同性质的凭证;

(2) 产权转移书据;

(3) 营业账簿;

(4) 权利、许可证照;

(5) 经财政部确定征税的其他凭证。

2. 印花税的征税对象

现行印花税只对《印花税暂行条例》列举的凭证征税具体有五类:合同或者具有合同性质的凭证,产权转移书据,营业账簿,权利、许可证照和经财政部确定征税的其他凭证。

3. 印花税的计税依据

印花税根据不同征税项目,分别实行从价计税和从量计税两种征收方式。

从价计税情况下计税依据的确定。

(1) 各类经济合同,以合同上记载的金额、收入或费用为计税依据;

(2) 产权转移书据以书据中所载的金额为计税依据;

(3) 记载资金的营业账簿,以实收资本和资本公积两项合计的金额为计税依据。

从量计税情况下计税依据的确定。

实行从量计税的其他营业账簿和权利、许可证照,以计税数量为计税依据。

4. 印花税的税率

印花税的税率采用比例税率和定额税率两种。

对一些载有金额的凭证,如各类合同、资金账簿等,采用比例税率。税率共分5档,1‰、5‰、3‰、0.5‰、0.3‰。

对一些无法计算金额的凭证,或者虽载有金额,但作为计税依据明显不合理的凭证,采用定额税率,每件缴纳一定数额的税款。

5. 印花税的税收优惠

下列情况免征印花税:

(1) 已缴纳印花税的凭证的副本或者抄本;

(2) 财产所有人将财产赠给政府、社会福利单位、学校所立的书据;

(3) 国家指定的收购部门与村民委员会、农民个人书立的农副产品收购合同;

(4) 无息、贴息贷款合同;

(5) 外国政府或者国际金融组织向我国政府及国家金融机构提供优惠贷款所书立的

合同；

(6) 对商店、门市部的零星加工修理业务开具的修理单，不贴印花；

(7) 对房地产管理部门与个人订立的租房合同，凡用于生活居住的，暂免贴印花；

(8) 对铁路、公路、航运、水路承运快件行李、包裹开具的托运单据，暂免贴印花；

(9) 企业与主管部门等签订的租赁承包经营合同，不属于财产租赁合同，不应贴印花。

复习思考题

1. 简述土地资产收益分配的概念和原则。
2. 土地资产收益分配的形式有哪几种？
3. 我国土地资产收益分配中存在哪些问题？如何规范土地资产收益分配？
4. 简述税收的分类。
5. 简述税收制度的构成要素。
6. 简述土地税收的功能。
7. 在国家现行税收体系中，涉及土地税收的课税项目有哪些？

强化练习题

一、填空题

1. 城市土地资产收益的形式有＿＿＿＿＿＿＿、＿＿＿＿＿＿＿、＿＿＿＿＿＿＿和＿＿＿＿＿＿＿。

2. 税收具有＿＿＿＿＿＿＿、＿＿＿＿＿＿＿、＿＿＿＿＿＿＿的特性。

3. 税率是税法的核心要素，是衡量国家税收负担是否适当的标志。税率主要有＿＿＿＿＿＿＿、＿＿＿＿＿＿＿、＿＿＿＿＿＿＿三种基本形式。

4. 税收制度的三个基本要素是＿＿＿＿＿＿＿、＿＿＿＿＿＿＿、＿＿＿＿＿＿＿。

5. 城镇土地使用税按税法类型划分属于＿＿＿＿＿＿＿，以纳税人＿＿＿＿＿＿＿为计税依据，按照所在地省级人民政府确定的＿＿＿＿＿＿＿税率计算征收。

6. 土地增值税是对＿＿＿＿＿＿＿国有土地使用权及地上建筑物和其他附属物的单位和个人征收的一种税，其课税对象是有偿转让国有土地使用权、地上的建筑物及其附着物所取得的＿＿＿＿＿＿＿。土地增值税实行＿＿＿＿＿＿＿税率。

7. 耕地占用税的实行＿＿＿＿＿＿＿税率，耕地占用税的税率在人均耕地不超过1亩的地区，每平方米为＿＿＿＿＿＿＿。

8. 房产税按照房产余值征税的，房产税依照房产原值一次减除＿＿＿＿＿＿＿后的余值计算缴纳。年税率为＿＿＿＿＿＿＿。

9. 契税的计税依据为＿＿＿＿＿＿＿。契税的税率为＿＿＿＿＿＿＿。

10. 对住房转让所得征收个人所得税时，以＿＿＿＿＿＿＿为转让收入。

11. 教育费附加是随＿＿＿＿＿＿＿、＿＿＿＿＿＿＿、＿＿＿＿＿＿＿附征并专门用于教育的一种特别目的税。

第九章 土地资产收益分配管理

二、判断题

1. 税收最基本的职能是组织财政收入。（　　）
2. 纳税人负担的轻重，可以通过税率高低来调节，也可以通过附加、加成和减免措施来调节。（　　）
3. 耕地占用税的纳税义务人包括占用耕地建房或从事其他非农业建设的单位和个人。（　　）
4. 通过买卖、交换、赠与、继承等方式转让土地使用权的，都需要对转让的相关纳税人征收土地增值税。（　　）
5. 耕地占用税是以纳税人实际占用的耕地面积为计税依据的，按照规定的税率每年向纳税人计算征收一次。（　　）
6. 纳税人建造普通标准住宅出售，增值额未超过扣除项目金额20%的，免征土地增值税；增值额超过扣除项目之和的20%的，应就其全部增值额按规定计税。（　　）
7. 个人转让自住用房的，经向税务机关申报核准，凡居住满5年或5年以上的，免予征收土地增值税；居住满3年未满5年的，按规定计征。（　　）
8. 城市维护建设税是专用于城市维护建设的一种税。（　　）
9. 城镇职工，按规定第一次购买公有住房的，可以减半征收契税。（　　）
10. 法定继承人继承土地、房屋权属，或非法定继承人根据遗嘱承受死者生前的土地、房屋权属不征收契税。（　　）

三、单选题

1. 税收的特征有（　　）。
① 有偿性　② 固定性　③ 监督性　④ 自觉性　⑤ 调节性　⑥ 强制性　⑦ 法定性
⑧ 稳定性　⑨ 无偿性
A. ①②④　　　　B. ③⑦　　　　C. ②⑥⑨　　　　D. ⑥⑧⑨

2. 下列哪些税实行累进税率（　　）。
A. 耕地占用税　　B. 房产税　　C. 城镇土地使用税　　D. 土地增值税

3. 下列那种情况可以减半征收耕地占用税（　　）。
A. 铁路线路、公路线路、飞机场跑道、停机坪、港口、航道占用耕地
B. 军事设施占用耕地
C. 农村居民占用耕地新建住宅
D. 学校、幼儿园、养老院、医院占用耕地

4. 下列哪个税属于资源税（　　）。
A. 耕地占用税　　B. 城镇土地使用税　　C. 土地增值税　　D. 房产税

5. 城镇土地使用税的税率采用（　　）。
A. 累进税率　　B. 比例税率　　C. 幅度定额税率　　D. 超额累进税率

6. 土地增值税的税率采用（　　）。
A. 幅度定额税率累进税率　　　　　　B. 比例税率
C. 四级超率累进税率　　　　　　　　D. 四级超额累进税率

7. 城镇土地使用税实行分类分级的幅度定额税率。中等城市每平方米的年税额为（　　）。

A. 0.5～10 元　　　B. 1.2～24 元　　　C. 1.5～30 元　　　D. 0.6～12 元

8. 新征用的耕地，自批准征用之日起满多长时间开始缴纳土地使用税（　　）。

A. 1 年　　　　　B. 1.5 年　　　　C. 2 年　　　　　D. 3 年

9. 房产税按房产出租的租金收入计征的，税率为（　　）。

A. 10%　　　　　B. 12%　　　　　C. 1.2%　　　　　D. 1.5%

10. 企业所得税的税率为（　　）的比例税率。

A. 10%　　　　　B. 15%　　　　　C. 25%　　　　　D. 33%

11. 对转让住房收入计算个人所得税应纳税所得额时，纳税人未提供完整、准确的房屋原值凭证，税务机关可对其实行核定征收，即按纳税人住房转让收入的（　　）比例核定应纳个人所得税额。

A. 0.5%～1%　　B. 1%～3%　　　C. 2%～3%　　　D. 3%～5%

12. 以纳税人实际占用的土地面积为计税依据的税种是（　　）。

A. 契税　　　　　B. 房产税　　　　C. 城镇土地使用税　　D. 土地增值税

13. 土地使用税的纳税人是拥有土地使用权的单位和个人，土地使用权共有的，共有方应按实际分摊的（　　）缴纳城镇土地使用税。

A. 建筑面积　　　B. 土地使用面积　　C. 土地价格　　　D. 土地收益

14. 契税的征收对象是发生产权转移变动的土地、房屋，契税是由（　　）缴纳。

A. 转让方　　　　　　　　　　　　B. 转让方和承受方各缴纳一般
C. 转让方和承受方协商　　　　　　D. 承受方

15. 契税的税率为（　　）。

A. 10%～5%　　　B. 15%～10%　　　C. 3%～5%　　　D. 5%～7%

16. 对个人转让自用（　　）以上，并且是家庭唯一生活用房取得的所得，免征个人所得税。

A. 2 年　　　　　B. 3 年　　　　　C. 5 年　　　　　D. 8 年

17. 房地产转让中，纳税人未提供完整、准确的房屋原值凭证，不能正确计算房屋原值和应纳税额的，税务机关可对其实行核定征收，即按纳税人住房转让收入的一定比例核定应纳个人所得税额。具体比例由省级地方税务局或者省级地方税务局授权的地市级地方税务局根据纳税人出售住房的所处区域、地理位置、建造时间、房屋类型、住房平均价格水平等因素，在住房转让收入（　　）的幅度内确定。

A. 1%～5%　　　B. 1%～3%　　　C. 3%～5%　　　D. 5%～7%

四、多选题

1.《中华人民共和国土地增值税暂行条例》规定，土地增值税的扣除项目涉及（　　）等。

A. 开发土地的成本、费用　　　　　B. 转让房地产发生的费用
C. 与转让房地产有关的税金　　　　D. 取得土地使用权所支付的金额
E. 新建房及配套设施的成本、费用

2. 下列哪些税实行定额税率（　　）。

A. 耕地占用税　　　　　　　　　　B. 房产税
C. 城镇土地使用税　　　　　　　　D. 土地增值税

3. 下列哪些税实行比例税率（　　）。
A. 耕地占用税　　　　　　　　　B. 房产税
C. 城镇土地使用税　　　　　　　D. 契税

4. 下列哪些情况可以免征耕地占用税（　　）。
A. 铁路线路、公路线路、飞机场跑道、停机坪、港口、航道占用耕地
B. 军事设施占用耕地
C. 农村居民占用耕地新建住宅
D. 学校、幼儿园、养老院、医院占用耕地

5. 以纳税人实际占有的土地面积为计税依据的税种是（　　）。
A. 城镇土地使用税　　　　　　　B. 耕地占用税
C. 土地增值税　　　　　　　　　D. 房产税

6. 下列需要缴纳土地增值税的有（　　）。
A. 房屋买卖　　B. 房屋继承　　C. 以地入股　　D. 房地产赠与

7. 在下列各项中，可以作为城市维护建设税计税依据的是（　　）。
A. 营业税　　　　B. 教育费附加　　　C. 契税
D. 消费税　　　　E. 增值税

8. 按照《契税暂行条例》的有关规定，下列有关契税叙述正确的有（　　）。
A. 契税实行3%～5%的幅度税率
B. 房屋买卖以评估价格为契税计税依据
C. 国有土地使用权出让以成交价格为契税计税依据
D. 房屋赠与由征收机关参照房屋买卖的市场价格核定契税

9. 对转让住房收入计算个人所得税应纳税所得额时，纳税人可凭原购房合同、发票等有效凭证，经税务机构审核后，允许从其转让收入中减除下列哪些费用（　　）。
A. 房屋原值　　　　　　　　　　B. 转让住房过程中缴纳的税金
C. 实际支付的住房装修费用　　　D. 住房贷款利息
E. 手续费、公证费

10. 房地产开发商转让房地产是应缴纳税金（　　）。
A. 营业税　　　　　　　　　　　B. 城市维护建设税
C. 耕地占用税　　　　　　　　　D. 教育费附加
E. 土地增值税　　　　　　　　　F. 印花税

11. 下列需要缴纳契税的有（　　）。
A. 国有土地使用权出让、转让取得土地使用权
B. 房屋买卖、赠与和交换
C. 以土地、房屋权属作价投资、入股
D. 以土地、房屋权属抵偿债务
E. 法定继承人继承土地
F. 非法定继承人根据遗嘱承受死者生前的土地、房屋权属

参 考 文 献

[1] 王德起．土地资产管理学［M］．济南：山东友谊出版社，1999．
[2] 全国土地估价师资格考试大纲．2010．
[3] 张跃松，杨洪涛．地产经营与管理［M］．北京：中国人民大学出版社，2005．
[4] 束克欣．土地管理基础（第2版）［M］．北京：地质出版社，2004．
[5] 胡存智．土地估价法律法规实用手册（第2版）［M］．北京：地质出版社，2004．
[6] 洪亚敏，冯长春．土地估价相关经济理论与方法（第2版）［M］．北京：地质出版社，2004．
[7] 广东省土地估价师协会、估价师资讯网．全国土地估价师资格考试复习指南（第3版）［M］．广东：广东经济出版社，2010．
[8] 沈建忠．房地产基本制度与政策（第5版）［M］．北京：中国建筑工业出版社，2010．
[9] 国土资源部．城市地价动态监测技术规范．2007．
[10] 国土资源部．开发区土地集约利用评价规程（试行）．2010．
[11] 国土资源部．国有建设用地供应计划编制规范（试行）．2010．
[12] 李贻学，王岭等．我国城市土地可持续利用对策研究．山东农业大学学报．2003．
[13] 徐士珺，郑循刚．我国城市土地利用结构优化研究．经济纵横．2006．
[14] 孙艾青，陈龙乾．我国土地资产收益分配存在的问题及其改进措施．中国科技信息．2006．
[15] 原玉廷．城市土地管理："三权分立"与收益分配．经济问题．2005．